모빌리티
전환운동

Moving Towards Transition:
Commoning Mobility for a Low-Carbon Future, 1e
© Peter Adey, Tim Cresswell, Jane Yeonjae Lee, Anna Nikolaeva and
Cristina Temenos 2022

All rights reserved

Korean translation edition © LP Publishing Co. 2025
This translation of *Moving Towards Transition: Commoning Mobility
for a Low-Carbon Future, First Edition* is published by arrangement
with Bloomsbury Publishing Plc.
All rights reserved

이 책의 한국어 판권은 베스툰 코리아 에이전시를 통하여
저작권자인 Bloomsbury Publishing Plc.와 독점 계약한 도서출판 앨피에 있습니다.
저작권법에 의해 한국 내에서 보호를 받는 저작물이므로
어떠한 형태로든 무단 전재와 무단 복제를 금합니다.

이 저서는 2018년 대한민국 교육부와 한국연구재단의 지원을 받아 수행된 연구임
(NRF-2018S1A6A3A03043497)

모빌리티 전환 운동

MOVING TOWARDS TRANSITION

저탄소 미래를 위한 공유화 모빌리티

피터 애디
팀 크레스웰
제인 연재 리
애나 니콜라에바
앙드레 노보아
크리스티나 테메노스

김나현 옮김

모빌리티인문학 Mobility Humanities

모빌리티인문학은 기차, 자동차, 비행기, 인터넷, 모바일 기기 등 모빌리티 테크놀로지의 발전에 따른 인간, 사물, 관계의 실재적·가상적 이동을 인간과 테크놀로지의 공-진화co-evolution라는 관점에서 사유하고, 모빌리티가 고도화됨에 따라 발생하는 현재와 미래의 문제들에 대한 해법을 인문학적 관점에서 제안함으로써 생명, 사유, 문화가 생동하는 인문-모빌리티 사회 형성에 기여하는 학문이다.

모빌리티는 기차, 자동차, 비행기, 인터넷, 모바일 기기 같은 모빌리티 테크놀로지에 기초한 사람, 사물, 정보의 이동과 이를 가능하게 하는 테크놀로지를 의미한다. 그리고 이에 수반하는 것으로서 공간(도시) 구성과 인구 배치의 변화, 노동과 자본의 변형, 권력 또는 통치성의 변용 등을 통칭하는 사회적 관계의 이동까지도 포함한다.

오늘날 모빌리티 테크놀로지는 인간, 사물, 관계의 이동에 시간적·공간적 제약을 거의 남겨 두지 않을 정도로 발전해 왔다. 개별 국가와 지역을 연결하는 항공로와 무선통신망의 구축은 사람, 물류, 데이터의 무제약적 이동 가능성을 증명하는 물질적 지표들이다. 특히 전 세계에 무료 인터넷을 보급하겠다는 구글Google의 프로젝트 룬Project Loon이 현실화되고 우주 유영과 화성 식민지 건설이 본격화될 경우 모빌리티는 지구라는 행성의 경계까지도 초월하게 될 것이다. 이 점에서 오늘날은 모빌리티 테크놀로지가 인간의 삶을 위한 단순한 조건이나 수단이 아닌 인간의 또 다른 본성이 된 시대, 즉 고-모빌리티high-mobilities 시대라고 말할 수 있다. 말하자면, 인간과 테크놀로지의 상호보완적·상호구성적 공-진화가 고도화된 시대인 것이다.

고-모빌리티 시대를 사유하기 위해서는 우선 과거 '영토'와 '정주' 중심 사유의 극복이 필요하다. 지난 시기 글로컬화, 탈중심화, 혼종화, 탈영토화, 액체화에 대한 주장은 글로벌과 로컬, 중심과 주변, 동질성과 이질성, 질서와 혼돈 같은 이분법에 기초한 영토주의 또는 정주주의 패러다임을 극복하려는 중요한 시도였다. 하지만 그 역시 모빌리티 테크놀로지의 의의를 적극적으로 사유하지 못했다는 점에서, 그와 동시에 모빌리티 테크놀로지를 단순한 수단으로 간주했다는 점에서 고-모빌리티 시대를 사유하는 데 한계를 지니고 있었다. 말하자면, 글로컬화, 탈중심화, 혼종화, 탈영토화, 액체화를 추동하는 실재적·물질적 행위자agency로서의 모빌리티 테크놀로지를 인문학적 사유의 대상으로서 충분히 고려하지 못했던 것이다. 게다가 첨단 웨어러블 기기에 의한 인간의 능력 향상과 인간과 기계의 경계 소멸을 추구하는 포스트-휴먼 프로젝트, 또한 사물인터넷과 사이버 물리 시스템 같은 첨단 모빌리티 테크놀로지에 기초한 스마트시티 건설은 오늘날 모빌리티 테크놀로지를 인간과 사회, 심지어는 자연의 본질적 요소로 만들고 있다. 이를 사유하기 위해서는 인문학 패러다임의 근본적 전환이 필요하다.

이에 건국대학교 모빌리티인문학 연구원은 '모빌리티' 개념으로 '영토'와 '정주'를 대체하는 동시에, 인간과 모빌리티 테크놀로지의 공-진화라는 관점에서 미래 세계를 설계할 사유 패러다임을 정립하려고 한다.

차례

■ 감사의 말 — 8

1장 서론　　　　　　　　　　　　　　11
　　　이 책의 배경과 구조　　　　　　29

2장 전환에 대한 접근 방식　　　　　37
　　　여섯 가지 전환 모델　　　　　　39
　　　거대이론　　　　　　　　　　　43
　　　경험적 분석　　　　　　　　　　51
　　　다층적 관점　　　　　　　　　　54
　　　정치적 분석　　　　　　　　　　66
　　　지속 가능한 모빌리티　　　　　　77
　　　결론　　　　　　　　　　　　　79

3장 모빌리티 전환에 대한
　　　모빌리티 접근 방식　　　　　　83
　　　모빌리티 연구의 필요성　　　　　85
　　　움직임　　　　　　　　　　　　90
　　　의미　　　　　　　　　　　　　94
　　　실천　　　　　　　　　　　　101
　　　권력　　　　　　　　　　　　108
　　　정의　　　　　　　　　　　　115
　　　결론　　　　　　　　　　　　122

4장 메커니즘, 행위자, 구조　　　　　　　125
　　전환의 뒤얽힘　　　　　　　　　　　127
　　정부 간 국제기관　　　　　　　　　　136
　　UN환경계획　　　　　　　　　　　　142
　　유럽연합　　　　　　　　　　　　　　144
　　전환의 뒤얽힌 메커니즘　　　　　　　172

5장 정책 아상블라주
　　　: '위기' 속의 다중성, 시간성, 행위자　179
　　아상블라주 접근 방식　　　　　　　　181
　　저탄소 모빌리티 정책 아상블라주　　　184
　　다양성과 패치워크 전환　　　　　　　190
　　위기의 시간성　　　　　　　　　　　202
　　행위자: 주체성과 장소만들기　　　　　208
　　결론: '위기'의 시간 속 정책 아상블라주　216

6장 자유주의적 논리와 라이프스타일　　221
　　신자유주의 전환 정책　　　　　　　　223
　　이동적 라이프스타일과 개인 우선주의　225
　　측정가능성과 계산가능성　　　　　　　240
　　상품으로서의 모빌리티　　　　　　　250
　　결론　　　　　　　　　　　　　　　258

7장 공유화 모빌리티 전환   261

  모빌리티 정치학과 모빌리티 정의   265
  경쟁적 결핍과 긴축 모빌리티   270
  공유화 모빌리티   280
  모빌리티 전환의 새로운 정치학을 향해   286
  모빌리티 동원하기
    : 자전거 타기를 통한 공동체 연결 강화   289
  칠레 산티아고의 변혁적 모빌리티 거버넌스   293
  결론   302

8장 결론: 정의로운 모빌리티 전환을 향해   307

  코로나19, 저탄소 전환과 모빌리티 정의   310
  논의의 요약   319
  정책 시론   324
  전환 정책의 유형   329
  마무리   333

- 미주 — 339
- 참고문헌 — 346

감사의 말

이 책의 기반이 된 것은 모바일 라이브즈 포럼Forum Vies Mobiles/Mobile Lives Forum, en.forumviesmobiles.org에서 지원하는 '모빌리티 전환 속의 삶Living in the Mobility Transition' 연구였다. 또한 크리스토프 게이Christophe Gay, 실비 랑드리에브Sylvie Landriève, 하비에르 칼레트리오Javier Caletrio의 조언과 후원에 힘입어 연구가 진행됐다. 프로젝트 연구 단계에서 아낌없는 관심과 조언을 보내 주신 그분들께 감사 드리며, 외부 자문위원으로 참여하여 통찰력 있게 비평해 주신 미미 셸러Mimi Sheller와 책 초기 버전에 대한 조언을 해 주신 데이비드 비셀David Bissell에게도 감사 드린다. 또한, 파리에 모인 모바일 라이브즈 포럼 자문 그룹과 함께 연구를 검토하며 여러 의견을 들을 수 있는 기회를 갖게 된 것도 참 감사한 일이었다. 책에 사용된 여러 그림파일 제작에 여러 지원을 해준 노스이스턴대학교와 맨체스터대학교 지리학과에도 감사를 표한다.

아스트리드 우드Astrid Wood도 처음에 우리 프로젝트에 함께 참여했다. 1년 동안 영국, 남아프리카공화국, 터키 사례 연구를 수행하다 강의 때문에 떠나게 되었는데, 우드의 노력과 공헌에도 감사를 표한다.

14개국에서 참여한 많은 연구자들과 EU 및 UN 관계자들의 시간과 열정에 감사를 표한다. 책에 사용된 그림을 사용할 수 있도록 허가해 준 제로세대Generation Zero와 한국기후환경네트워크Korea Climate and Environment Network에 감사 드리며, 산티아고에서의 연구 지원을 제공한 에두아르도 오스터링Eduardo Osterling에게도 감사의 마음을 전한다.

연구 과정에서 런던대학교 로열 홀로웨이의 랜드스케이프 서저리Landscape Surgery 및 동료들을 포함하여 워크숍과 학술회의에서 청중들의 의견, 질문 및 제안에서 많은 도움을 받았다. 2015년 엑서터에서 열린 RGS-IBG에서 우리가 조직한 세션, 2015년 카세르타에서 열린 T2M 및 코스모빌리티 네트워크Cosmobilities Network 공동회의, 2016년 미국지리학자협회 연례 회의 패널, 2016년 멕시코시티에서 열린 T2M 회의 청중, 2016년 슈투트가르트의 바트 볼에서 열린 코스모빌리티회의, 맨체스터대학교 지리학과의 사회 및 환경 연구 그룹, 맨체스터대학교의 도시 정치 및 경제 작문 그룹, 2018년 하이델베르크에서 열린 제9회 도시 및 도시 외 연구 국제회의 등에서도 많은 도움을 받았다.

연구를 진행하고 책을 쓰는 과정에서 우리 공동 저자 팀의 가정에 다섯 명의 아기가 태어났다! 놀라운 사랑과 지원을 보내 준 가족과 파트너들에게 깊은 감사의 마음을 전한다.

1장
서론

일러두기

원어 표기 본문에서 주요 인물(생몰연대)이나 도서, 영화 등의 원어명은 맨 처음, 주요하게 언급될 때 병기했다. 인명이나 지명은 외래어 표기용례를 따랐다. 단, 널리 알려진 이름이나 표기가 굳어진 명칭은 그대로 사용했다.

옮긴이 주 본문 속 〔 〕는 옮긴이의 주이다.

도서 제목 본문에 나오는 도서 제목은 원저자가 사용한 언어의 원어를 번역 표기하는 것을 원칙으로 하되, 국내에 번역 출간된 도서는 가능한 한 그 제목을 따랐다.

우리는 극적인 변화의 시기에 있다. 2020년 4월, 코로나19 팬데믹으로 인한 경제 및 모빌리티 둔화 속에서 전 세계 온실가스 배출량은 17퍼센트까지 떨어졌다. 이는 2006년으로 돌아간 것과 같은 수치다. 14년 동안 증가했던 것이 한 달 만에 사라진 것이다(Le Quéré et al. 2020). 어떻게 이런 일이 가능했을까? 근본적으로는 전 세계 정부들이 화석연료가 필요한 모든 종류의 이동을 금지하거나 엄격히 제한한 덕분이다. 에너지는 계속 생산되고 수많은 생산 공장도 여전히 돌아가고 있지만, 도시의 통근에서부터 글로벌 항공에 이르기까지 이동의 형태가 전 세계적으로 줄어들었다. 코로나19 직전인 2019년 말에는 운송 부문이 세계 온실가스 배출량의 약 23퍼센트를 차지했다. 따라서 이 극적인 감소의 절반 이상은 (자동차와 트럭을 이용한) 육상운송이 줄어든 것에서 기인한다. 더욱이 항공 이동은 곧장 90퍼센트 이상 감소했다. 영국 내 자동차 이동은 1955년 이후 찾아볼 수 없는 수준으로까지 감소했다(Carrington 2020). 과학자, 정치인, 언론인 등은 코로나19 위기가 저탄소 미래로의 영구적 전환을 불러올 수 있을지 궁금해하고 있다. 항공사들은 이동 제한이 해제된 이후에도 승객들이 밀집된 공간에서의 이동을 경계할 것이므로 장기적으로 사업을 축소하고 규모를 줄여야 한다고 말하고 있다.

코로나19는 세계적으로 수백만 명의 사망자를 낸 글로벌 위기였다. 각국 정부는 표면적으로는 바이러스 확산의 수단이 되는 이동 방식들을 줄임으로써 직접적인 위협에 대응해 왔다. 일상적 도보 이동 제한에서부터 출입국 금지까지, 각국 정부는 생명을 구하기 위한 다양한 방법을 모색하고 있다. 경제적 (신)자유주의 담론은 분명 계속되고 있지만, 사망률이 증가하는 사회적 위기 앞에서 대체로 묻혀 버렸다. 모빌리티 수단의 변화와 억제를 통한 온실가스 배출량의 극적 감소와 더불어, 정부가 의도적으로 설계한 심각한 경제 침체가 있었다. 2020년 5월까지 3개월간 영국의 GDP는 19.1퍼센트 감소했다. 전 세계적으로 비슷한 영향이 나타나고 있다. 코로나19와 온실가스 배출량 및 경제성장 사이의 분명한 연관성은 미묘하고 다양하며 실제로 다 밝혀지지 않았지만, 현재의 이 위기 상황은 한 가지만은 분명하게 보여 준다. 현재 상황이 막중한 위협이라고 판단되는 순간 각국 정부는 다르게 생각하고 행동할 수 있으며, 이는 최소한 우리가 움직이거나 움직이지 않는 방식에 일시적 전환을 가져오는 매우 빠른 변화를 초래한다는 것이다. 그렇다면 의문이 제기될 수 있다. 정부는 그간 수백만 명의 수명을 앞당기고 대규모 이주, 빈곤, 노숙자 문제를 야기하는 지구온난화라는 위기에는 왜 비슷한 방식으로 대응하지 않았을까? 코로나19의 결과도 물론 가혹하지만, 온실가스 배출로 인한 지구온난화가 낳을 장기적 결과는 몇 배 더 심각하다.

우리는 인간이 초래한 지구온난화의 시대에 살고 있다. 인간의 온실가스 배출은 현재 기후변화의 주요 원인이다. 여기에는 수증기, 이산화탄소, 메탄, 아산화질소 및 오존이 포함된다. 산업혁명 이후 이산화탄소 배출량은 40퍼센트 증가하여, 1750년에는 280ppm 정도였으리라 추정되는 대기 속 이산화탄소 농도가 현재(2020년)는 약 415ppm에 달한다. 이 책의 연구는 2013년에 시작되었다. 그해에 이산화탄소는 처음으로 400ppm을 돌파했다. 이 책을 집필하며 연구하는 동안 이산화탄소는 15ppm 증가했다. 이전부터도 인간의 활동은 대기 중으로 탄소를 배출해 왔다. 탄소 배출은 석탄, 가스, 석유와 같은 탄소 기반 연료의 연소로 인해 발생하는데, 이는 산업 및 경제성장 유지에 필요했고, 전 세계적으로 매우 불균등한 방식이기는 하지만 우리의 생활과 생계를 지탱해 왔다(IPCC 2013). 산업적 규모에서의 연료 사용과 개인 및 가정용 난방은 사회-물질적 변화를 수반했다. 이런 변화는 우리의 생활수준을 향상시켰다. 하지만 동시에 이는 탄화수소가 풍부한 물질을 땅속에서 채굴하여 지구 곳곳으로 이동시키고 공기 중으로, 땅으로, 수로와 해양으로 더욱 복잡한 화학물질과 화합물을 방출하는 것을 의미하기도 했다. 이러한 영향 중 일부는 우리 신체와 주변 경관에서 나타난다. 아마도 대기오염은 이 중 가장 치명적인 것 중 하나일 것이다. 도시의 연무와 스모그로 인한 뿌연 대기는 복잡한 호흡기질환과 암의 형태로 나타나 보이지 않는 살인자 역할을 한다. 최근 애셔 거트너 박사는 이를 '에어포칼립스Airpocalypse'[대기air와 종말을 뜻하는 아포칼립스apocalypse의 합성어](Ghertner 2020)라는 용어로 논의한 바 있다.

또한, 우리는 '피크 오일peak oil' 시대 혹은 그즈음에 살고 있다. 우리는 아마도 전 세계적으로 석유 생산 정점을 지났을 (혹은 곧 지나갈) 것이다(Hubbert 1956). 석유 공급이 무한하다고 주장하는 사람은 아무도 없다. 유일한 쟁점은 석유가 가장 많이 추출되는 정점을 언제 지나갈 것인지, 아니면 이미 지나갔는지에 대한 논쟁뿐이다. 가장 낙관적인 전망에 따르면, 이 시점은 2040년경이 될 것이라고 한다. 대다수는 우리가 이미 그 정점을 통과했다고 생각한다. 물론 실제 최대 추출 시점이란 결국 수요와 공급의 산물이다. 추출하기 쉬운 석유가 고갈됨에 따라 더 어려운 형태의 추출이 필요해지는데, 이는 비용이 더 많이 들고 심한 오염을 초래하며 환경파괴의 위험도 더 크다. 어느 시점에 이르면 추출 비용이 석유 가치보다 커져서 결국 추출량이 줄어들 것이다. 이 과정은 단기간에 급격히 일어날 수도 있다. 코로나19 여파로 각국 정부가 글로벌 모빌리티를 제한하면서 2020년 4월에는 사상 처음으로 유가가 마이너스 수준으로 떨어지기도 했다. 장기적으로 보면 공급이 고갈되고 추출 비용은 점점 막대해질 것이다. 이 시점에서 인류는 다른 에너지원을 찾아야 한다. 다행히도 우리는 이미 다른 에너지원을 찾고 있다. 글로벌 사회운동들은 '기후 비상사태'를 선포하고 전 세계적인 정치적 행동을 요구하고 있다. 코로나19 위기에 대한 대응과 마찬가지로, 현재 무슨 일이 일어나고 있으며 왜 일어나고 있는지에 대해서는 광범위한 과학적 합의가 이루어졌고, 변화를 향한 시민과 대중의 열망도 대체로 긍정적으로 일고 있다. 그러나 안타깝게도 비효율적이고 일관되지 못한 정치적 리더십은 전 세계적 변화를 촉진하지 못했고, 1980~90년대 초기 기후 위기 운동에서 약속한 글로벌 실천을 실현하지도 못했다.

석유 추출의 경제성 감소와 기후변화 예측을 연결하는 것은 바로 인간의 모빌리티다. 모빌리티는 기후변화의 근원이 되는 에너지와 자원의 전 지구적 분배 문제, 대기 중 물질 고갈 문제와 필수적으로 연결되어 있다. 그런 만큼, 사람과 사물의 모빌리티는 온실가스의 주요 배출원 중 하나이다. 운송 부문은 전력 생산 부문에 이어 두 번째로 탄소 배출을 많이 하는 것으로 추정된다. 전 세계적으로 운송 부문은 2010년에 탄소 배출량의 23퍼센트를 차지했는데(IEA 2012), 이는 지난 20년 동안 45퍼센트 증가한 수치다. 도로운송이 전체 운송 관련 탄소 배출량의 72퍼센트, 해상운송이 14퍼센트, 항공운송이 11퍼센트를 차지한다. 대형 선박은 거의 정제되지 않은 형태의 연료를 사용하기 때문에 해양 배출은 특히 많은 오염을 유발한다. 전 세계 무역의 90퍼센트가 선박으로 이동한다(George 2013). 항공운송 부문은 셋 중 가장 빠르게 성장하고 있으며 탄소집약도〔에너지 사용량 대비 발생한 이산화탄소 양〕가 가장 높다. 런던에서 뉴욕으로 돌아오는 왕복 항공편 한 대는, 유럽 시민 전체가 1년 내내 집을 난방하는 것과 거의 같은 양의 탄소를 배출한다.[1]

사람의 이동도 탄소 배출에서 중요한 요소이지만, 상품의 이동은 훨씬 더 중요하며 우리 개개인이 거의 통제할 수 없는 영역이다. 군인, 군물자, 군용차량의 이동과 물류도 마찬가지인데(Cowen 2014), 이는 투명하게 측정되거나 명확하게 공개되는 경우가 거의 없다. 액

체연료만 놓고 보면 미국 군대의 '탄소발자국'〔인간이 활동하거나 상품을 생산·소비할 때 발생하는 이산화탄소의 총량 값〕은 연료 구매량 기준으로 페루와 포르투갈 사이에 위치하며, 연료만으로 보면 세계에서 47번째로 큰 온실가스 배출 기관이자 세계에서 탄화수소를 가장 많이 구매하는 기관이다. 벨처 연구 팀에 따르면(Belcher et al. 2020), 군대는 단순히 군용차량에서 내뿜는 배출가스 때문이 아니라, 광범위한 공급망 시스템 및 그 운영에서 처리하는 연료, 물, 콘크리트, 모래 등 방대한 양의 지질 생태학적 물질 흐름을 고려할 때 기후변화 문제에서 중요하다.

더욱이 운송 부문은 탄소 배출의 주요 원인일 뿐만 아니라 가장 중요한 석유 소비처이기도 하다. 2012년에는 소비된 석유의 약 63.7퍼센트가 운송 부문에서 소비되었다. 1973년에는 45.4퍼센트였다.[2] 다른 에너지소비처에서는 좀 더 지속 가능한 비-탄소 기반 에너지원으로의 전환을 실천하고 있지만, 운송 부문은 여전히 석유 의존도가 가장 높다. 따라서 운송은 피크 오일 이후 세계에서 가장 취약한 분야 중 하나가 될 것이다.

이 같은 수치들은 기후변화의 규모를 파악하거나 다양한 모빌리티의 에너지 사용 및 배출이 가진 문제의 무게를 파악할 수 있는 하나의 방법을 제공하는 동시에, 거대하고 복잡한 글로벌 변화의 흐름과 예산, 투입, 산출 문제를 놀라울 정도로 단순한 글로벌 수치로 축소한다. 문제를 계산적 상상력으로 축소하는 경향은, 세계의 구성 방식이 갖는 사회적·환경적 의미를 가릴 수 있다(Belcher et al. 2020). 그렇게 되면 이러한 세계를 만들어 내는 크고 작은 그리고 집약적이며 광범위한 인프라와 시스템을 비물질화할 수 있고, 동시에 생계와 생활 방식 때문에 탄소집약적 모빌리티 시스템에 의존해 온 사람들의 삶과 그 관계, 관행, 습관 자체를 숨기게 된다.

'인류세'〔인류가 지구 지질이나 생태계에 미친 영향에 주목해 창안된 지질시대구분〕 논의에 비판적인 연구자들은 우리 세계의 대기와 지질의 변형 문제에 똑같이 주의를 기울이면서도, 그것을 일으키는 인프라, 착취적 관행, 폭력과 얽혀 있는 소외된 삶을 이러한 변형 과정과 분리하지 않고 생각했다(Cowen 2020; LaDuke and Cowen 2020)(Yusoff 2013, 2018). 볼드윈 연구 팀은 최근 '인류세 모빌리티Anthropocene mobilities'에 대해 생각해 보아야 한다고 제안했다. '인류세와 함께, 인류세를 통해, 인류세에 대비해서 사고하는 핵심 참조점'으로서 모빌리티를 재정립해야 한다고 말한 것이다. 더 나아가, 지구의 역동적 본질에 대한 이해, '기후변화가 전 세계적으로 새로운 이주 및 모빌리티 패턴(동식물, 물, 불 등)에 영향을 미치는 엄연한 현실'(Baldwin, Fröhlich and Rothe 2019: 290)에 대한 이해를, 세상에서 움직이는 것에 대한 우리의 존재론적 가정, 즉 모빌리티에 대한 이해의 중심에 두어야 한다고 주장한다.

지구온난화가 인류에 의한 인위적 현상이라는 사실, 우리가 피크 오일 이후의 세계로 진입하고 있다는 사실, 모빌리티가 탄소 배출량에 기여하는 정도, 운송이 석유에 의존한다는 점을 고려할 때, 우리뿐만 아니라 모두를 위해서도 일종의 모빌리티 전환이 필요한 것은 분명하다. 탄소 배출량을 줄이고 석유 사용을 줄이는 모빌리티 수단으로의 전환은 바람직하면서도 불가피한 일이다. 이러한 이유로, 이 책의 핵심 개념은 '모빌리티 전환mobility transition'이다. 이는 화석연료 사용, 온실가스 배출, 자동차중심주의가 지배적인 모빌리티 세계에서, 화석연료 사용과 온실가스 배출을 줄이거나 없애고 자동차에 덜 의존하는 모빌리티 세계로의 전환을 의미한다. 이는 꼭 필요하고도 불가피한 전환이다. 이러한 전환은 '지속 가능한 모빌리티 전환'(Nykvist and Whitmarsh 2008)과 비슷하지만 똑같은 개념은 아니다. 지속 가능한 모빌리티 전환에는 여러 경제적·사회적·환경적 요소들이 지속가능성의 요소들로 포함된다. 앞서 설명한 전환이 이 책의 핵심이지만, 여러 가지 다른 낙관적 전환과/또는 실제 전환이 이와 연결되어 있으며, 전 세계적으로 다양한 방식의 모빌리티 전환이 일어나고 있는 것도 사실이다. 기후변화 대처에 도움이 되지 않는 방식도 포함해서 말이다. 실로 다양한 모빌리티 전환이 있다.•

저탄소(또는 탄소중립) 모빌리티로의 전환이 필요하다는 것은 그리 놀라운 일도 아니다. 이런 전환을 위한 다양한 노력은 신문이나 뉴스에서도 접할 수 있다. 이런 기사들은 대개 기술에 초점을 맞춘다. 신문이나 뉴스 사이트를 보다 보면 저탄소 미래로 나아가기 위해 필요한 기술과 관련된 기사를 접하지 않고 지나치기 어려울 정도다. 이런 기술은 대부분 우리가 이동하는 방식과 자본주의 상품 이

• 이는 윌버 젤린스키Wilbur Zelinsky의 잘 알려진 모빌리티 전환 가설과는 다르다. 젤린스키의 가설은 인구의 일반적인 변화에 적용되는 가설이었다(Zelinsky 1971).

동 방식을 포함한다. 《가디언》에 실렸던 세 가지 예시를 살펴보자. 2017년 《가디언》은 일론 머스크의 '하이퍼루프'(진공튜브 형태의 고속철도) 개념의 장점은 '환경적 이점을 고려했을 때 … 실제로 발휘된다'고 보도했다. 이 기사는 미국 교통부 연구를 인용해 하이퍼루프가 '단거리 항공 이동보다 최대 6배 에너지 효율이 좋을 수 있다'고 추정했다(Harris 2017). 두 번째 기사는 같은 신문에서 노르웨이 전기자동차 소유 현황을 다룬 기사이다. '노르웨이는 자국의 풍부한 수력자원을 전적으로 활용하여 전기자동차 분야에서 독보적인 세계 선두로 자리매김했다. 올해 국내에서 판매되는 신차의 약 3분의 1이 플러그인 모델(전기차 또는 하이브리드차)이 될 것이며, 전문가들의 전망에 따르면 내년에는 그 비중이 40퍼센트까지 증가할 것이다'(Vaughan 2017). 마지막으로, 2016년 《가디언》 사이트에는 '왜 선박은 탄소발자국을 줄이기 위해 풍력발전을 이용하지 않는가?'라는 제목의 기사가 실렸다. 컨테이너 선박이 전 세계 '모든 것의 90퍼센트'를 운송하며 탄소 배출량에 기여하는 비중이 커지고 있음을 언급하면서, 이 기사는 '더 효율적인 저탄소 선박'을 사용하고, 하루 2~4톤의 연료를 절약할 수 있는 최첨단 초대형 연을 띄워 사용한다면, 이 문제를 완화할 수 있을 것이라고 제안한다(Levitt 2016).

기후변화와의 싸움에서 기술적 변화가 갖는 혁신적 잠재력에 초점을 맞추는 것은 신문 기사만이 아니다. 최근 기후변화에관한정부간협의체(IPCC)의 보고서에도 새로운 혹은 재조정된 운송 기술에 대한 약속이 포함되었는데, 그 후 중국 관계자는 '이는 정치라기보다는 기술에 관한 문제'라고 말했다고 보도되었다(Watts 2018에서 재인용). 정치와 기술이 분리됐다는 주장은 분명 순진한 생각이지만, 이 논평은 최근 IPCC 보고서에 포함된 다양한 탈탄소화 방법들을 제대로 반영하지 못했다. 위원단은 운송 부문의 탈탄소화 방법 중 '효율성 향상'을 통한 탈탄소화 비율을 29퍼센트, 바이오연료 사용 증가를 통한 탈탄소화 비율을 36퍼센트, 전기화를 통한 탈탄소화 비율을 15퍼센트로 책정했다. 설명에 따르면, 전기화 비율은 '최근 전 세계적으로 전기자동차 판매가 증가'했기 때문에 이전 추정치보다 늘어났다고 한다(IPCC 2018: 2장, 65). 탈탄소화된 모빌리티로의 전환을 가능케 하는 기술혁신 능력에 상당한 희망을 품고 있는 것은 분명하다.

    새로운 기술은 매력적이거나 심지어 휘황찬란한 이야기를 만들어 낼 수 있고, 더 청정하고 친환경적인 미래로 가는 어렵지 않은 길을 제시할 수 있다. 지구온난화 같은 심각한 문제에 대한 기술적 해결책에만 초점을 맞추다 보면 다른 쟁점들이 무시된다. 하나의 기술을 다른 기술로 대체해 버림으로써 기술을 둘러싼 구조, 즉 자본주의의 기본 작동 방식, 계급, 인종, 젠더, 능력 등 기존의 사회적 위계, 심지어 우리가 살고 있는 일반적인 공간구조에 대해 생각할 필요가 없어지는 것이다. 기술만능주의는 다른 걱정거리에서 해방시켜 주는 것처럼 보인다. 책임감이 들지 않게 하는 것이다.

    우리의 관심을 끄는 다른 전환 경로들도 있다. 코로나19로 항공운행이 급감하기 전, 비행이 환경에 미치는 영향이나 운항을 줄이려는 움직임이 언론에 많이 보도되었다. 이른바 '비행 수치심'(스웨덴어로 '플뤼그스캄flygskam')은 과도한 항공 여행을 지적하고 불필요하게 비행기를 이용하는 사람들에게 죄책감을 심어 주려 한다. 스웨덴에서 시작된 '비행기 타지 않기 운동'은 청소년 활동가 그레타 툰베리Greta Thunberg와 관련이 있다. 툰베리는 기차와 배를 타고 유럽 전역을 다니며 지구온난화와 생물 멸종위기 문제를 연결하는 메시지를 전파했다.³ 이 운동은 스웨덴에서 열차 증편 및 항공편 감소라는 결과를 불러왔고, 항공업계마저 수세적인 발표를 하게 만들었다.•

비행기를 타지 않는 툰베리의 여정은 기술적 해결에 대한 주장과 마찬가지로 단순한 해결책을 보여 준다. 아마도 우리가 해야 할 일은 우리의 행동을 바꾸는 것뿐인지도 모른다. 2019년 툰베리는 뉴욕에서 열린 UN 기후행동 정상회담에 참석하기 위해 요트를 타고 대서양을 횡단했다. 하지만 이 요트는 모나코 왕실에서 제공한 것으로, 이는 분명 모든 사람에게 열려 있는 선택지는 아니다. 상대적으로 냉소적인 비평가들은 툰베리의 적극적 실천은 부유층만이 누릴 수 있는 일종의 '느린 모빌리티 특권'이라고 비난했다.⁴ 이런 식의 비판은 느린 모빌리티나 저탄소 모빌리티를 퇴행적인 것으로 보거나 심지어 탈근대적 환상으로 간주하는 경향이 있다. 일부 활동가나 시간이 많은 자유주의 지식인들이 우리 나머지 사람들에게 강요하는 환상이라는 것이다.

• 네덜란드 항공사 KLM은 승객들에게 '책임감 있게 비행할 것'을 당부하며, 심지어 기차 이용을 권고하기까지 했다. https://flyresponsibly.klm.com/en#home (접속일: 2019.08.09.)

비행기 타기를 거부한 것은 툰베리만이 아니다. 항공산업의 탄소 배출량을 연구하는 사회학자 로저 타이어스Roger Tyers도 최근 영국과 중국을 왕복하는 연구 목적 출장에서 기차를 이용했다. 비용과 시간 측면에서 보자면 지출이 더 컸지만, 비행기로 이동했을 때 발생하는 탄소 배출량의 90퍼센트를 줄일 수 있었다(Tyers 2019). 행동을 바꾸는 것은 온실가스 배출을 줄이는 간단한 해결책과는 거리가 멀다. 기술에 초점을 맞추면 기술과 관련된 구조가 사라지는 것처럼, 행동에 초점을 맞추면 행동과 관련된 구조가 사라진다. 비행기를 타지 말라는 이 매력적이고 직설적인 제안은 비행기 외에는 다른 선택지가 없는 경우가 더 많다는 사실, 우리의 삶과 사회구조상 특정한 이동 방식을 따르지 않고서는 고용기회나 경제적 기회를 놓칠 수 있다는 사실, 사회적 네트워크를 탐색하고 유지하는 능력을 감소시킨다는 사실, 심지어 가족관계의 유지조차 어렵게 만들 수 있다는 사실을 무시한다(Holdsworth 2013).

학계는 과도한 출장에 대한 책임에서 자유롭지 못한 분야 중 하나인데, 특히 신진 학자나 '외딴' 기관에 근무하는 사람들은 학회에 참석하는 것을 매우 중요하게 여긴다(Higham, Hopkins and Orchiston 2019). 학계는 '고도의 비행이동성'에 기대고 있는 것으로 보이고, 일부 학자들은 탈탄소화 모빌리티에 위선적 태도를 취할 수도 있다(Higham and Font 2020). 하이엄 연구 팀이 국제회의 참석 시 탄소 배출량을 크게 줄일 수 있는 실용적 방법들을 제시했지만(Klöwer et al. 2020), 이 대안들은 별로 설득력이 없었다. 영국에서 중국까지 기차로 이동하는 것은 훌륭한 이야깃거리가 될 수는 있어도, 유럽에서 중국에 가야만 하는 분명한 이유가 있는 사람들에게는 현실적인 해결책은 못 된다. 행동 변화는 대안의 실행 가능성과 이를 뒷받침하는 (인프라) 구조와 함께 고려되어야 한다.

기술을 통해서든 행동 변화를 통해서든 모빌리티 전환이 필요하다는 것은 분명하지만, 그리고 툰베리나 타이어스의 이동 사례가 탄소 배출량이 적은 모빌리티 수단의 잠재력을 보여 준다고 하더라도, 모빌리티 수단에 대한 '올바른 선택'을 개인에게 맡겨야 하는지는 매우 의문이다. 운송 부문은 최근 미국에서 탄소 배출량이 가장 많은 부문이 되었고(Randall 2017), 2010년에는 전 세계 탄소 배출량의 23퍼센트를 차지했다. 지난 20년 동안 45퍼센트 증가한 수치다. 이 점을 염두에 두고, 기술을 포함하되 기술을 지나치게 맹신하지 않는 모빌리티 이론에 기반하여 저탄소 모빌리티로의 전환에 대한 견해를 제시하고자 한다.

'모빌리티 전환'이라는 표현에서 '모빌리티mobility'라는 단어에 대해 생각해 볼 필요가 있다. 모빌리티 전환이라고 할 때는 '움직임movement'이나 '운송transport'이라는 단어가 일반적으로 가리키는 것 이상을 의미한다. 이 책에서 취하는 '모빌리티 전환'에 대한 접근 방식은 사회과학 및 인문학의 '모빌리티 전회mobilities turn'● 또는 '새로

● (역주) mobility turn은 일반적으로 '모빌리티 전환'으로 번역되지만, 이 책에서는 mobility transition과 혼동되는 것을 막고자 '모빌리티 전회'로 옮긴다. 이 책에서 '모빌리티 전환'이라고 옮긴 것은 모두 mobility transition이다.

운 모빌리티 패러다임new mobilities paradigm'에 뿌리를 두고 있다. 이 같은 간학문적 변화는 모빌리티를 더 중요한 다른 과정의 남은 결과로 취급하는 태도에 대한 비판을 불러일으켰다. 일부 학자들은 모빌리티를 '파생수요'〔어떤 재화를 생산할 때 생기는 생산요소에 대한 간접수요〕로 간주하기도 했다. 하지만 모빌리티 전회는 우리가 사회와 문화에 대해 생각하는 방식을 중심에 두었다(Cresswell 2006; Sheller and Urry 2006; Urry 2007).

이러한 변화의 핵심은, 모빌리티를 단순히 정량화할 수 있는 사실로 보는 것을 넘어, 사회 구성에 중요한 역할을 하는 인간을 포함한 모든 생명체의 의미 있고 중요한 측면으로 폭넓게 사고하려는 노력에 있다. 이런 방식으로 모빌리티를 생각하면, 모빌리티가 의미하는 바가 무엇인지, 어떻게 실천되고 경험되는지, 그것이 사회의 권력 유지 및 변화와 어떤 관련이 있는지에 초점을 맞추게 된다. 모빌리티를 지도에 표시하고, 측정하고, 열거하는 것, 즉 기술적인 측면에서만 생각하는 것으로는 부족하다. 모빌리티 전환은 더 짧은 거리를 더 빠른 속도로 더 자주 이동하는 것, 혹은 더 효율적인 차량을 이용하는 것 그 이상의 의미를 갖는다. 이런 것들이 모두 방정식의 일부이긴 하지만, 모빌리티는 이런 요구들을 넘어서는 것이다. 인간의 모빌리티는 사물의 모빌리티 및 사고의 모빌리티와 연결되어 있다. 이는 인간 범주를 넘어서는 문제이다. 다양한 모빌리티는 종종 서로 관련되어 있다. 마찬가지로, 모빌리티는 정지stillness 및 임모빌리티immobility와 관련되어 있다(Bissell and Fuller 2010, 2011). 이런 관계는 대개 사회적 정의와 사회적 부정의 문제를 강조한다. 전환에 대해 생각할 때에는 정의의 문제를 진지하게 받아들여야 한다.

이 책의 핵심 주장은, 저탄소 모빌리티 수단으로의 전환이 아무리 필요하다고 하더라도 정의justice 문제를 고려하면서 전환해야 한다는 것이다(Sheller 2018). 모빌리티 전환은 화석연료 의존도를 낮추는 동시에 사회적으로도 정의롭게 진행되어야 한다. '정의로운 전환just transition'이라는 개념은 노동조합, 유색인종, 여성 등 약자 계층과 소외된 집단의 관점에 뿌리를 두고 있다. 정의로운 전환은 화석연료에 대한 의존도를 낮추는 동시에 공정성, 민주적 거버넌스, 책임감을 구축하는 데에도 도움이 된다. 이는 사회정의 문제에 대한 고려 없이 탄소 배출량 감소만을 우선시하는 전환 방식과 다르다. 몇 가지 예를 들어 보자.

탄소 배출량을 줄이는 가장 대중적이고 효과적인 방법 중 하나는 탄소세를 부과하는 것이다. 2008년 캐나다 브리티시컬럼비아주는 이산화탄소 배출에 세금을 부과하는 탄소세를 도입했다. 2019년까지 톤당 40달러를 부과했다. 세금이 부과되자 탄소 배출량이 감소했다. 2019년까지 GDP는 19퍼센트 성장했지만, 배출량은 3.7퍼센트 감소했다.[5] 간단해 보이는 방정식이다. 탄소 배출에 세금을 부과하면 배출량이 감소할 것이다. 간단하고 실행하기도 쉬운 정책이다. 하지만 브리티시컬럼비아주는 지리적으로 다양한 지역으로 구성되어 있다. 한쪽에는 밴쿠버처럼 인구밀도가 높고 대중교통 시스템이 잘 발달되고 해양성기후를 가진 세계적 대도시가 있다. 다른 한쪽에는 겨울이 훨씬 길고 추운 북쪽 지방의 외딴 시골 마을과 촌락이 있다. 여기는 난방이 더 필요하고 교통수요도 훨씬 크다. 따라서 가장 단순한 의미에서 탄소세는 다수가 토착민 공동체로 이루어진 북쪽의 외딴 시골 지역사회에 불평등한 부담을 안겨 줄 것이다. 이에 대한 적절한 조치가 없다면 탄소세는 역진세〔소득이 적은 사람이 상대적으로 더 큰 부담을 지게 되는 조세〕가 된다. 실제로 브리티시컬럼비아 주정부는 저소득층과 농촌 가구에 세금 공제를 통해 비용을 재분배하는 조치를 취했다. 결과적으로, 이 세금은 브리티시컬럼비아 주 소득 하위 20퍼센트 가구에 순이익을 주는 정도의 진보적 효과를 가져왔다.[6]

이보다 규모가 더 작은 로스앤젤레스 통근 경전철 노선 개발 제안 사례도 생각해 보자. 1994년 로스앤젤레스 교통국(MTA)은 패서디나 블루 노선Pasadena Blue Line의 연장을 제안했다. 비용은 1억 2,300만 달러였다. 이 노선은 상대적으로 백인 통근자가 압도적으로 많이 이용하는 노선이다. MTA는 버스 요금을 인상하여 블루 노선 연장 공사 자금을 조달하겠다고 제안했다. 경전철은 환경친화적인 교통수단으로 널리 알려져 있어 환경 논쟁은 경전철 노선 연장을 뒷받침하는 중요한 근거 중 하나였다. 그러나 이 경우, 노선 연장은 주로 유색인종, 여성, 저소득층이 이용하는 버스 접근성을 희생시킨 대가로 이루어지는 것이다. 버스라이더연합은 버스 노선 연장 반대운동을 벌여 결국 승소했다. 이 재판 결과로 인해 MTA는 더 많은 버스를 투입하고, 더 친환경적인 버스(디젤 대신에 천연가스)를 투입하는 등

버스 시스템에 투자해야 했다(Bullard 2007).

칠레 산티아고에서도 비슷한 갈등이 있었다. 2007년에 환경 재해를 막고 버스 이용에 대한 사회적 낙인을 없애기 위해 도입된 트랜산티아고Transantiago 버스 시스템이 급속히 확장되면서, 이동이 불편한 장애인(장애인 탑승을 고려하지 않고 설계)과 극빈층(요금 상승과 전자티켓 시스템 도입으로 인한 추가 장벽)이 더욱 소외되는 결과가 빚어졌다(Witter and Hernández 2012). 실제로 산티아고 지하철 시스템의 최근 요금 인상은 2019년에 산티아고뿐만 아니라 칠레 전역에서 일어난 광범위한 시위를 촉발시켰다. 현재 진행 중인 시위는 공공서비스 민영화와 지난 30년 동안의 물가상승을 둘러싸고 지속된 정의 문제와 관련되어 있다.

이처럼 모빌리티 전환은 단순히 탄소 배출량을 줄이거나 없애는 정도로는 충분하지 않다. 이러한 일련의 행동이 지구를 위해 필요하긴 하지만 그것만으로는 부족하다. 전환은 모든 차원에서의 모빌리티를 고려해야 하며, 모빌리티에 담긴 의도와 권력의 영향력까지 고려해야 한다.

이 책의 배경과 구조

이 책은 전 세계 14개국과 EU 및 UN을 둘러싼 국제적 맥락에서 모빌리티 전환과 관련된 정책을 검토한 대규모 비교연구 프로젝트를 바탕으로 하고 있다. 여기에는 브라질, 캐나다, 중국, 카자흐스탄, 네덜란드, 뉴질랜드, 노르웨이, 포르투갈, 싱가포르, 남아프리카공화국, 대한민국, 터키, 아랍에미리트, 영국의 사례들이 포함된다. 사례를 채택할 때 고려한 요소들은 다음과 같다.

국가의 지리적 (또는 물리적) 특징 모빌리티 전환으로 가는 접근 방식은 모빌리티가 발생한 국가의 크기에 영향을 받는다. 캐나다가 직면한 문제, 즉 외딴 지역과 장거리 이동 문제는 영토 부족 문제를 겪는 싱가포르 같은 섬나라의 상황과는 매우 다르다. 기상 조건이 다르다는 것도 모빌리티 전환이 설계되는 방식에 영향을 미쳤다. 예컨대, 아랍에미리트와 싱가포르처럼 몹시 더운 국가에서 걷기나 자전거 타기 등에 접근하는 방식은 덜 극단적인 기상 조건의 국가와 분명 다를 수밖에 없다.

발전 수준 선진국은 기후변화에 대처하고 모빌리티 전환을 시행할 수 있는 자원이 개발도상국보다 더 많다. 교육 및 의료서비스 수준은 전환 정책의 성공 여부와 관련이 있을 수 있다. 인간개발지수〔Human Development Index〔유엔개발계획이 각국의 교육 수준과 국민소득 등을 지표로 평가하는 국가별 삶의 질 수준〕로 보자면 이 책이 다루는 국가들은 노르웨이(1위)부터 남아프리카공화국(116위)까지 다양하다. UN의 1인당 GDP 수치로도 노르웨이(5위)부터 남아프리카공화국(93위)까지 분포해 있다.

정부 및 거버넌스 형태 강력한 중앙집권형 정부는 마음먹으면 비교적 쉽게 정책 전환을 할 수 있다. 반면에 시민사회가 더 발전한 곳에서는 '아래로부터의' 전환을 추진할 수 있다. 《이코노미스트 인텔리전스 유닛》의 '민주주의 지수'에 따르면 이 책이 다루는 국가는 노르웨이(1위)와 뉴질랜드(4위)부터 아랍에미리트(145위)와 카자흐스탄(135위)까지 다양하게 분포돼 있다.

전환 정책의 증거 저탄소 미래로의 전환을 촉진하기 위해 노력하는 국가들이 있다. 예를 들어, 네덜란드 자문위원들의 선도적인 역할, 노르웨이의 전기차 보급 상황, 싱가포르의 유료도로 정책, 캐나다 밴쿠버의 '가장 친환경적인 도시greenest city' 정책 등이 있다. 특히 눈에 띄는 전환 노력을 하고 있는 국가에 주목했다.

문화적 변수 국가마다 단일한 문화가 있다고 단정할 수 없지만, 종교, 젠더 차이에 대한 태도, 일과 주거 방식, 전통적인 가족중심성 같은 문화적 규범들은 모빌리티와 전환을 상상하는 방식에 영향을 미친다. 이 점을 염두에 두면서 서구와 아시아 전역의 자유민주주의 국가에서부터 구소련과 중동을 포함한 독재국가까지, 지리적·문화적·정치적으로 다양한 국가를 연구 대상에 포함시켰다. 남극대륙을 제외한 모든 대륙을 연구 대상에 넣었다.

국가 간의 연결 이 책의 사례 연구는 대부분 개별 국가의 사례이지만 '방법론적 국가주의'(세계가 단일한 민족적 사회들로 구성돼 있다는 민족주의적 가정하에 국민국가를 연구의 기본 단위로 포착하는 시각)를 피할 수 있는 방법을 찾고자 노력했고, 국가 간의 흐름과 정책 및 실천 사례를 찾았다. 예컨대 '싱가포르 모델'의 수출, 전환에 대한 네덜란드 전문 지식의 전 세계적 확산, 두바이의 캐나다식 방법, 아랍에미리트에 주목한 카자흐스탄의 모방 형태 등이 여기에 포함된다. 또한 간선급행버스체계Bus Rapid Transit(이하 BRT), 재택근무, 자전거 타기, 에너지 모빌리티와 같은 구체적인 사례 연구가 하나에 국한되지 않고 여러 사례에서 다뤄지는지도 확인했다.

각 사례마다 저탄소 모빌리티 국가정책에 대한 조사를 진행했고, 국가정책과 연관이 있을 수도 있고 없을 수도 있는 세 가지 이상의 지역 사례 연구도 진행했다. 여기에는 BRT, 자전거 제도, 전기차 개발, 재택근무 형태, 도로 요금 체계 등이 포함된다. 이 프로젝트를 수행하며 14개국의 국가정책 자료와 42개 이상의 지역 사례 연구, 국제적 차원에서 구축된 UN과 EU의 정책 자료를 확보했다. 또한, 전 세계 주요 정책을 둘러싼 이해당사자와 150건 이상의 인터뷰도 포함했다. 이 책은 단순한 프로젝트 보고서는 아니지만, 프로젝트를 기반으로 많은 정보를 얻었다.

이 책은 다음과 같이 구성되었다. 2장에서는 전환 개념을 검토하고 전환에 대한 여러 접근 방식을 간략히 살펴본다. 전환이 항상 선형적이지 않음을 보여 주기 위해 전환의 여러 '형태'를 설명한다. 포스트사회주의적 전환의 이론화, 윌버 젤린스키의 모빌리티 전환 가설, 메츠의 제4차 이동 시대, 이반 일리치의 에너지 공정성 개념, 전환마을 운동, 영국 신경제재단의 작업 등 동시대 전환 운동의 선구적 작업들을 살펴본다. 이 장의 후반부에서는 프랭크 길스, 르네 켐프, 요한 쇼트 등의 연구를 통해 현재 지배적인 다층적 관점Multiple Level Perspective(이하 MLP)을 개괄한다.

3장에서는 '새로운 모빌리티 패러다임'이라고 불리는 모빌리티 연구에서 도출된 모빌리티 전환에 대한 대안적 접근법(하지만 MLP 접근법에서 얻은 통찰을 바탕으로 하는)을 간략히 설명한다. 이 장에서는 단순히 운송 기술에만 초점을 맞춰 전환을 사고하는 방식에서 벗어나, 권력의 맥락 속에서 움직임, 의미, 실천이 결합된 더 완전한 사회적 개념인 모빌리티를 중심으로 사고해야 한다고 주장한다. 이것이 이 책 전반을 구성하는 핵심 주장이다.

모빌리티 전환은 진공상태에서 저절로 일어나는 것이 아니다. 이는 특히 지역, 지방, 국가는 물론이고 국제적 규제 및 의미 형성 체제와의 관계 속에서 발생한다. 싱가포르 같은 강력한 중앙집권 국가에서는 유료도로 정책 같은 하향식 정책을 별다른 저항 없이 시행할 수 있다. 반면 캐나다의 전환 정책을 보면, 연방정부는 기후변화에 대해 논의조차 할 수 없었던 반면에 벤쿠버시와 브리티시컬럼비아주는 그들의 친환경 업적을 홍보하느라 바빴다.

4장에서는 하향식, 상향식, 그리고 제3의 방법을 통한 전환을 살펴본다. 국가와 시민사회의 다양한 역할을 여러 차원의 권한, 권위주의, 책임성에 초점을 맞춰 비교해 본다. 모빌리티 전환을 더 넓은 정치적 전환, 다양한 규모의 거버넌스, 비-국가 행위자의 존재, 그리고 정부의 국제기구 내 편입 여부와 관련해 검토한다. 모빌리티 전환 정책은 복잡하게 얽힌 '정책 아상블라주' 안에서 다른 전환 정책이나 담론들과 상호연결되어 있다.

5장에서는 아상블라주assemblage 개념을 정의하고 모빌리티 전환 정책이 다른 전환이나 의제들과 연계되는 방식을 살펴본다. 대기질, 오염, 토지 부족, 교통혼잡과 같은 환경문제에 초점을 맞춘 담론들도 있고, 넓게 보아 경제적 성격을 띠면서 모빌리티 전환 노력과 직접적으로 상충되는 논의들도 있다. 전적으로 저탄소 전환 정책의 틀을 갖춘 정책은 거의 없다. 반면에 아상블라주는 모빌리티 문제와 저탄소 전환 문제에 국가 및 지역 차원으로 대응하기 위해 사람, 기술, 실천, 정책을 한데 모으는 것을 의미한다. 정책 대응은 서로 연결되어 있지 단순한 경우는 거의 없다. 포괄적인 국제 기후 논쟁, 조약, 배출량 감축 목표가 있음에도 불구하고, 저탄소 모빌리티 전환의 지배적인 모델이란 존재하지 않는다. 모빌리티 전환 정책은 여기에 내재된 결핍 담론, 자유주의적 논리, 또는 자동차모빌리티 중심주의 같은 다른 의제, 의도, 목적, 또는 효과로부터 분리하는 게 거의 불가능하다. 이 장에서는 저탄소 전환과 사회적 정의 사이에서 종종 나타나는 모순적 충동을 고찰한다.

6장에서는 전환 담론과 정책에서 가장 중요한 모순을 살펴본다.

이 책에서 검토한 전환 정책과 담론의 대부분은 우리가 (신)자유주의 논리라고 부르는 틀 안에서 구성된다. 가장 넓은 의미에서 말하자면, 이는 자유시장경제라는 좁은 프레임의 지배를 중심으로 이루어진다. 좀 더 개념적으로 말하자면, 이 장에서는 (신)자유주의 논리의 세 가지 경향, 즉 개인화와 선택(전환을 국가가 아니라 개인에게 책임지우는 경향), 측정가능성과 계량화(전환을 양도나 교환이 가능한 수치 데이터로 환원할 수 있다는 의미), 경쟁우위(전환 정책 자체를 시장화하여 양도할 수 있다는 의미)에 대해 고찰해 본다. 이에 따라 기업이나 정부의 정책보다는 '라이프스타일'에서 전환이 일어날 수 있다는 점에 거듭 주목하게 되었다.

7장에서는 지배적인 (신)자유주의적 공식화에 대안을 제시하는 모빌리티 전환 접근 방식을 제시한다. 이 방식은 모빌리티 전환을 '정의로운 전환' 논의 및 사회정의 문제와 더욱 긴밀히 연결시킨다. 이 장에서는 모빌리티 전환의 논리를 검토하고, 특히 다양한 자원의 '결핍' 문제 및 모빌리티 전환 담론에 작용하는 여러 결핍에 대한 대응으로서의 '긴축 모빌리티austere mobilities' 논의에 초점을 맞춘다. 이 장은 결핍 논리에 대한 대안적으로 공유화 모빌리티commoning mobility를 제시하며 마무리된다. 이는 공유재commons의 관점에서 의미, 움직임, 실천을 다시 생각함으로써 모빌리티 정책의 고도로 개인화된 신자유주의적 논리에서 벗어나는 것이다.

마지막 8장의 목표는 두 가지다. 첫째는 모빌리티 전환을 권력의 맥락에서 움직임, 의미, 실천을 포함한 완전한 사회적 개념으로 개념화하는 것으로 되돌아가는 것이다. 이러한 개념화가 각 장의 관찰 및 비평과 어떻게 이어지는지 추적한다. 둘째는 정책입안자들이 전환을 계획할 때 고려해야 하는 일련의 원칙을 제안하는 것이다. 여기에는 정책 규모, 모빌리티 형평성, 의도치 않은 결과, 이질적 모빌리티 주체, 적절한 이해관계자 식별, 현재와 미래의 모빌리티를 둘러싼 지배적 담론에 대한 질문이 모두 포함된다.

2장
전환에 대한 접근 방식

여섯 가지 전환 모델

 이 장에서는 전환 개념을 살펴보고 전환을 둘러싼 다양한 접근 방식을 다루고, 3장에서 구체적으로 전개할 우리의 접근 방식을 설명한다. '전환'이라는 단어는 시간의 흐름에 따라 하나의 상태에서 다른 상태로 변화하는 것을 뜻한다. 이 놀랍도록 단순한 정의는 전환에 다양한 구성 요소가 있으며 전환이 취할 수 있는 형태도 다양하다는 사실을 모호하게 만든다. 예컨대 혁명이 일어난다거나 자연재해가 일어나는 등 (역사적 관점에서) 매우 갑작스러운 변화가 있을 수 있다. 정반대로 매우 느린 점진적 변화가 있을 수 있다. 변화는 균일하고 선형적인 방식으로 일어날 수도 있고, 단계적으로 일어날 수도 있다. 전환은 때로는 앞으로 나아가기도 하고 뒤로 퇴보하기도 한다. 기껏해야 꾸물대며 진행될 뿐, 반드시 진화나 발전을 의미하지는 않는다. 전환은 역행 또는 퇴행적인 변화를 의미할 수도 있다.
 전환의 여러 구성 요소도 각기 다른 속도와 방식으로 변화한다. 대부분의 단순한 전환 모델은 명확하게 규정된 공간적 맥락 없이 (즉, 전환이 모든 곳에서 균일하게 일어난다고 가정하며) 한 상태에서 다른 상태로의 선형적 이동을 의미한다. 윌슨의 방식에 따라 여섯 가지 기본적인 전환 모델을 구체화할 수 있다(Wilson 2007).

흔히 가정하는 가장 단순한 모델인 '선형적 전환linear transition'은 예측 가능한 길을 따라 일정한 속도로 변화하는, 상태 A에서 상태 B로의 전환을 말한다. 이러한 전환은 결정론적이며 쉽게 예측할 수 있다. 조금 더 복잡한 유형은 비교적 안정된 단계와 변하지 않는 단계 사이에 놓인 상대적으로 갑작스러운 (단계적) 변환을 통해 상태 A에서 상태 B로 전환되는 '계단식 전환stepped transition'이다. 이에 대한 가장 잘 알려진 설명이 바로 토머스 쿤의 과학 패러다임과 혁명에 대한 설명이다(Kuhn 1996).

'무작위 전환random transition'은 예측 불가능하고 비선형적이며 혼란스러운 전환으로, 예측가능성에 반하는 확률적이고 비결정적인 전환이다. 무작위 전환에서는 A 지점과 B 지점이 정확히 어떤 것인지 명확하지 않을 수 있고, 변화의 방향도 다양할 수 있다. 이런 종류의 전환은 개방형 시스템 및 카오스 이론과 관련된다.

'역행 전환retrograde transition'은 본질적으로 A에서 B로의 궤적을 따라 변화가 일어나지만 결국 B가 A와 동일한 상태가 되어 버려 실패한 전환을 말한다. 어떤 경우에는, 끝내 단일한 B 지점을 명확하게 식별하는 게 불가능할 수 있으며, 실제로 B 지점이 여러 개 존재할 수 있는데, 이러한 비결정론적 전환 모델은 '들뢰즈 전환Deleuzian transition'이라고 부를 수 있다. 이 모델에는 서로 평행한 수많은 궤적(천개의 고원)이 존재한다. 다양한 선택지 중 어떤 것이 실제로 일어날지는 알 수 없다. 흔히 실제로 나타나는 것은 '비-전환non-transition'

인 경우가 많다. 이는 시간이 지나도 아무것도 변하지 않는 안정 모델이다. (예컨대) 자본주의에서 다른 무언가로의 전환을 기다리는 사람이라면 누구나 익숙하게 느낄 수 있지만, 사실 이 모델은 단지 가설에 불과한 것일 수 있다. 왜냐하면 어떤 종류의 변화든 어느 정도는 언제나 일어나고 있기 때문이다.

 이 스펙트럼의 한쪽 끝에는 혁명이나 자연재해처럼 모든 것이 한꺼번에 일어나는 '동시적 전환all-at-once transition'도 있다. 코로나19 팬데믹으로 2020년에 일어난 전 세계적 모빌리티 변화에 대해서도 이렇게 말할 수도 있다. 모빌리티 측면에서, 많은 학자들은 2005년의 허리케인 카트리나(Bartling 2006; Cresswell 2006)나 2010년 아이티 지진(Sheller 2013)과 같은 '자연적' 재난이 사회 및 인프라 구조의 심각한 파열을 일으키고 다양한 종류의 모빌리티를 붕괴시킨다고 보았다. 이는 마치 계단식이지만 역행적이고, (때때로) 지속되는 전환이지만 한 발짝만을 내딛는 것과 같다. 이와 동시에, 미국이 통제하는 포르토프랭스 공항을 통해 구호품, 물자, 의료 장비와 전문 기술, 심지어 질병까지 싣고 온 거대한 국제 모빌리티가 아이티로 들어왔다. 이런 점에서 보면 한 발짝 뒤로 물러서는 전환은 매우 불균등하게 이루어지고 경험된다. 4장에서 논의하는, 실제 공공 계획에서의 모빌리티 전환에 대한 가장 지배적인 접근 방식 중 하나는 아마도 '회피, 변화, 개선Avoid, Shift, Improve' 접근 방식일 수 있다. 이는 슈바넨이 저탄소 또는 지속 가능한 모빌리티로의 동시적 '연계nexus' 움직임이라고 부른 것을 떠올리게 한다(Schwanen 2018).

시간과 공간에서 어떤 형태의 전환이 일어나든지 간에, 우리는 정확히 무엇이 전환되고 있는지도 설명해야 한다. 삶의 한 부분이 전환되더라도, 다른 부분은 상대적으로 변하지 않거나 다른 경로로 전환될 수 있다. 전환은 서로 연결될 때가 많다. 이 책에서는 주로 '고탄소'에서 '저탄소'로의 모빌리티 전환에 초점을 맞춘다. 하지만 우리가 내린 중요한 결론 중 하나는 전환을 각각 분리해서 생각하는 것은 가능하지도 않고 바람직하지도 않다는 것이다. 가령 우리는 모빌리티 전환이 화석연료 사용과 탄소 배출에 미치는 직·간접적인 결과는 물론이고 사회정의에 미치는 결과도 함께 다루려고 노력했다. 모빌리티 전환은 정의로운 전환이어야 한다. 탄소 배출을 줄이거나 없애는 것만으로는 전환을 설명할 수 없다. 이 책의 여러 사례들에서 알 수 있듯이, 전환은 이상적인 자유시장으로 향하는 신자유주의적 전환에서부터 대기오염, 건강, 교통체증과 같은 일상적인 문제에까지 다양한 시각들이 얽혀 있다. 실제로 존재하는 전환 정책들은 출발점 A와 도착점 B 사이에 명확한 선형적 경로가 있는 게 아니다. 이런 단순한 전환 모델에는 문제가 많다.

전환은 시간과 공간 모두에서 다양한 스케일로 일어난다. 어떤 전환은 비교적 빠르게 일어나지만, 어떤 전환은 상당히 오래 걸린다. 또 어떤 공간에서는 일어나지만 다른 공간에서는 분명 일어나지 않기도 한다. 이 책에서는 국가 및 국제적 차원에서의 저탄소 모빌리티 전환 가능성에 초점을 맞춘다. 이를 염두에 두고, 우리는 다양한 시간적·공간적 스케일에서의 전환을 다룬 과거의 접근 방식들을 검토한다.

거대이론

다양한 전환이 있다는 점과 이 전환들이 상호의존적이라는 점을 염두에 두면, 모빌리티 전환이 지속 가능한 세계로 나아가는 거대한 움직임 속에 있는 특정한 형태의 전환이라는 점은 분명하다. 하지만 과거의 다른 전환(및 전환 접근 방식)에서도 우리가 배울 수 있는 점이 있다. 근대사에서 가장 주목해 볼 수 있는 것은 구소련 블록에서 일어났던 사회주의경제에서의 자본주의경제로의 전환이다.

사회주의경제에서 자본주의경제로 옮아 간 동유럽의 역사적 전환은 1989년 베를린 장벽 붕괴를 전후로 하여 갑작스럽게 일어난 것처럼 보인다. 물론 여기에는 소련의 글라스노스트와 페레스트로이카〔구소련의 고르바초프가 실시했던 일련의 개방Glasnost, 개혁Perestroika 정책〕를 중심으로 한 일련의 과정이 있었다. 장벽이 무너졌다는 비교적 단순한 사실만으로 하루아침에 경제 전체가 변한 것이 아니다. 그러나 이런 과정들마저도 역사적으로 보면 놀라운 정도로 갑작스러운 것이었다. 예컨대, 1975년에는 지리적으로 깊이 새겨진 것처럼 보였던 분단이 1995년경에는 완전히 해체된 것처럼 보였다. 이를 통해 연구자들은 전환이 일어난 과정을 탐구할 수 있게 됐다.

동유럽을 가로지른 이 전환은 대체로 자유화의 관점에서 설명된다. 이 관점은 두 가지 과정을 설명했다. 사회주의경제가 자유화되고 시장이 형성되는 동시에, 사회주의 정치가 민주화되는 전환이었다. 이 두 과정은 1989년 이전에는 천천히, 1989년 이후에는 빠르게 진행되었다. 주류 전환 이론은 이 과정이 완료되면 동유럽이 온전한 자본주의 자유민주주의 체제를 갖추게 되어 국제사회의 완전한 구성원이 될 것이라고 주장했다.

두말할 필요도 없이 '실제로 존재하는 전환'은 그렇게 간단하거나 선형적이지 않았다. 지리적 다양성이 가장 큰 이유였다. 예컨대 체코와 불가리아는 그때도 지금도 매우 다른 공간이다. '그렇다면 우리의 도전 과제는 다양한 형태의 전환을 받아들일 수 있는 방법을 협상하는 것이다'(Pickles and Smith 1998: 2). 피클스와 스미스에 따르면, 문제는 주류 전환이 '실제로 존재하는 전환'에 대한 다른 가능성을 배제하는 자유화 관점에서 쓰였다는 점이다. 포스트사회주의 전환에 대한 설명에서 모빌리티가 핵심 주제였던 것은 아니지만(포스트 전환에 대해서는 Tuvikene 2018; Burrell and Hörschelmann 662014을 참조), 이런 설명들은 전환에 대한 일반적 이해를 돕는다. 포스트사회주의 전환은 전환의 형태가 다양하다는 점과 전환이 어디에서 일어났는지를 고려해야 할 필요가 있음을 보여 준다. 또한, 특정한 시작과 끝이나 특정한 수단을 수반하는 전환 이론들은 구체적인 어딘가에서 비롯된 것이기 때문에, 다른 맥락에서는 언제나 작동된다고 보장할 수 없거나 쉽게 적용되지 않을 수 있다는 것을 보여 준다.

전환 이론들에는 암묵적으로 모빌리티 전환이 포함된 경우가 많다. 가장 유명한 것은 봉건제에서 자본주의로의 전환에 대한 마르크스의 역사적 유물론(Marx 1996) 주장이다. 이 전환 이론의 핵심 동인은 생산력과 생산관계의 관계였지만, 농노와 소작농이 영주와 토지에 대한 의무에서 해방되어 빠르게 확장하는 도시로 향하는 움직이는 노동자 집단을 형성한 것이야말로 봉건제에서 자본주의로의 전환의 핵심이었음은 분명하다. 영국과 서유럽의 산업혁명에 대한 설명에는, 최소한 부분적으로라도, 증기 동력과 철도 부상에 대한 설명이 꼭 나온다. 마찬가지로, 발전된 자본주의로의 전환에 대한 비판에서는 이동하지 않을 권리, 즉 임모빌리티가 정반대로 부정적으로 여겨진다는 것을 발견한다. 마이클 하트와 안토니오 네그리는 '노동의 경직성을 고수하고 완전한 유연성과 모빌리티에 반대하는 국가들은 국제 금융 메커니즘에서 불이익을 받고 괴롭힘을 당하다 결국 무너진다'(Hardt and Negri 2001: 337-8)고 지적한다. 실제로, 근대화 과정에서 벌어진 모빌리티 고난을 상기하며 이들은 이렇게 결론 내린다. '사실, 안정적으로 정해진 주거지, 즉 분명한 임모빌리티야말로 가장 시급하게 필요한 것일 수 있다'(Hardt and Negri 2001: 155). 하트와 네그리에게 혁명은 다른 종류의 전환 문제, 통합적이고 지속적인 변화의 문제가 되었다(Hardt and Negri 2009).

과거에 사용된 전환 개념은 훨씬 더 장기적인 인구의 전환을 의미하는 것이었다는 점도 중요하다. 지리학을 전공하는 학생들이 학교나 대학에서 배우는 인구통계학적 의미의 전환 개념이 그것이다. 인구통계학적 전환 모델은 킹슬리 데이비스(Davis 1945)의 연구와 이후

로마클럽Meadows and Club of Rome(Meadows and Club of Rome 1972)의 연구에서 나왔다. 이 모델은 4~5개로 정의된 단계를 거치는 과정에서 각 단계별 출생률(출산율)과 사망률(치사율) 차이를 기반으로 한다. 인구 전환 과정을 이미 겪은 서구 국가들의 경험을 바탕으로 한 모델인데, 모든 국가가 필연적으로 겪을 수밖에 없는 과정이다. 1단계에서는 사망률과 출생률이 모두 높아진다(따라서 안정적으로 인구가 줄어든 상태). 시간이 흐르면 사망률이 감소하여 인구가 빠르게 증가한다. 결국 출생률도 감소하고 인구 증가는 멈춘다. 이 과정은 산업화 및 개발 과정과 일치한다. 포스트사회주의 전환에 대한 접근 방식처럼, 이 모델은 포괄적이며 인구통계학적 과정에서 지리적 다양성을 민감하게 고려하지 않았다는 점에서 널리 비판받았다(Kirk 1996). 또한, 이 전환이 산업화나 근대화, 도시화와 같은 다른 사회 변화의 원인인지 결과인지도 불분명하다. 이 점은 모빌리티 전환을 이론화할 때 고려해야 하는 교훈이다.

최근까지도, '모빌리티 전환'이라는 용어는 1960~70년대 미국지리학자협회의 저널 《Transitions》의 공동창간자인 윌버 젤린스키 Wilbur Zelinsky의 연구와 특히 관련되어 있었다. 이 저널은 '사회적 생태학적 책임을 위한 지리학자 모임'의 노력이 만든 성과이며, 이는 《Antipode》 저널 창간으로 이어졌다(Peake and Sheppard 2014). 젤린스키의 모빌리티 전환 모델은 인구통계학적 개발 전환 모델 혹은 '근대화'의 일반적 가설을 '제2차 시공간적 과정인 모빌리티 전환'(249)과 나란히 놓으려고 했다. 그는 자신의 모빌리티 전환 가설을 다음과 같이 설명했다.

> 최근의 역사를 보면 시공간을 가로지르는 개인 모빌리티의 성장에는 분명하고 유형화된 규칙성이 존재하며, 이런 규칙성은 근대화 과정의 필수 구성 요소를 이룬다(Zelinsky 1971: 221-2).

젤린스키는 이 가설을 일련의 주장들로 세분화했고, 이를 통해 인구통계학적 전환에 상응하는, 시간의 흐름에 따른 근대화와 모빌리티 사이의 필연적인 연결 고리를 확인했다. 이 가설은 지나치게 포괄적이며 일반적이지만, 그럼에도 불구하고 젤린스키의 논문은 실제로 최근 모빌리티 이론의 상당 부분을 예시하고 있다. 가령 그는 미대륙을 가로질러 이주하는 백인 가족과 한 도시 블록을 이동하는 흑인 가족을 비교하는 등 공간적 모빌리티가 갖는 사회적 함의를 민감하게 포착한다. 젤린스키는 모빌리티 정치라고 부를 수 있는 것에 대한 인식이 있었고, 최근에 어리 및 다른 학자들이 강조한 가상 모빌리티 및 상상 모빌리티 등의 형태도 고려했다(Urry 2007).

모빌리티가 사회생활에 끼치는 영향을 알고 있음에도 불구하고, 젤린스키의 접근 방식은 기술, 젠더 관계 혹은 건강 같은 광범위한 사회적 전환들 속에 모빌리티 과정이 내재되었다는 것을 제대로 설명하지는 못했다는 비판을 받았다(Skeldon 2009). 전환 모델 자체도 굉장히 광범위하다. 이 모델은 주거 이동이 거의 없고 유통의 순환도 제한적이었던 '전근대 전통사회'(중세 유럽 등)에서부터, 주거 이동이 잦아지고 이주민의 도시 간 이동이 발생하며 미숙련 및 반숙련 이주민이 저개발지역으로부터 이동하게 되고 업무 관련 출장 및 관광 같은 순환이 가속화되는 '선진 사회'로의 전환을 추적한다. 전환의 마지막 단계는 '미래 초선진 사회'로, 이 단계에서는 발전된 통신기술과 '배송 시스템'이 주거 이동의 속도를 늦추기 시작하고 '지금의 순환 형태들이 더욱 가속화되고 아마도 새로운 형태가 시작'됨을 경험할 뿐만 아니라, 짐작건대 '국제적 이동뿐만 아니라 국내 이동에 대한 엄격한 정치적 통제'를 경험하게 된다(Zelinsky 1971: 231).

젤린스키의 전환 가설에서 주목할 점은 다양한 형태의 모빌리티에 착목했다는 점이다. **그림 2.1**은 국제적 모빌리티부터 순환(통근, 관광 등)에 이르는 네 가지 유형의 모빌리티를 보여 준다. 전환의 각 단계에는 다양한 모빌리티가 뒤섞여 있다. 1단계에서는 어떤 종류든 모빌리티가 거의 없지만, 2, 3단계에서는 전통적 형태의 봉건적 농업이 무너지고 도시화가 진행되면서 농촌에서 도시로의 이주가 두드러지는 것이 특징이다. 4, 5단계에서는 주로 도시 내에서의 이동, 도시와 도시 사이의 이동이 일어나고 (국제 순환을 포함해) 매우 높은 순환 집적률이 나타난다. 많은 역사가들은 각 단계의 정확성에 대해 비판적인 입장을 취한다. 초기 단계에 젤린스키의 예상보다 더 많은 모빌리티가 발생했을 뿐만 아니라, 특히 유럽에서는 국가 간 모빌리티도 일부 있었다는 것이다(Lucassen and Lucassen 2009).

젤린스키는 과거의 모빌리티 전환 과정을 설명하는 동시에, 미래의 '초선진' 사회가 모빌리티 측면에서 어떤 모습일지 궁금해하며

그림 2.1 젤린스키의 모빌리티 전환 가설

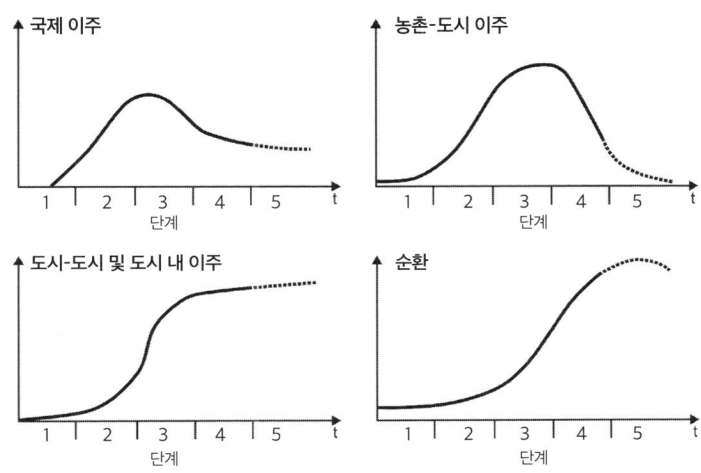

전망한다. 다섯 단계로 설명했다. 모빌리티, 특히 자동차모빌리티와 항공모빌리티가 지역적 환경이나 전 세계적 환경에 미치는 영향을 예측하지는 않았지만, 가까운 시일 내에 일종의 모빌리티 '포화상태'가 올 것으로 내다보고 모빌리티 시스템에 대한 시급한 계획과 재고가 필요할 것이라고 전망했다.

출산율과 사망률 모두 절대적 최소값이란 게 존재하지만, 인간의 모빌리티에 대한 효과적인 상한선을 정하는 것은, 분명 유한한 현상임에도 불구하고, 이보다 훨씬 더 어렵다. 모빌리티가 경제적·사회적 혹은 심리적·생리학적으로 비생산적이 되는 시점이 있을까? … 모빌리티 포화 상태는 언제 어떻게 도달하게 될까? 어쨌든 일반적인 사회경제적 발전은 인구의 위치나 이동을 통제하기 위해 사회적으로 부과된 메커니즘을 불러올 수 있다. 무엇이 기술적으로나 정치적으로 실행 가능한 것인지는 불분명하지만, 도시 시스템의 재구조화와 도시에서의 순환 및 이동에 대한 계획 수립이 가까운 시일 내에 시급한 과제가 될 수 있다(Zelinsky 1971: 246).

젤린스키의 모빌리티 전환 가설은 기술적descriptive 실증주의 존재론의 틀 안에 있다. 이 가설은 (1971년부터) 미래에 대한 최종적인 예측과 함께 전 세계적으로 발생했거나 발생하고 있는 일을 설명한 것으로 여겨진다. (인구 전환 모델에 기반한) 일반화 경향에도 불구하고, 다양한 형태의 모빌리티와 모빌리티에 부여된 여러 가지 의미(제트기 타는 부자들 vs. 시내를 가로지르는 흑인 가족)에 주목했다는 점은 이어받을 만한 유용한 관찰이다. 또한, 젤린스키가 모빌리티 전환에 적용한 역사적·공간적 분석도 동시대 이론가들이 대부분 놓치고 있는 부분이라는 점에서 중요하다. 그에게 사회적 근대화란 사회적으로 차등된 다양한 시공간적 이동 패턴으로 표현되는 모빌리티 전환이며, 이것이 바로 우리가 나중에 '모빌리티 정치'라고 부르는 것이다.

경험적 분석

모빌리티 전환에 대한 대부분의 접근 방식은 주류 근대화 이론이나 역사적 시기 구분에 대응하는 거대이론이 아니다. 우리가 이동하는 구체적인 방식 안에서의 인식 가능한 전환에 초점을 맞추는 것이다. 시간적으로도 공간적으로도 초점이 더 제한적이다.

2015년 4월 30일자 《가디언》지에 따르면 미국과 영국을 비롯한 기타 선진국들은 자동차 사용의 정점을 지났을 수도 있다.[1] 한 주장에 따르면, 2008년의 경제위기는 자동차 발명 이후 증가하던 자동차 통행량이 정체되고 감소했음을 의미한다. 이것이 단순히 화폐유통량 감소 때문인지 아니면 모빌리티 세계의 더 근본적인 변화 때문인지 논의가 일었다. 하나의 가설은 '중단된 성장론'인데, 경제가 회복되고 성장하게 되면 자동차 통행량이 다시 증가할 것이라는 가설이다. 다른 주장은 실제로 대중교통이 밀집된 도시 생활 형태를 더 선호하는 문화적 변화가 있었다고 본다. 어쩌면 단순히 도로가 포화 상태가 되면서 더 이상은 넓은 도로를 위해 경관을 희생하는 짓을 하고 싶지 않은 것일 수도 있다. 이는 전 영국 교통부 수석과학자 데이비드 메츠David Metz가 제시한 가설이다. 그는 우리가 새로운 '제4차 이동 시대'에 들어섰다고 주장한다. 이 접근 방식에는 일부 거대이론이 포함되어 있지만, 실제로는 구체적이고 관찰 가능한 현재에 뿌리를 두고 있다.

인류의 제1차 이동 시대에 수렵채집인 조상들은 아프리카를 벗어나 전 세계로 퍼져 나갔다. 제2차 시대에는 일반적으로 걸어서 하루 한 시간 정도의 이동 범위 내에서 농업공동체를 이루고 마을에 정착했다. 제3차 시대는 철도의 등장에 따라 화석연료를 활용해 더 빠른 이동이 가능해진 19세기 초에 시작됐고, 일련의 기술혁신을 통해 대중적 이동 수단의 중심에 자동차가 우뚝 서게 된다. 이제는 개인의 하루 이동량이 늘지 않고 평균적으로 이동 시간, 속도, 거리가 안정적으로 유지되는 제4차 시대로 들어서고 있다는 증거가 나타나고 있다. 런던과 같은 도시에서 볼 수 있는, 자동차 점유율이 정점을 찍은 뒤 감소하는 '피크 카' 현상은 제3차 시대에서 제4차 시대로의 전환을 의미한다(Metz 2013: 267).

최근 영국의 이동수요위원회Commission on Travel Demand에서 실시한 '전면적 변화All Change' 보고서에 따르면[2] 이런 추세는 계속되고 있으며, 이는 실제로 2008년의 글로벌 경제위기, 경기둔화 및 침체가 있기 훨씬 전인 1990년대 중반까지 거슬러 올라가는 움직임이다. 보고서 자료를 보면, 현재 30세 미만 인구의 1인당 운전 거리가 20퍼센트 감소했고, 운전면허를 소지할 가능성이 훨씬 낮다는 것을 알 수 있다. 이 같은 모빌리티 수요 감소는 고용불안정성 증가, 주택 소유 감소, 가처분소득의 상대적 감소와 관련이 있을 수 있다. 이런 감소는 가정용 음식 배달이나 물건 배송 및 택배 배송의 꾸준한 증가, 그리고 익일 배송 시스템의 엄청난 증가와 함께 나타난다.

왜 이런 전환이 일어날까? 메츠는 쓸 만하고 효과적인 대중교통을 갖춘 세상에서는 추가적인 자동차 이동의 한계효용이 감소하기 때문이라고 주장한다. 런던이나 싱가포르와 같은 도시의 사람들은 필요한 것이나 원하는 것을 얻고자 더 많이 이동할 필요가 없다. 슈퍼마켓, 병원, 학교, 문화시설 등이 가까이 있기 때문에 더 멀리, 더 오래 운전하는 게 무의미하다. 여기에 모바일 통신 기술의 사용 증가도 한몫을 한다. 메츠는 실제로 거시경제적 요인이 제4차 시대로의 전환에 결정적 역할을 하지는 않는다고 주장한다. 전환 학자인 프랭크 길스도 잠재적인 시스템 전체 또는 '점진적 시스템 재구성'에 대한 분석에서, 2007년에서 2013년 사이 영국에서 국내 운송 관련 CO_2 배출량이 12.7퍼센트 감소한 원인으로 자동차모빌리티의 감소를 지적했다(Geels 2018).

물론, 메츠의 제4차 이동 시대로의 전환 주장이 모빌리티의 역사적 전환에 초점을 맞춘 최초의 주장은 아니다. 젤린스키의 모빌리티 전환 가설과 마찬가지로, 이는 개인 모빌리티를 바라보는 명백히 서구적인 관점이다. 예컨대 대부분의 남미와 동남아시아 국가에서는 개인용 자동차 소유와 사용이 늘고 있다(전환에 대한 포스트콜로니얼 비평 참고). 하지만 많은 '선진국'에서는 자동차 사용이 정점에 도달한 것으로 보인다. 2013년 기준으로 일본에서는 1999년부터, 영국에서는 2007년부터 총 자동차 이용량이 줄고 있었다. 프랑스에서는 10년 동안 안정적이었고, 독일에서도 이용량이 감소하고 있었다.[3] 메츠는 모빌리티를 중심에 두지는 않지만 모빌리티를 언급하는 잘 알려진 시대구분을 인용했다. 가장 유명한 것은, 메츠가 언급한 도시의 탄생에 대한 논쟁이다.*

메츠와 젤린스키 사이에 유사점도 있지만, 둘은 각자 다른 학문 영역에서 출발했다. 메츠는 교통이라는 경험적 세계에 확고한 뿌리를 내리고 있고, 전환에 대한 그의 설명은 변화하는 이동 방식과 강도에 대한 것이다. 젤린스키의 설명은 이주에 대한 관심에서 나와, 첨단기술이나 기계화된 모빌리티의 다양한 형태도 다루지만, 인간과 매개된 순환 및 이주의 종류들이 세계사적으로 어떻게 변화했는지를 살핀다. 바로 이 지점에서 최근의 모빌리티 연구, 다시 말해 모빌리티의 패턴, 빈도, 속도뿐만 아니라 그 의미와 특징적 실천을 포함하는 모든 종류의 모빌리티에 초점을 맞추는 연구들이 유용할 수 있다(Cresswell 2006; Sheller and Urry 2006; Adey 2009; Cresswell and Merriman 2010; Sheller 2012). 이에 대해서는 3장에서 살펴보자.

다층적 관점

메츠의 분석이 교통에 대한 경험적 분석에 초점을 맞춘 전환에 대한 유일한 설명은 아니다. 전환에 대한 다층적 관점(MLP)으로 알려

---

* 고고학자 고든 차일드V. Gordon Childe(1937)의 '도시혁명' 가설은 메소포타미아에서 '신석기 혁명'의 결과로 도시 생활이 탄생했다고 주장한다. 토지가 비옥해 작물 재배와 잉여 생산이 가능해진 덕에 사람들이 유목 생활을 멈추고 원시-도시 주거지에 정착할 수 있었다는 것이다.

진 대중적인 전환 분석 방식도 마찬가지다. 이 관점에 대한 논의는 '전환 관리' 및 '전략적 틈새 관리' 개념과 연결되어 있으며(여러 학자들이 거의 동일한 언어를 사용·), 이 관점은 더 넓은 학문 분야인 '전환 연구Transition Studies' 분야의 다양한 접근 방식 중 일부에 해당한다(Schwanen 2018). 슈바넨의 지적대로, 이 분야는 '과학 및 기술 연구, 기술사, 진화경제학, 혁신 연구' 사이의 학제간 연결뿐만 아니라 '생물학, 생태학, 환경 연구, 인구통계학'과의 연결도 포함한다(Schwanen 2018: 266). MLP는 르네 켐프René Kemp와 프랭크 길스Frank Geels를 중심으로 한 네덜란드 연구자들의 연구에서 탄생했다(Kemp 1994; Geels 2002, 2005, 2010, 2011; Geels and Kemp 2012; Schwanen 2013). 논문에서 켐프와 동료 연구자들은 전기자동차와 같은 지속 가능한 새로운 기술이 왜 주류가 되지 못하는지를 묻는다. 이들은 혁신에 대한 저항을 이론화했다. 이들의 핵심 개념은 기술 체제regime다. 이는 '과학적 지식, 공학적 실무, 생산 공정 기술, 제품 특성, 기능과 절차, 기술의 총체를 구성하는 제도와 인프라의 전체 복합체'를 말한다(Kemp 1994: 182). 이 개념은 기술(예컨대 전기자동차)을 중심에 두고, 기술을 더 넓은 범위의 다양한 요소들과 연결할 수 있게 한다. '체제'라는 용어는 연구개발의 방향을 이끄는 일련의 공식적 · 비공식적 규칙을 의미하기 때문에 선택됐다.

기술 체제의 이면에는 사회생활에서 확장된 기존의 기술 복합체가 세금 체제나 규제 체제가 경제활동과 사회적 행동에 논리를 부여하는 것과 같은 방식으로 사회–기술적 변화에 논리나 문법을 부과한다는 생각이 있다(Kemp 1994: 182). 이 체제(나중에 사회–기술적 체제로 알려진)는 안정을 지향하고 급진적 변화를 꺼리는 경향이 있다. 이는 구조화 이론의 관점에서 보면 구조화하는 힘이다. 비교적 안정적인 체제는 엔지니어나 사람들이 습관적이고 일상적인 방식으로 발전하는 특정 기술 궤적을 고안하고 장려한다. 이는 혁신과 변화를 완화하는 과정이다. 그렇다면 여기에서 핵심 질문은 어떻게 하나의 체제가 다른 체제로 전환되는가 하는 것이다. 이들은 처음에는 MLP 학자들이 틈새niche라고 부르는 것의 역할에 초점을 맞추었다. 틈새는 혁신이 일어날 수 있는, 게임의 일반적 규칙에서 벗어난 '보호된' 공간 혹은 맥락을 말한다. 군대나 초기 시장, 실험실, 심지어 바퀴가 의식과 의례 목적으로 처음 사용된 초기 근대 자동차모빌리티에서도 틈새의 예가 종종 등장한다(Kemp 1994: 184).

켐프나 길스 등의 미래 전환 과정 관리에서 이 틈새 공간의 구분이 핵심이었지만, 이후 이 접근법의 반복 과정에서 다른 '층위'와 함께 작동하는 방식은 훨씬 더 복잡해졌다. 그래서 '전략적 틈새 관리'라는 용어를 사용하여 새로운 기술개발과 그에 수반되는 관행 및 지식을 위한 틈새 공간을 창출하고 보호하는 과정을 가리키게 되었다. 시간이 지나면서 새로운 기술이 새로운 시장과 새로운 생산자 및 사용자를 구성하려고 할 것이라는 주장이다. 결국, 기술이 더 넓은 세계의 일부가 되면 틈새 공간을 보호할 필요도 없어질 것이다. 이 과정에서 기술이 정부 정책, 문화적 규범, 새로운 인프라와 같은 영역에 배치되는 일련의 '조율'이 발생한다. 행위자네트워크이론 Actor Network Theory(모든 존재가 지속적으로 변화하는 상호 연결망 속에 존재한다고 보는 이론)의 관점에서, 기술을 안정화시키기 위한 일련의 행위자가 등록되면 새로운 네트워크가 생성된다(Latour 2005). 길스와 다른 연구자들의 핵심 질문은 체제가 어떻게 변화하는가이다. 틈새에서 일어나는 혁신이 어떻게 체제의 층위까지 도달해 더 실질적인 변화를 일으킬 것인가? 길스가 제시하는 한 가지 답은 '틈새 축적niche-cumulation'이다. 이는 틈새 층위의 발전들이 서로 연결되고 기존 기술과도 결합하면서 새로운 융합hybrid 형태를 만들어 내는 과정을 말한다(프리우스 같은 하이브리드 자동차를 생각해 보라).

MLP 모델의 마지막 부분은 사회-기술적(ST) 경관landscape이다. 틈새, 체제, 경관의 세 가지 요소 중 가장 높은 순위의 층위가 경관이며, 가장 변화시키기 어렵다. 이는 구조주의자들이 구조라고 부르는 것과 어느 정도 유사하다. 기술적 궤적은 일련의 심층적인 구조적 경향으로 구성된 사회-기술적 경관에 위치한다. '경관'이라는 은유는 상대적인 '단단함'이라는 문자 그대로의 의미〔경관landscape이라는 단어에는 물리적 단단함의 상징인 땅land이 들어가 있다〕와 도시, 공장, 고속도로 및 전기 인프라의 물질적·공간적 배치와 같은 사회의 물질적 맥락 때문에 선택되었다. 사회-기술적 경관에는 유가, 경제성장, 전쟁, 이민, 광범위한 정치 연합, 문화 및 규범적인 가치, 환경문제 등과 같은 이질적 요소도 포함된다. 경관은 행위자들의 상호작용을 위한 외부 구조 혹은 맥락이다. 체제regimes가 공동체 내의 활동을 가능하게 하고 제약하는 규칙을 의미한다면, '사회-기술적 경관'은 더 광범위한 기술 외부 요인을 의미한다. 경관의 맥락은 체제의 맥락보다 변화시키기가 훨씬 더 어렵다. 특히 경관은 최근의 코로나19 위기 같은 충격에 노출되어야 변화하는데, 체제보다 더 느리게 변화한다(Geels 2002: 1260).

따라서 MLP는 사회-기술적 경관, 사회-기술적 체제, 틈새라는 세 가지 분석 층위를 기반으로 한다. 이는 대개 경관 안에 체제가 들어 있고 그 안에 틈새가 존재하는 '중첩된 계층구조'로 묘사된다(Geels and Kemp 2012). 문헌 연구는 전통적으로 MLP 개념화에서 상대적으로 비공간적이었으며(Coenen, Benneworth and Truffer 2012), 이는 MLP에 내재된 스칼라 존재론(각 구성 요소를 동등한 수준으로 간주하는 평면 존재론과 달리, 각 요소들을 시간과 공간에서 하나의 값만 갖고 들뜬 채 상호작용하는 입자들로 보는 관점)이 최근까지 다뤄지지 않았음을 의미한다(Smith and Raven 2012). 처음에 이처럼 중첩된 층위들은 도표에서 작은 틈새 층이 더 크고 높은 수준에 있는 체제로 이어지고, 체제는 다시 더 크고 높은 경관의 일부인 것처럼 표현되었다.

그림 2.2 같은 도표는 이런 형태의 전환 이론의 층위를 설명할 때 자주 사용되는 것으로, 평면 존재론을 지지하는 사람들이 강하게 비판하는 스칼라 존재론을 거의 완벽하게 표현했다고 볼 수 있다. MLP 이론가들은 과거에 '미시micro, 중간meso, 거시macro'라는 용어를 사용했다. 예컨대 마스턴 연구 팀은 '크기와 경계가 다른 중첩된 계층구조의 공간'에 대해 기술했는데(Marston, Jones and Woodward 2005: 416), 우리는 여기서 크기를 수평축으로, 중요도를 수직축으로 놓고 볼 수 있다(미시 및 거시 모빌리티 사이의 문제적 구분에 대해서는 Merriman 2019 참고). 보자롭스키

그림 2.2 중첩된 계층구조로서의 다중 층위 (Geels 2002 참조)

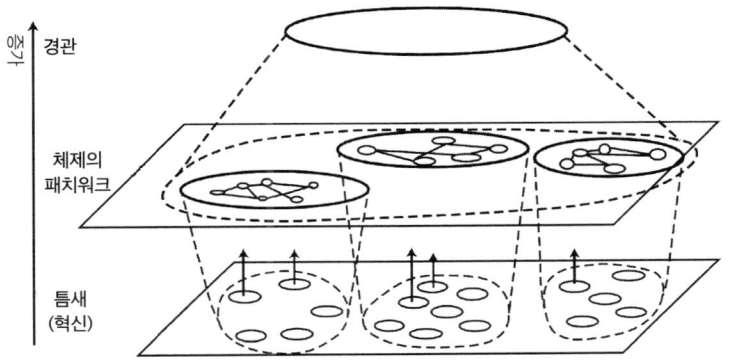

와 하르스타드의 최근 연구에서 지적된 것처럼, '지리적 은유처럼 보이는 틈새, 체제, 경관의 언어는 지리적 척도로 쉽게 번역되지 않는다'(Bouzarovski and Haarstad 2019: 3). MLP를 설명하기 위해 사용된 초기 도표에서 세 층위는 문자 그대로 스칼라 형태로 표현되어 있지만, 이러한 스케일은 유클리드 공간 차원(1차원 직선, 2차원 평면, 3차원 공간 등 기하학적 개념이 적용되는 차원)으로는 간단하게 매핑되지 않을 수 있다. '더 넓은', '큰', '더 큰' 규모의 변환은 전환이 실제로 무엇인지에 대한 근본적인 가정 중 하나이다. 틈새는 작은 원들의 집합으로, 체제는 큰 원으로, 경관은 더 큰 하나의 원으로 표현된다.

수직으로 올라갈수록 원은 더 커지고 그 수는 줄어든다. 이런 존재론에서는 거의 항상 가장 큰 수평적 스케일이 계층구조의 가장 높은 지점에 배치된다. 가장 높은 차원은 구조의 공간이고, 가장 낮은 차원은 행위자agency의 공간이다. 사회-기술적 전환 이론 지지자들은 혁신을 틈새 차원에 놓지만, 이는 가장 중요하지 않은 차원이기도 하다. MLP의 첫 번째 반복에서 경관 차원은 변하지 않으며 틈새 차원의 활동에 접근할 수 없다(그림에서 위쪽 화살표가 경관에 직접 도달하지 않는다는 점을 참조하라). 틈새에서 경관으로 이동할 때, 우리는 상대적으로 자율적인 의미의 행위자로부터 압도적인 의미의 구조로 이동하게 된다. 여러 저자들이 제안한 것과 같이, 규모에 대한 더 사회-관계적인 개념과(Bouzarovski and Haarstad 2018) 기타 지리적 개념은, 초기 MLP 작업에서 시작된 일부 전환 이론의 관점에 의해 제한되는 경향이 있다(Bridge et al. 2013).

MLP 접근 방식을 지지하는 일부 사람들은 공간적 스케일과 층위 사이의 이러한 연결 문제, 그리고 길스와 켐프의 초기 접근법에 있던 명백한 경직성과 단선적 가정에 이의를 제기한다. 예컨대 롭 레이븐 연구 팀은 사회-기술적 전환 연구가 공간적 스케일에 대한 관심이 부족하다고 지적하면서(Raven, Schot and Berkhout 2012; Smith and Raven 2012), 공간적으로 조율된 '다중 스칼라 MLP'를 제안한다. 그들은 이러한 연구가 대부분 국가 단위로만 진행되어 초국가적 네트워크 연결에 대한 연구는 상대적으로 적다는 점을 지적한다.

> 실제로, 경험적으로 이 세 차원은 … 특정 영토 경계와 암묵적으로 결합되는 경우가 많다. 체제는 국가적 특징으로 묘사되는 경향이 있고(경험적 연구들의 대체적 초점이다), 경관의 역동성은 국제

적 특징을, 틈새는 (하위)국가적 또는 지역적 특징을 갖고 있는 것으로 나타난다(Raven, Schot and Berkhout 2012: 64).

이런 함의에도 불구하고, 레이븐 연구 팀은 MLP의 세 가지 층위를 특정 스케일과 결합할 필요가 없다고 주장한다. 또한 길스(Geels 2011)는 특히 계층구조와 특정 차원 '내에서' 발생하는 혁신의 '중첩된' 성격에 대한 이 같은 비판에 명시적으로 동의했다. 그 대신, 레이븐 팀은 시간적 스케일(틈새는 더 빠르게 변화할 수 있고, 경관은 상대적으로 느리게 변화할 수 있음)과 행위성 스케일(틈새에서는 행위성이 높은 수준이지만 경관 차원에서는 구조적 힘이 지배적임) 모두를 제안한다. 그러나 다른 한편으로 이들은 '틈새 개념 자체가 특정 혁신이 출현할 수 있는 특정 지역적 조건을 전제로 한다'는 점을 인정한다(Raven, Schot and Berkhout 2012: 67). 그러나 이론적으로 MLP의 층위들을 특정 영토 경계와 합칠 이유는 없다. MLP 층위는 다양한 시간적 차원과 구조화 방식이 있는 과정을 의미하며, 각각의 과정은 다양한 공간적 위치와 도달 범위를 가질 수 있다. 체제에 비해 틈새에서의 사회적 네트워크는 덜 광범위하고 덜 안정적이며, 기대는 더 취약하고, 학습 과정은 덜 제도화되어 있다. 하지만 이 같은 네트워크가 반드시 지역적일 필요는 없다(Raven, Schot and Berkhout 2012). 마찬가지로, '사회-기술적 체제는 물리적 범위, 그것을 구성하는 제도, 혹은 이를 뒷받침하는 경제적이고 기술적인 기반에서 초국가적일 수도 있고, 반대로 공간적 범위에서는 국소적이고 지역적일 수도 있다'(Raven, Schot and Berkhout 2012: 64).

초기의 MLP 도표는 하나의 층위에서의 혁신과, 더 넓고 경직된 체제 및 사회-기술적 경관 층위에서 변화를 일으키는 능력의 관계를 일방향적으로 비교적 단순하게 가정한다고 보는 사람들도 있다. 쇼트와 캉게르(Schot and Kanger 2018)는 특히 체제 전환에 초점을 맞춰 초기에 이론화된 삼각 분할의 '일계통성unilinearity'에 불만을 표하며 MLP를 비판했다. 일계통성에 따르면, 체제 변화는 틈새 변화가 '아래로' 작동할 수 있는 변화를 희생하면서 위쪽으로 이동한다고 가정하기 때문이다(또한 Berkhout, Smith and Stirling 2004 참고). 이들은 또한 정치적 합의와 관련해 MLP 내에서 가정되는 정치적 의도의 '일가성univalency'과, 변화가 일어나는 맥락이 지나치게 단순화되어 있다는 점에서의 '일차원성unidimensionality'에 대해서도 같은 우려를 표한다. 변화는 역사적 우연의 산물일 수도 있고, 직접적인 정치적 행동의 결과물일 수도 있다. 요컨대 길스 연구 팀이 비판을 호의적으로 수용했던 것처럼, 우리는 이 개념화를 둘러싼 접근 방식에 대한 최근 논의와 비판도 지나치지 않고 주의 깊게 보려고 한다(그림 2.3).

길스와 쇼트(Geels and Schot 2007)는 개념을 표현하기 위해 수치를 사용하는 것의 위험성과 행위자를 기술하는 방식에 대해 명백히 자기비판적이지만, 다른 사람들은 수치를 '부분적이고 선택적인 것'으로 보아야 한다고 제안한다(Schwanen 2018: 267). 변환과 전환은 체제 자체를 통해 발생할 수 있고, 전환이 틈새 차원의 발전으로 주도된다는 일반적인 가정을 불안하게 만들 수 있다(Ghosh and Schot 2019). 이들은 또한, 틈새 차원의 혁신이 전환을 주도한다는 것은 보편화된 서구 글로벌

그림 2.3 전환에 대한 다층적 관점 수정판 (Geels 2002의 후속 연구인 Geels and Schot 2007)

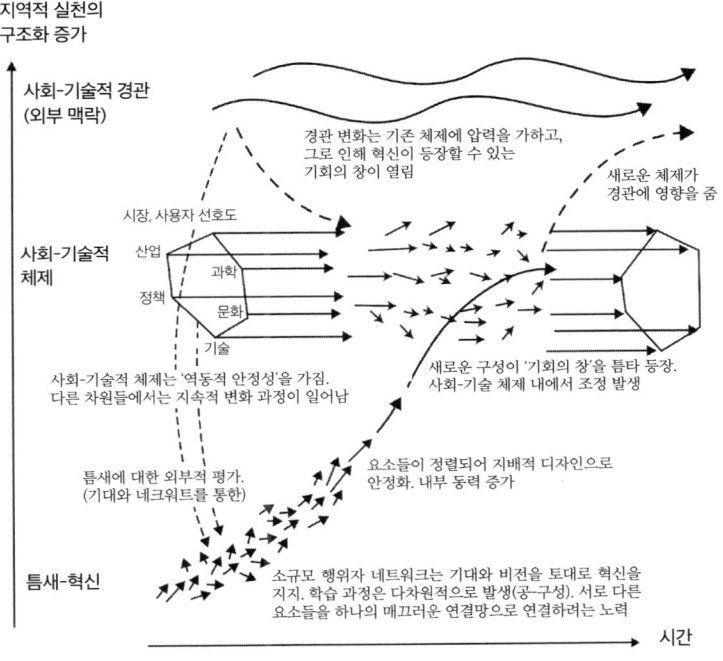

노스의 관점이 우세하다는 것을 말해 줄 수 있다고 지적한다(Schwanen 2018). 대중교통이 이미 가장 보편적인 모빌리티 수단이 된 콜카타의 상황에서, 고시와 쇼트(Ghosh and Schot 2019)는 기차, 트램, 오토 릭샤 서비스의 현대화를 통해, 부분적으로는 오토 릭샤 운전자에 대한 법적·문화적·사회적 규범의 변화, 연료 사용, 지속가능성과 대기오염 저감 노력 등을 통해 체제 전환으로 가는 여러 경로를 제시한다.

사회-기술적 전환에 대한 MLP는 다양하게 배치된 이론적 요소들을 혼합한다. 전환 이론에 대한 지리학적 연구의 대부분은 진화경제지리학(경제활동의 공간적 조직이 시간의 흐름에 따라 변화, 적응, 혁신, 소멸하는 것을 탐구하는 학문)(Cooke 2008)과 기술 변화 발전론을 출발점으로 삼고 있다. 마카드 연구 팀은 지속가능성 전환에 대한 연구를 '더 지속 가능하거나 환경친화적인 생산 및 소비 방식과 관련된 기존 사회-기술 시스템(예컨대 운송 및 에너지 공급)의 광범위한 변화와 관련된 제도적·조직적·기술적·사회적·정치적 측면'에 초점을 맞춘 것으로 정의한다(Markard, Raven and Truffer 2012: 959). 구조와 행위자 사이의 매개 차원을 구성하는 사회-기술적 체제 차원에서 구조화 이론의 영향을 쉽게 확인할 수 있다. 하지만 길스 및 다른 연구자들은 과학기술 연구와 행위자네트워크이론도 활용하고 있다. 이 세 가지 차원 모두 인간의 행동과 기술, 인프라, 규칙, 신념을 결합하는 인간 그 이상의 것이다. 예컨대 사회-기술적 경관에는 '(주택과 도시 같은) 인프라 및 기타 물리적 측면, 정치적 이념, 사회적 가치, 신념, 관심, 미디어 환경, 거시경제 동향'이 모두 포함된다(Geels and Kemp 2012: 57-8). 경관은 체제 및 틈새와 마찬가지로 사회-기술적 아상블라주다. 한편으로는 구조와 행위자의 지속적인 중요성을 강조하는 구조화 이론이 중심성과, 다른 한편으로는 ('평평한 존재론'을 주장하는) 행위자네트워크이론에 대한 잦은 언급 사이에는 다소 어색한 충돌이 있다.

MLP의 가장 명확한 특징은, 이것이 기술 중심의 전환 모델이라는 점이다. 예컨대, 에너지 및 운송 인프라와 관련된 친환경 혁신과 기업가정신이 주목받고 있다(Spath and Rohracher 2010; Verbong and Geels 2010; McCauley and Stephens 2012; Gibbs and O'Neill 2014). 이 점에 주목하는 사람들은 이 기술이 기술 너머의 세계와 어떤 종류의 연계를 수반하는지를 보여 주고 싶어 한다. 길스 연구 팀은 기술이 단순한 발명품 이상이라는 점을 종종 언급한다. 이들이 사용하는 '기술'이라는 용어는 기술을 하나의 체제로 유지하고 공고히 하는 데 도움이 되는 문화적 규범뿐만 아니라 모든 종류의 지식과 실천, 그리고 그러한 규범을 형성하거나 그 규범에 의해 형성될 수 있는 모빌리티의 의미까지도 포함한다. 길스 연구 팀이 최근에 제안한 바와 같이, 모빌리티처럼 사회적 기능을 제공하는 사회-기술 시스템은 '기술, 공급망, 인프라, 시장, 규제, 사용자의 실천, 문화적 의미의 상호의존적이고 공진화적인 혼합'으로 간주될 수 있다(Geels et al. 2017: 264). 이 같은 넓은 의미의 기술은 모든 차원의 모델에서 '사회-기술적'이라는 용어로 표시되며, 자전거 전환과 같은 최근 연구에도 반영되어 있다. 이스탄불에 대한 페이스 카니테즈(Canitez 2020)의 연구는 자전거 타기 습관과 루틴 같은 사용자 관행, 젠더를 둘러싼 상징적·문화적 규범과 의미, 자전거 타기 활동가 모임의 활동을 자전거 타기를 허용할 수 있는 도시 인프라와 같은 더 어려운 공간적 형태와 배치로 간주한다.

하지만 기술을 더 넓은 사회 세계에 편입시키려는 이러한 열망에도 불구하고, 기술은 여전히 설명적 모델의 중심에 있으며, '반자본주의 또는 비자본주의 논리가 '서구'의 지속가능성 전환 및 이와 관련된 발전 프레임 비판에 영향을 준 '글로벌 사우스'의 희생에 따른 관점과 가정의 특권과 같은 여러 다른 '맹점'을 구성한 암묵적인 다층적 자연화와 마찬가지로, 자본주의의 자연화도 마찬가지라고 설명한다(Feola 2020). 이는 민간기업이나 국민국가에 비해 전환의 촉진과 추진에서 공간이나 변화의 가능성이 제한적이라고 여겨지는 풀뿌리 및 지역사회 기반 조직에 대한 과소평가를 의미한다.

요컨대, MLP는 비평, 개념 등을 하나의 이론으로 통합하는 데 놀라울 정도로 수용적인 태도를 취해 왔다. 우리는 특히 변화의 혼합, (잘못된) 정렬과 관계성, 변화의 행위자에 대한 민감성에서 MLP의 측면을 모빌리티 전환에 적용하되, 홉킨스 연구 팀(Hopkins et al. 2020)이 최근에 제안한 다원주의 정신을 따를 것이다. 다음 절에서는 MLP 외부에서 모빌리티 전환을 위한 다른 공간들을 찾아보려 한다.

정치적 분석

전환, 특히 모빌리티 전환에 대한 세 번째 광범위한 접근 방식은 정치적 접근 방식으로 분류될 수 있다. 이는 거대한 역사 이론도 아니고 경험에 초점을 맞춘 것도 아니다. 오히려 정치적 긴급성과 정치적 논리에서 비롯된 것이다. 모빌리티 세계에 대한 가장 헌신적인 혁명적 이론가는 이반 일리치Ivan Illich가 아닐까 싶다. 《에너지와 공정성Energy and Equity》에서 그는 속도 정치에 뿌리를 둔 모빌리티 전환에 대한 놀라운 비전을 제시한다(Illich 1974).

모빌리티에 대한 일리치의 논의는 에너지에 대한 더 넓은 논의에 기반한다. 그는 어떤 형태의 에너지든 에너지를 많이 사용하는 것이 사회적 관계를 좀먹고 경관을 훼손한다고 지적한다. 1인당 에너지 사용량이 낮을 때에만 공정성이 유지될 수 있다는 것이다. 그는 속도 한계 문제를 다루며 에너지에 대한 주장을 편다. 그가 '임계양자critical quantum'라고 부르는 것, 즉 공정성이 감소하는 지점에 주목하면서, 에너지 문제를 속도의 문제로 보는 것이다. (어떤 교통수단이든) 속도가 증가하면 사람들의 자율성은 감소한다. 일리치는 '참여민주주의'는 '저에너지 기술을 요구하며, 자유로운 사람들은 자전거의 속도로 생산적인 사회적 관계를 형성해야 한다'고 주장한다 (Illich 1974: 8).

교통 시스템에 더 많은 에너지가 공급된다는 것은 매일 더 많은 사람들이 더 넓은 범위를 더 빨리 이동한다는 것을 의미한다. 지인을 만나거나 출근길에 공원을 산책할 기회를 대가로 모든 사람의 생활 반경이 넓어진다. 극단적인 특권은 보편적인 노예화를 대가로 창출된다. 소수의 상류층은 평생 무제한으로 먼 거리를 여행하지만, 대다수는 원치 않는 이동에 더 많은 시간을 소비한다. 그 소수는 마법의 양탄자를 타고서 먼 지점 사이를 여행하며 그들의 일시적 존재감은 그곳들을 진기하고 매력적인 곳으로 만든다. 반면에, 다수는 더 멀리 더 자주 이동해야만 하며 이동을 준비하거나 이동의 피로감으로부터 회복하는 데 더 많은 시간을 할애해야 한다(Illich 1974: 9).

일리치가 보기에 자동차는 매우 비효율적인 교통수단이다. 그는 미국 남성(1974년 당시)이 평균적으로 연간 1,600시간 이상을 자동차에 투자한다고 계산했다(자동차 구입에 필요한 노동력 포함). 이 시간은 7,500마일〔대략 1만 2천 킬로미터〕을 이동하는 데 사용되었는데, 이는 평균 시속 5마일 미만의 속도이다. 이는 교통 시스템이 매우 제한적이고 교통에 상대적으로 적은 비용을 지출하는 사회와 거의 차이가 없는 수치다. 고모빌리티 · 고에너지 경제에서는 교통수단이 사회적 공간의 생산에 더 큰 역할을 한다.

도로가 확장되면서 이웃 사이에 쐐기가 박히고, 밭은 농부가 걸을 수 있는 거리를 넘어 멀어진다. 아픈 아이를 몇 마일 이상 태울 수 있는 구급차가 생기면서 병원은 멀어진다. 차량 덕분에 병원이 병을 치료하기에 적합한 곳이 되었기 때문에 의사는 더 이상 집으로 오지 않는다. 대형 트럭이 안데스산맥의 고지대 마을에 도착하면, 그 지역 시장의 일부가 사라진다. 포장된 도로를 따라서 고등학교가 마을 광장에 들어서면 도시로 떠나는 젊은이들도 점점 더 늘어나고, 수백 마일 떨어진 해안가로 떠난 가족과의 재회를 그리워하는 사람은 한 명도 남지 않게 된다(Illich 1974: 11).

고에너지 · 고속 교통 시스템은 사람들을 탈출할 수 없는 시스템에 갇힌 승객으로 만든다. 이 승객들은 시스템에 저항하는 대신 더 많은 도로, 더 많은 자동차, 더 빠르고 '더 나은' 형태의 대중교통을 요구하지만, 이 모든 것이 동일한 에너지/속도 시스템의 일부라는 사실을 깨닫지 못한다. 그리고 이 모빌리티 시스템은 소수를 위한 빠른 속도가 다수에게 지속적으로 부정적 결과를 낳기 때문에 매우 불공평하다(Cresswell 2010).

빠른 속도는 소수 사람들의 시간을 엄청난 속도로 자본화하지만, 역설적이게도 모든 사람의 시간을 그 대가로 희생시킨다. 뭄바이에는 자동차를 소유한 사람이 극소수에 불과하다. 그들은 반나절이면 지방의 다른 도시까지 갈 수 있고, 매주 한 번씩 여행을 떠날 수 있다. 두 세대 전까지만 해도 1년에 한 번, 그것도 일주일 동안 걸어서 이동해야 했을 것인데, 이제 그들은 더 많은 여행에 더 많은 시간을 할애한다. 하지만 이 소수의 사람들이 모는 자동차는 뭄바이 시내를 파리, 런던, 뉴욕보다 더 빠른 속도로 이동하는 수천 대의 자전거와 페디캡(삼륜자전거)의 교통 흐름을 방해한다(Illich 1974: 13).

일리치에게 교통은 특별한 종류의 독점이다. 기업의 독점이 아니라 시스템의 독점이다. 고에너지 및 고속 사회에서는 세상의 많은 부분이 이동에 맡겨져 있다. 도로, 주차장, 기차역, 선로, 유정, 가공 공장들은 시작에 불과하다. 모든 공간이 독점 시스템에 따라 배치되어 다른 시스템, 특히 현재는 '능동적 이동active transport'이라 불리는 '자체 추진 모빌리티self-propelled mobility'에 부정적 영향을 미친다. 집의 위치부터 쇼핑하는 장소까지 모든 것이 기계화된 운송이라는 독점 체제의 결과물이다. 이를 존 어리는 생산자·공급자·소비자에게 투자 수익률을 높여 준 탄소 형태의 이동(주로 자동차) 생활에 대한 '고착lock-in'이라고 설명했다(Urry 2008). 겉보기에는 점점 더 편리해지는 것처럼 보이지만, 실제로는 A 지점에서 B 지점으로 이동하는 데 더 많은 시간이 소요되고 평균속도는 시속 5마일 미만으로 떨어진다. 선택처럼 보이지만 사실은 강제 소비인 것이다.

일리치의 세계 전환은 이러한 급진적인 독점에 급진적인 방식으로 도전하는 것이다. 그는 시간과 공간에 대한 동등한 상호접근을 지원하지 않는 모든 형태의 교통수단에 대한 공공지출을 제한하는 등 속도의 탈신비화가 필요하다고 주장한다. 해방(급진적인 형태의 전환)은 정부가 결정해야 한다.

> 가난한 사람들에게 값싼 해방은 부자들에게 값비싼 대가를 치르게 하지만, 교통 시스템의 가속화로 교통이 멈추면 부자들은 그 대가를 치르게 될 것이다. 교통에 대한 구체적인 분석은 에너지 위기의 밑바닥에 있는 진실을 배반한다. 산업적으로 포장된 에너지 양이 사회환경에 미치는 영향은 파괴적이고 고갈시키고 노예화되는 경향이 있으며, 이러한 영향은 물리적 환경의 오염과 인류의 멸종을 위협하는 영향보다 먼저 작용한다. 그러나 이런 효과를 되돌릴 수 있는 결정적 시점이 언제인지는 추론할 문제가 아니라 결단할 문제이다(Illich 1974: 29).

'전환 운동Transition movement'에서도 이와 유사한 미래지향적이고 정치적인(소문자 '정치') 관점이 등장한다. 이 운동의 핵심이 되는 특정한 전환은 '포스트 피크 오일' 세계로의 전환이다. 이는 어쨌든 어떤 형태로든 전환을 강요하는 삶의 사실로 간주된다(Hopkins 2008; Aiken 2012). 또한, 전환 운동은 기후변화의 위협과 기후변화로 인한 재난의 종류에 대응한다. 이 두 가지 상황에 모두 대비하는 게 최선이라는 것이 전환 운동의 생각이다. 이 운동은 불가피한 변화에 탄력적인 지역 환경을 조성하는 데 중점을 둔다. 전환 운동은 '퍼머컬처permaculture'〔영구재배. 최소한의 인공 개입으로 지속가능성을 추구하는 접근법〕 운동가이자 교사인 롭 홉킨스의 연구에서 시작됐다(Hopkins 2008, 2011). 그는 영국 데번 토트네스에 살면서 지속 가능한 삶에 대한 관심을 넓혔다. 토트네스는 2006년에 최초의 전환마을Transition Town이 되었다. 2019년 현재 전 세계적으로 약 1천 개의 전환 이니셔티브가 있다.

'전환 문화'(전환마을에 내재된 신념·의미·실천의 광범위한 체계를 가리키는 용어)는 분명 지역주의적이다. 전환 문화는 한정된 영역 내의 소규모 실천에 초점을 맞추고 세계화 전반에 대한 비판, 특히 글로벌 경제 의존에 대한 비판도 수행한다(Mason and Whitehead 2012). 모빌리티가 가장 중요한 관심사는 아니지만, 대체로 일반적인 철학적 방향은 재로컬화relocalization를 지향한다. 실제로 지역에 적합한 유기농 및 바이오다이나믹biodynamic 농업〔지구와 토양을 살아 있는 유기체로 존중하는 생명역동농업〕을 강조하고, 로컬 음식을 먹고, 로컬 자재로 건축하고, 지역 합의 민주주의를 실천하고, 지역경제이전제도(LETS)를 통해 지역화폐를 개발하고, 일반적으로 더 넓은 글로벌 네트워크에 통합되는 것에 반대하는 행동을 취하는 것을 의미한다. 따라서 이 운동은 사람뿐만 아니라 식량, 에너지, 자본, 물자의 모빌리티를 극적으로 줄이는 방향으로 진행된다. 이 운동에서 전환은 현재 있는 곳에서 시작하고 그곳에 머무는 것이다. 지역에 있기. 전환의 행위자는 공동체다. 홉킨스는, 정부는 너무 늦고 개인은 너무 비효율적이라고 주장한다(Hopkins 2011).

전환 운동이 구상하는 전환의 종류를 포괄하는 용어는 '(재)로컬화'이다. 전환 운동이 유일한 형태의 재로컬화는 아니지만, 글로벌 시스템에 대한 지역적 대안의 개발은 데이비드 하비가 '전투적 특수주의militant particularism'라고 부른 오랜 역사가 있다(Harvey 1996). 의도적 공동체나 코뮌 등이 그 예이며, 전환마을 운동 외에도 로컬화 전략을 지지하는 사람들이 많다(Trainer 1995; Cavanagh et al. 2004; Murphy 2008). 현대 버전의 (재)로컬화는 21세기 경제 세계화와 피크 오일 및 기후변화 이후 상황에 대한 구체적인 대응이다. 로컬화의 핵심은 결제적 결정이 다른 모든 것을 배제한 채 이윤 극대화와 경제적 효율성에만 초점을 맞추는 것이 아니라, 가능한 한 현지에서 필요를 충족시키는 데 초점을 맞춰야 한다는 것이다(North 2010: 587).

예컨대, 머피는 식량 소비와 에너지 사용, 사람 및 물자의 운송을 줄임으로써 이전의 삶으로 돌아가는 것을 목표로 삼는다(Murphy 2008). 전환을 위한 (재)로컬화 전략은 일반적으로 가능한 한 지역에서 생산하여 생산 및 소비와 관련된 총 운송 거리를 줄이고, 최대한 다양한 경제를 지역 내에서 발전시키며, 특히 석유 사용 및 탄소 배출과 관련하여 네트워크의 물질적 결과에 주의를 기울이는 것을 포함한다. 교통수단이 가장 빠르게 성장하는 온실가스 배출원이므로, 로컬에 초점을 맞추면 석유 사용량과 탄소 배출량 감소에 모두 기여할 수 있다.

전환 운동에서 (재)로컬화에 초점을 맞추게 되자, 좌파에서는 정확히 어떤 종류의 전환을 구상하느냐고 비판했다. 메이슨과 화이트헤드는 트래피즈 컬렉티브Trapese Collective(Taking Radical Action through Popular Education and Sustainable Everything!(대중 교육과 지속 가능한 모든 것을 통한 급진적 행동!)의 약자)라는 단체의 비판을 소개한다. 그들은 '게임의 규칙이 바뀌어야만 이산화탄소 농도와 관련된 모든 문제를 진정으로 해결할 수 있다. … 경제성장과 탄소 배출을 분리하는 것은 사실상 불가능하다'고 주장한다(Mason and Whitehead 2012: 499에서 재인용). 트래피즈 컬렉티브는 전환마을Transition Town의 추진력은 높이 샀다. 이 운동의 목표에도 대체로 동의했고, 아일랜드 메이요 카운티 로스포트 지역사회에서 운동에 참여하기도 했다. 그들은 이곳의 전환마을 그룹에게 지역사회를 관통하는 고압 송유관을 건설하려는 에너지 기업 쉘Shell에 대항하는 투쟁을 같이 하자고 제안했다. 그렇지만 전환마을 그룹은 이 사안은 로컬 공동체가 공유하는 긍정적인 에너지를 활용하지 않는 부적절한 주제라고 답했다. 전환마을 그룹은 정치적 투쟁(대문자 '정치')에 관여하고 싶지 않았던 것이다. 바로 이 부분이 트래피즈 컬렉티브가 〈진정한 전환을 향한 험난한 길The Rocky Road to Real Transition〉에서 비판한 지점이다.[4]

어떻게 기후변화와 피크 오일 문제를 말하면서 정치 문제를 다루지 않을 수 있으며, 화석연료 인프라 확장에 반대하는 지역사회 편을 들지 않을 수 있을까? 재앙적인 기후 위기를 피하려면 남아 있는 화석연료 대부분을 그대로 땅속에 두어야 한다. 그렇다. 개인의 수요와 소비를 획기적으로 줄이는 것도 한 가지 방법이지만, 이는 방정식의 한 면에 불과하다. 쉘이나 스타토일Stat Oil, BP나 에쏘Esso 같은 기업들이 여전히 막대한 수익을 내는 상황에서 그들이 쉽게 포기하고 철수하거나 사업 방식을 근본적으로 바꿀 것이라고 가정하는 것은 순진해 보인다.[5]

트래피즈 컬렉티브에게 '진정한' 전환은 끝없는 성장에 의존하는 경제 시스템(자본주의)에서 벗어날 때에만 가능하다. 전환은 역사와 의미, 효과를 수반하는 정치화된 개념으로 이해되어야 하며, 이는 승자뿐 아니라 패자도 존재한다는 것을 의미한다고 주장한다. 모든 사람에게 이익이 되는 것처럼 보이는 '지속 가능한 개발'이라는 포근한 개념은 현실적이지 않다는 것이다.

전환에 대한 또 다른 중요한 견해는 영국의 신경제재단(NEF)이 작성한 〈대전환The Great Transition〉이라는 문서이다. 이 문서는 2008년 금융위기 및 피크 오일 이후와 지구온난화라는 두 가지 위협에 대한 대응책으로 작성되었다. 끝없는 성장에 기반하지 않는 더 건전한 경제 시스템을 위한 보편적인 처방의 핵심은 로컬화이지만, 이는 단지 한 마을이나 몇몇 소규모 공동체에 국한된 전환은 아니다. 실제로 전환이 이루어진다면 세상이 어떻게 변화할지에 대한 설명에서, 모빌리티 문제는 중요한 역할을 한다. NEF가 구상하는 전환은 기술에 초점을 맞추기보다는 포괄적이며, 따라서 모빌리티 전환은 사람들이 유연하고 보람 있는 직업을 갖고, 부를 재분배하고, 모두가 전반적으로 더 행복해지고, 제품은 지속 가능하고 윤리적으로 생산되며, '아침 조깅을 선택하는 사람들은 교통량의 극적인 감소로 도시의 공기와 거리가 바뀌고, 대중교통 시스템으로의 성공적인 전환과 걷기 및 자전거 타기가 새롭게 인기를 얻게 되면서 신선한 공기를 마시며 깨끗한 길을 즐길 수 있는'(Spratt and Murphy 2009: 9-10) 광범위한 전환의 일부에 불과하다. 이는 모빌리티 전환을 위한 '상상력'의 중요성을 보여 주는 미래 모빌리티에 대한 일련의 비전 중 한 가지 예일 뿐이다.

유연성과 기술 덕분에 업무상 출장의 필요성이 크게 줄었다. 특히 성공적인 조직은 진정한 사회적 · 환경적 가치를 창출하는 조직일 가능성이 높기 때문에 업무 시간이 늘어나고 스트레스가 줄어든 만큼 업무에 더 효율적이고 헌신적으로 임할 수 있게 되었다. 그러나 이런 변화는 업무 그 이상이다. 소셜 네트워킹 소프트웨어 덕분에 새로운 사람들과 연결되었고, 데스크탑으로 글로벌 네트워크를 구축할 수 있었을 뿐 아니라, 우리가 살고 있는 지역사회와도 새로운 인간적인 방식으로 실시간 연결되었다(Spratt and Murphy 2009: 10).

늦은 아침에 시간을 내어 여름 여행 계획을 세울 수 있다. 화석연료 비용이 크게 상승하면서 해외여행은 훨씬 더 드문 경험이 되었지만, 여행을 떠날 때면 훨씬 더 오래, 더 좋은 여행을 떠나는 경향이 있다. 여가 시간이 늘고 자전거와 대중교통이 발달하면서, 많은 사람들이 환경에 미치는 영향이 적은 로컬 여행을 즐기게 되었다. 하지만 공원이나 지역 휴양지, 마을회관, 동네 펍이나 카페, 극장, 영화관 등 훌륭한 공공공간에 대한 투자로 도시와 시골이 모두 변화한 경험을 통해서 우리는 휴식을 위해 굳이 멀리 떠날 필요성을 덜 느끼게 되었다(Spratt and Murphy 2009: 10-11).

…

출근길? 문제는 우리가 만드는 만큼 커진다. 예전에는 자동차를 포기하지 않을 것이라고 말했다. 자동차를 구입하고, 도로를 건설하고, 더 많은 사람이 이용할수록 덜 즐겁고 더 오염되는 아주 특별한 형태의 모빌리티를 추구하느라 자원(우리의 지갑을 포함해)이 소모되었다. 그러나 정부는 공해를 일으키고 비효율적인 화석연료 자동차의 수입을 늘려 대체 교통수단에 투자함으로써 도시와 마을에 대한 사람들의 경험을 완전히 바꿀 수 있었다. 대부분의 모빌리티 요구를 충족하기 위해 자동차를 소유하고 운전하는 것은 더 이상한 별난 일이 아니게 되었다. 수명과 삶의 질은 극적으로 향상됐다. 기차, 트램, 조용하고 깨끗한 버스부터 호출형 시골 공유 택시와 간단한 카 셰어링 제도에 이르기까지 다양한 교통수단이 1년 내내 우리의 다양한 요구를 충족시킨다(Spratt and Murphy 2009: 11).

〈대전환〉은 전환을 총체적인 방식으로 구상한다. 이상의 긴 발췌문은 모빌리티가 전환에서 핵심적인 역할을 수행하는 방식을 보여 주지만, 이는 단순한 모빌리티 전환 그 이상이다. 그렇다는 것은 모빌리티에만 초점을 맞추는 전환 정책은 만족스럽지 않을 가능성이 높다는 의미다. 모빌리티 전환이 지역 광장에서부터 전 지구에 이르는 광범위한 전환에 포함될 때 성공할 가능성이 더 높다.

지속 가능한 모빌리티

마지막으로, 가장 실질적으로 적용 가능한 전환 개념은 지속 가능한 모빌리티다. 이 개념은 학계와 교통지리학 등의 분야에서뿐만 아니라 특히 개발도상국과 글로벌 사우스의 맥락에서 도시 및 교통 정책 내에서 모빌리티 전환을 개발하는 핵심 틀로 자리 잡았다. 또한, 더 넓은 도시 네트워크뿐만 아니라 컨설턴트, 싱크 탱크 및 정책 기관 사이에서도 확산되고 있다.

배니스터는 '지속 가능한 모빌리티 패러다임'을 제안했다. 이는 부분적으로 도시를 조사하는 분석모델로, 도시계획이나 교통정책 등이 '여행의 필요성을 줄이고(여행 횟수를 줄이고), 이동 방법의 전환을 장려하고, 여행 시간을 줄이고, 교통 시스템의 효율성을 높이는 조치'로 식별되는 개념적 틀을 기반으로 할 수 있는 것으로 보인다. 지속 가능한 교통 시스템은 우리가 덜 여행한다는 것을 의미한다(Banister 2011: 1541). 배니스터의 접근 방식은 부분적으로는 교통지리학자들이 선호하는 가정에 기반하는데, 모빌리티는 일종의 '파생수요'이고 저탄소 미래의 중심 개념으로서 '접근성'이 모빌리티보다 선호되거나 심지어 대체되어야 한다는 가정에 기반한다. 배니스터의 접근 방식은 캐나다 위니펙의 지속가능교통센터를 참고하여 지속 가능한 모빌리티 정의를 제시한 캐서린 모렌시의 접근 방식과 비교될 수 있다. 모렌시는 최적의 지속 가능한 모빌리티 시스템은 '개인과 사회가 인류의 건강 및 생태계와 양립할 수 있는 방식으로 안전하게 활동 영역에 접근하고자 하는 욕구를 충족시킬 수 있으며 세대 간에도 공정한 균형을 이루는 시스템'이다. 이는 '합리적인 비용으로 효율적으로 운영되고 모든 인구에게 다양한 교통 대안 중에서 선택할 수 있는 시스템'(Morency 2013: npn)으로 달성되어야 한다. 다시 말해, 이런 맥락에서 모빌리티는 활동에 접근할 수 있는 특정한 수요를 충족시키는 방법이다.

배니스터는 모빌리티를 '가치 있는 활동'으로 포함하는 접근 방식을 선호하고, '여가 여행의 상당 부분이 그 자체로 이루어지며 여행 활동 자체가 가치 있다'고 주장하지만(Banister 2008: 74), 모빌리티를 그 자체로 의미와 목적이 부여된 사회적 활동이 아니라 어떤 결과물로 격하시키는 가정에서 반드시 크게 벗어나는 것은 아니다.

나아가, 분야 전반에 걸쳐 높은 수준의 다양성을 가진 이런 접근 방식은 지속 가능한 모빌리티를 넘어, 특히 글로벌 사우스의 도시개발 및 교통계획 맥락과 국제 개발과 관련된 광범위한 정책적 순환과 영향력을 달성한 '회피, 변화, 개선Avoid, Shift, Improve'의 접근 방식과 비교될 수 있다. 이런 틀의 주요 강조점은 모렌시와 배니스터, 그리고 이들과 함께 MLP 지지자들이 관심을 가져 왔던 더 넓은 '시스템'에 대한 집착을 넘어서는 것이다. 오히려 이들은 소비자들이 더 깨끗한 모빌리티 형태로 전환되거나 유도될 수 있는 더 최적의 결정을 장려하는 방법을 모색한다(Holden et al. 2020 참조). 이런 맥락에서 전환은 개인 모빌리티를 전환하고 '유도'하려는 행동적 접근을 통해 개인의 선택을 최적화함으로써 달성된다.

결론

이 장에서는 전환이라는 개념을 탐구하면서, 시대 변화에 대한 거대이론부터 경험적 설명, 정치적 긴급성과 논리에 기반한 주장까지 전환에 대한 다양한 접근 방식을 살펴봤다. 젤린스키의 모빌리티 전환 가설은 순환에서 국제 이주로의 모빌리티 전환이 장기간에 걸쳐 변화하는 거대이론을 제시한다. 이 가설의 주요 초점은 사람들의 이동으로, 전환은 대규모로 장기간에 걸쳐 발생한다. 젤린스키가 제시하는 전환의 동인動因은 농업 시스템이나 토지 소유 같은 분야에서 발생하는 대규모(MLP 전환 연구에서는 '경관landscape') 변화이다. 이 연구는 주로 이주 이론과 인구통계학에 초점을 맞춘다. 메츠의 제4차 이동 시대 주장 역시 인류 역사를 네 시대로 구분하는 광범위한 주장이다. 이 연구는 이주와 인구통계에 초점을 맞추기보다는, 우리가 수송이라고 부를 수 있는 연구 분야에 주력한다. 전환의 원동력은 자동차 이용의 효용 감소이다. 메츠의 주장에 따르면, 자동차 이용을 늘리는 것은 점점 더 비합리적인 일이 되고 있다. 전환 전통에 기반한 MLP(다층적 관점) 연구자들은 초기에는 '틈새' 층위의 변화와 상위 단계의 잠재적 변화 사이의 관계에 초점을 맞췄지만, 이후에는 이러한 층위 및 사회적 관계와 관련된 기술의 위치를 상당히 복잡하게 만들었다. 전환마을 운동과 NEP의 더 폭넓은 선언문은 (재)로컬화 전략의 일환으로 이동 감소를 포함한 더 광범위하게 새로운 생활 방식을 다룬다. 기술은 존재하지만, 그들의 관심사에서는 멀리 떨어져 있다.

각각의 경우에서 단순히 새로운 기술로의 전환만으로는 충분하지 않으며, 어쩌면 불필요할 수도 있음이 분명히 나타난다. 새로운 기술로의 전환만큼이나 기존 기술로 돌아가는 것도 중요하다. 인구통계학적 전환이나 포스트사회주의로의 전환 같은 거대이론에서 전환을 이해하는 것은 뿌리 깊은 구조적 힘에 초점을 맞춘다. 포스트사회주의적 전환에 대한 자유화 접근 방식과 인구통계학적 전환 이론 모두에 대한 비판은, 지리적 가변성이나 맥락의존성을 고려하지 않고 한 가지 방식으로만 전환을 생각하는 것의 위험성을 지적한다. 이 모든 것들은 대개 MLP 이론가들이 경관 층위라고 부를 수 있는 변화를 전환의 동인으로 가리키지만, MLP 학자들이 '배열'이라고 부르기 시작한 것을 가리키는 것이기도 하다. 즉, 긍정적인 전환을 향한 움직임이 다양한 층위, 규모, 공간, 행위자에 걸친 전환을 향한 여러 정책과 실천으로 보완되고 뒷받침되지 않는다면 변화는 매우 어렵다는 것이다. 이 책의 주장은 인문학과 사회과학의 모빌리티 전환에서 얻은 생각들이 기존 접근 방식을 보완하고 새로운 방식으로 모빌리티 전환을 조명할 수 있다는 것이다. 이것이 3장의 주제이다.

3장
모빌리티 전환에 대한
모빌리티 접근 방식

모빌리티 연구의 필요성

이 책의 핵심 주장은, 모빌리티 전환이 대체 기술이나 저탄소 모빌리티 실천을 채택하는 것 이상의 의미를 지닌다는 것이다. 이런 것들도 (항상은 아니더라도) 때때로 필요하지만 그것만으로는 충분치 않으며, 모빌리티 전환이 어떻게 왜 일어나는지 이해하는 데에도 충분하지 않다. 개념적으로나 실질적으로 모빌리티 전환은 전체 모빌리티 문화, 즉 모빌리티 성좌 전반에 걸친 변화를 수반한다. 이런 변화는 우리가 살고 조직하는 방식에 급진적 변화를 요구한다. 모빌리티 전환은 통합적인 방식으로 이동, 의미, 실천의 변화를 가져온다. 또한, 전환 연구에서 간과되었던 권력과 정치에도 초점을 맞출 필요가 있다. 이 장에서는 모빌리티 연구의 학제간 관점에서 모빌리티 전환 접근법을 개괄한다. 이 접근 방식은 모빌리티 자체에 초점을 맞추는 것에서 시작해야 한다고 주장한다.

'모빌리티 전회mobility turn' 또는 '새로운 모빌리티 패러다임new mobilities paradigm'은 20세기 말에 사회학(Urry 2000; Sheller and Urry 2006), 지리학(Cresswell 2001, 2006), 인류학(Malkki 1992; Clifford 1997)을 포함한 여러 학문 분

야에서 인간, 비인간, 아이디어의 모빌리티가 문화와 사회를 이해하는 데 핵심적이라는 인식이 확산되며 등장했다. 이 전회의 핵심에는, 모빌리티가 교통지리학부터 이주 연구, 디아스포라 문학 연구, 여행 이론에 이르기까지 다양한 학문 분야와 하위 분야에서 연구되어 왔음에도 불구하고 모빌리티 자체는 충분히 설명되지 않았다는 통찰이 있다. 모빌리티는 기껏해야 당연한 것으로 간주되었고, 최악의 경우에는 '죽은 시간'(Sheller and Urry 2006)으로 묘사되는 등 시스템상 일종의 기능장애로 간주되기도 했다. 하지만 이런 관점과 달리, 모빌리티 전회에서의 연구는 모빌리티를 '사회'를 생산하고, 의미로 가득 차 있으며, 권력의 작동에 필수적인 공간성의 한 형태로 다룬다. 모빌리티는 더 중요한 어떤 과정에서 남은 것이 아니라, 21세기 사회를 제대로 이해하는 데 핵심적인 요소이다. 지난 20여 년간 모빌리티 전회는 여러 저널과 저서, 최고 수준의 논문들을 통해 인문학과 사회과학 전반에 걸쳐 활발하게 연구되고 있는 분야임이 입증되었다(Urry 2007; Adey 2009; Adey et al. 2013). 모빌리티가 인간을 넘어선 삶의 핵심 측면이라는 인식은 디자인(Jensen 2013), 문학 연구(Aguiar, Mathieson and Pearce 2019), 철학(Nail 2019) 등 여러 분야에서 수용됐다. 이 분야들에서 전체를 살피는 것은 우리의 의도가 아니며, 이미 이에 대한 선행 연구도 있다(Cresswell 2011, 2012, 2014; Merriman 2015, 2016, 2017). 이 책의 초점은 이 같은 접근 방식이 모빌리티 전환에 대해 무엇을 말해 주는가 하는 점이다.

다양한 학문 분야에서 모빌리티 연구가 폭넓게 수용되고 있는 상황에서, 전환에 대한 접근 방식이 그 어느 때보다 모빌리티 분야와 활발하게 소통하지 않는 것은 의아한 일이다. 물론 모빌리티 이론가들은 그런 논의를 본격적으로 시작했다(Sheller 2011; Urry 2012; Nikolaeva et al. 2019). 교통지리학자들 또한 모빌리티 연구를 전환 이론과 연결하기 시작했다(Schwanen 2013). 하지만 사회-기술적 전환에 대한 MLP(다층적 관점)를 옹호하는 학자들이 모빌리티 연구에 적극 참여하고 있다는 점은 상대적으로 부각되지 않았다. 최근에 발표된 전환 이론에 대한 포괄적인 조사(360건의 문헌을 조사!)에서 모빌리티 기반 논문으로 인정받는 논문은 단 한 편(Kohler et al. 2019)에 불과하다. 물론 전환 이론 학자들이 모빌리티에만 집중하는 것은 아니다. 오히려 지속 가능한 미래로 가는 모든 종류의 전환을 탐구한다. 그러나 우리의 이동 방식이 탄소 배출의 주요 원인임을 감안할 때, 모빌리티 연구에 대한 관심이 거의 없다는 것은 놀라운 일이다. MLP 이론가들이 모빌리티 연구에 주목하는 또 다른 이유도 있다. 모빌리티 연구는 MLP가 받아 온 비판, 즉 의미·실천·지리·권력에 대한 관심 부족을 정면으로 다루기 때문이다.

　모빌리티 전회의 핵심적 통찰 중 서두에서 강조할 가치가 있는 것은, 모빌리티의 가치를 인정한다는 것이다. 모빌리티는 일상생활에서 의미 있는 부분을 나타낼 때가 많다. 모빌리티에 대한 기술관료적 접근(전통적인 교통지리학이나 일부 MLP 연구 흐름 등)은 모빌리티를 적절하게 조작하고 설계할 수 있는 측정 가능한 변수로 간주하지만, 모빌리티 연구는 우리가 이동하는 방식, 즉 모빌리티 실천의 중요성을 강조하고 그것이 권력과 연결되어 있음을 인식해야 한다고 말한다. 통근처럼 대체로 경시되는 모빌리티 형태조차도, 통근자들이 기차나 자동차에서 보내는 시간을 집과 직장 사이에서 긴장을 푸는 시간, 몽상에 잠기는 시간, 하루를 계획하는 중요한 시간으로 여긴다는 점을 인식하면 매우 다르게 보인다(Butcher 2011; Edensor 2011). 교통계획가들은 오랫동안 통근 시간과 통근 거리는 공간 시스템의 비효율성으로, 즉 단축시켜야 할 대상으로 여겼다. 환경문제가 지금처럼 중요하게 다뤄지기 훨씬 전부터 말이다. 이런 실수를 계속하는 것은 어리석은 일이다. 모빌리티로 인한 탄소 배출을 줄이는 가장 효과적인 방법은 이동을 줄이는 일이지만, 이 간단한 인식은 이동이 측정 가능한 변수 이상의 것이라는 사실을 간과한다. 이동은 21세기 삶에서 사회 계층구조의 형성에 핵심적인 역할을 하는 중요한 의미-생성적 활동이다.

    모빌리티 이론은 기술을 중요하게 생각하지만, 기술을 중심에 두지는 않는 접근 방식이다. 분명 기술은 모빌리티 전환의 일부이지만, 모빌리티에 대한 이론적 초점은 기술에 관한 것만이 아니다. 지금까지 살펴본 바와 같이 모빌리티 전환의 한 측면은 단순하게 이동 자체를 줄이자는 것이다. 이것은 그 자체로 새로운 기술에 의존할 필요가 없다. 모빌리티 전환의 다른 측면은 소위 능동적 이동 active transportation(걷기와 자전거 타기를 일컫는 새로운 용어)에 초점을 맞추는 것이다. 여기에는 새로운 기술이 필요하지 않다. 오히려 기존 기술(자전거)이나 최소한의 기술(비장애인을 위한 걷기)로 돌아가는 것이다. 기술은 여기에서 일부일 뿐이다. 모빌리티 이론에 비추어 모빌리티 전환을 생각하는 것은 교통 및 관련 기술의 변화를 고려하는 것 이상을 의미한다. 그것은 개별 기술들이 내재된 기술 시스템과 함께, 그리고 그 너머를 생각하는 것이다. 이는 신체적 움직임, 사물의 이동, 가상 모빌리티, 아이디어의 모빌리티, 상상적 모빌리티 등 모든 형태의 이동을 고려하는 것을 의미한다(Urry 2007).

저탄소 모빌리티로 가는 전환은 모빌리티 성좌를 검토하는 관점을 통해 이뤄지고, 아마도 가장 잘 검토될 것이다. **모빌리티 성좌**란 물리적 이동의 형태와 패턴, 이러한 이동으로 생성되고 생산되는 의미와 서사, 그리고 특징적인 이동 실천, 이 모든 것의 인식된 배열을 의미한다(Cresswell 2010; Breen 2011; Vannini 2011; Ting 2018). 이 개념은 발터 벤야민이 별과 같은 사물의 공간적 배열 패턴을 고정된 '체계'나 '구조'에 의존하지 않고 어떻게 반박할 수 있는지 설명하기 위해 사용한 '성좌 constellations'라는 용어에서 영감을 얻었다. 이 개념은 사물의 배열과 관찰 대상에 대한 관찰자의 위치 모두의 관계적 본성을 인식한다. 이런 관계 자체는 변화하기 쉽고, 움직인다(Benjamin 1977, 1999).

이 개념은 앙리 르페브르가 도시 공간의 정치학을 이해하기 위해 동원한 공간 생산에 대한 삼원적 접근 방식에서 영감을 얻은 것이다. 여기에서 우리는 르페브르가 기존의 '구체적' 공간, 공간에 대한 관념과 재현, 공간적 실천을 생산적이고 관계적인 긴장 속으로 던지는 방식을 느슨하게 따른다(Lefebvre 1991; Soja 1996; Massey 2005). 각각의 경우, 우리는 이 개념들이 제공하는 **관계성**에 집중하고자 한다. 전환을 하나의 움직임, 의미, 실천의 집합에서 다른 집합으로의 이동으로 생각하는 것은, 모빌리티도 공간과 마찬가지로 사회적으로 생산된다는 인식에 기반한다(Cresswell 2001). 많은 것들이 사회적으로 생산되고, 사회적 구성주의라는 개념이 과도하게 사용되어 진부해졌지만(Hacking 1999), 모빌리티는 사회적으로 생산되는 특별한 종류의 것이다. 모빌리티는 **필수적인 사회적 구성물**이다. 즉, (인간이 사용하는 것 그 이상까지 포함한) 모든 형태의 모빌리티는 사회적으로 생산되지만, 모빌리티 자체는 지구에서 인간으로 존재하기 위해 필수적인 요소라는 점이다. 모빌리티는 우리가 지속적으로 생산하고 재생산해야 하는 것이며, 이런 의미에서 필수적이다. 미래의 모빌리티 전환은 사회적으로 생산되는 모빌리티의 한 부분이며, 바로 그 점을 이해해야 한다.

모빌리티 연구에서 모빌리티 전환을 다룬다는 것은 물리적 움직임과 함께 움직임의 의미와 실천(drawing on Cresswell 2006, 2010)을 고려하는 것이며, 이 모든 것은 권력의 맥락에서 이뤄진다는 의미다. 이러한 요소들을 차례로 확인해 보자.

움직임

물리적 움직임이라는 기본적인 사실은 모빌리티와 다른 모빌리티로의 전환을 생각하는 출발점이 된다. 우리는 움직이는 사람과 움직이는 사물에 대해 이야기하고 있다. 여기서는 저탄소 교통수단으로의 전환 자체에 초점을 맞추지 않는다(많은 사람들은 이것을 기본 목표로 삼는다). 우리는 움직임을 중심에 놓음으로써 그 관계성을 탐구할 수 있다. 이는 추상적이고 절대적인 물리적 공간을 통한 추상적이고 절대적인 움직임이 아니라, 움직이는 인간 이상의 것들이 항상 다른 움직이거나 정지된 것들과의 관계에서 고려되는 관계적 움직임이다(Massey 2005 참고).

지속 가능한 모빌리티에 대한 비전들은 수량화할 수 있는 추상적 개념에 초점을 맞춰 왔다. 움직임에는 경로, 속도, 빈도, 방향 등 여러 특성이 있다. 탄소 배출량을 줄이기 위해 가장 간단해 보이는 전략은 이 같은 움직임의 기본적 차원을 변경하는 것이다. 우리는 다른 경로를 따르고, 덜 빠르게, 덜 자주, 다른 방향으로 이동할 수 있다. 비행 횟수를 줄이라는 도덕적 주장은 여기에서 시사하는 바가 크다. 항공 운항으로 인한 탄소 배출량은 절대적인 수치와 전체 운송수단 내에서 차지하는 비율 모두에서 빠르게 증가하고 있다. 운항 횟수를 줄이면 의심할 여지 없이 탄소 배출량이 줄어들 것이다. 전혀 안 움직이는 것만이 유일한 선택지는 아니다. 비행기 대신 기차를 타는 것(다른 속도, 다른 경로, 다른 이동 빈도)이 환경에 훨씬 덜 해롭다.[1]

그렇다면 수치만 봤을 때, 지속 가능한 모빌리티로의 전환은 명확하고 측정 가능한 방식으로 이동하는 방법을 발전시킴으로써 실현될 수 있다. 사람들이 비행기를 덜 이용하고, 집이나 직장에서 더 가까이 살면 탄소 배출량이 줄어들 것이다.[2] 우리가 소비하는 것에도 똑같이 적용된다. 상품 생산지와 가까울수록 소비와 관련된 탄소 배출량이 줄어든다. 이동, 특히 물자 이동을 줄이는 것을 추구하는 전환마을과 같은 로컬화 프로젝트는, 전환에 대한 전체론적 접근 방식의 예다(Pink 2009; Mayer and Knox 2010). 움직임의 전환에는 다른 형태들도 있다. 더 천천히 움직이는 것도 그중 하나다. 예컨대, 화물선은 순항 속도를 절반인 12노트로만 줄여도 탄소 배출량을 40퍼센트 줄일 수 있다.[3] 또 다른 움직임 기반 전환은 항로를 변경하는 것이다. 항공기는 대개 국가가 규제하는 구역을 통과하는 기존 항로를 따로 이동한다. 즉, A에서 B로 가는 항로가 직선으로 이루어지는 경우는 거의 없다. 만약 직선 경로를 자유롭게 이용할 수 있다면, '유럽단일공역Single European Sky'(SES) 이니셔티브에 따라 EU의 탄소 배출량이 10퍼센트 감소할 것으로 추정된다(Dray et al. 2010; Calleja Crespo and Leon 2011).[4] 이 모든 것은 절대적 이동 거리 단축, 경로 및 속도 감소로 탄소 배출량을 줄이는 사례들이다.

덜 움직이는 것(더 느리게, 덜 자주, 더 짧은 거리, 다른 경로)이라는 매력적인 단순성에도 불구하고, 움직임은 추상적인 공간에서 발생하지 않는다는 점에 유의해야 한다. 움직임은 사회적 경관landscape에서 발생한다. 움직임은 특정한 형태, 속도, 빈도를 장려하거나 억제하도록 만들어진 공간에서 발생한다. 움직임을 고려하려면 말 그대로 모빌리티를 특정 형태로 제한하는 사회-물질적 인프라의 조합을 고려해야 한다. 공중에 떠 있을 때조차도, 움직임은 사회적 힘이 작동하지 않는 추상적 공간에서 발생하는 게 아니다. 현대사회의 도시 형태는 (자동차)모빌리티 문화의 결과인 동시에 그 지속을 보장하는 방식으로 더 분산됐다. 분산된 도시는 역사적으로 고탄소 배출 및 개인화된 장거리 자가용 통근을 촉진해 왔다(Dobson 2015). 브리지 연구 팀은 '공간적 고착은 소비자-운전자들의 교통수단 전환을 장려하여 저탄소 전환이라는 목표를 달성하는 데 큰 걸림돌이 될 수 있다'(Bridge et al. 2013: 339). 마찬가지로, 보자롭스키와 하르스타드는 물질적 인프라 모빌리티의 유산 또한 중요하다는 것을 발견했다(Bouzarovski and Haarstad 2019). 사회주의의 유산인 낡고 삐걱대는 대규모 중앙집중식 지역난방 인프라는 도시들을 일종의 '연결 조직'으로 연결하지만, 높은 유지비와 비용으로 인해 에너지 효율화나 혁신으로 가는 전환을 저해하고 사람들을 에너지 빈곤으로 내몰고 있다. 개별 도로 차원에서도 도로 설계가 걷기나 자전거 타기 같은 능동적 교통수단의 이용을 가로막는 방식을 확인할 수 있다. 자전거도로를 놓으려는 시도조차도, 자동차 통행과 자전거도로를 적절히 분리하지 못해 잠재적인 자전거 이용자들에게 안전하고 매력적이지 않게 보이는 경우가 많다(Hull and O'Holleran 2014; Spotswood et al. 2015).

이동이 추상적인 공간에서 일어나지 않음을 인식하는 것 외에도, 이동이 추상적인 사람들(교통계획가들은 'PAX'로 정의함(Budd 2011))이 아니라 구체적이고 사회적으로 코드화된 존재에 의해 수행된다는 점을 인식하는 것도 중요하다. 예컨대 비행 횟수를 줄이자는 일견 단순해 보이는 요구를 생각해 보자. 비행 횟수를 줄이면 탄소 배출량을 줄일 수 있다는 일반적인 요구는 이해가 되지만, 누가 왜 비행을 하는지는 고려하지 않는 요구일 뿐이다. 실제로 이러한 요구는 적어도 코로나19 팬데믹 이전까지 그 어느 때보다 많은 사람들이 항공편을 이용하는 시점에 최고조에 달했다. 저가항공사의 등장으로 선진국과 개발도상국의 상대적으로 덜 부유한 사람들도 처음으로 비행기를 탈 수 있게 되었다(Hirsh 2016). 비교적 최근까지도 비행기를 타는 것은 부유층의 전유물이었다. 세계적으로 보면 여전히 그렇다. 비행기의 특권을 누려 온 사람들이 그렇지 못한 사람들에게 비행 횟수를 줄이라고 요구해야 할까? 승객의 비행 거리 문제를 비행에 담긴 내용으로 채우면 어떻게 될까? 한 번은 휴가차, 또 한 번은 사업상 미팅 때문에, 또 다른 한 번은 학술회의 때문에 비행한 것임을 안다면 어떤 일이 일어날까? 누구는 특정 연도에 여섯 번째 비행기를 타는 것이고, 다른 사람은 처음 타는 것임을 알게 되면 어떻게 될까?

모든 형태의 이동에 대해서도 비슷한 질문을 할 수 있(고 해야 한)다. 움직임을 단순히 모빌리티의 한 요소로만 보는 것은, 전환에 대한 모든 논의에 필수적인 권력과 의미의 영역으로의 전환에 대한 논의를 시작할 수 있게 한다.

의미

모빌리티 전환은 문화적 문제다. 이동하는 방식이 의미와 어떻게 연결되는지를 중심으로 생각할 필요가 있다. 모빌리티를 순전히 또는 주로 물리적인 이동의 관점에서만 생각하면 이동에 부여하는 의미를 모호하게 만드는 경향이 있다. 《오디세이아》와 같은 대항해 이야기든, 조이스의 《율리시스》와 같은 하루 동안 한 도시 안에서 걷는 이야기든, 인류의 스토리텔링 역사에서 여행 또는 항해가 중심이 된 것은 결코 우연이 아니다. 모빌리티는 시와 소설의 기원에서 모두 중요한 역할을 한다. 이러한 관찰은 탄소 배출에 대한 오늘날의 관심과는 거리가 멀어 보이지만, 이 두 가지가 연결되어 있다는 것이 우리의 주장이다. 문학에서와 마찬가지로 일상생활에서도 모빌리티는 많은 경우 유의미한 인간적 노력으로 경험된다. 우리는 '모빌리티 문화'(Klinger, Kenworthy and Lanzendorf 2013) 혹은 '모빌리티 감각'('장소 감각'에 상응하는 움직이는 감각(Jensen 2009; Beyazit 2013))에 대해 이야기할 수 있다. 우리가 이동하는 방식은 세계주의, 모험, 진보, 기타 여러 가지 중요한 속성과 서사로 코드화되어 왔다. 이러한 의미는 역사적으로나 지리적으로 다양하다. 상대적으로 저모빌리티 시대였던 초기 시대에는 이동이 성공의 신호라기보다는 의심스러운 신호나 실패의 신호로 여겨지는 경우가 많았다. 난민이나 노숙자 같은 일부 사람들에게는 지금도 마찬가지다.

최근의 '비행 수치심flight shaming' 논의라든가 (나중에 살펴보겠지만) 네덜란드에서 러시아워에 자동차를 선택하는 통근자의 수치심을 보면, 모빌리티 세계에서 의미 전환에 내재된 힘을 볼 수 있다. 수치심이라는 개념 자체가 얼굴을 붉히게 하는 문화적 공명과 같은 깊이 체화된 의미 감각을 의미한다(Probyn 2005). 항공 여행은, 자동차 여행과 마찬가지로, 역사적으로 성공, 모험, 세계주의, 낭만 같은 긍정적인 문화 가치를 담고 있다. 기내에 비치된 잡지를 보면 비행기 승객이 어떤 삶을 살고 있는지 많은 것을 알 수 있다. 자동차 광고도 마찬가지다. 훈련된 기호학자가 아니어도 이해할 수 있다. 비행 수치심은 이런 서사를 반박하고, 비행기 이용자에게 다른 기호학적 짐을 지우는 것이다. 비행 세금을 인상하면 비행 횟수와 그에 따른 탄소 배출량을 확실히 줄일 수 있지만, 비행을 둘러싼 새로운 의미의 생산이 이미 비슷한 효과를 내고 있는 것이 사실이다. 학술 컨퍼런스에서 서로의 항공사 마일리지를 자랑하는 것은 더 이상 의미가 없어졌다.

지속 가능한 모빌리티로의 전환이라는 관점에서, 문화적 의미는 전환하기 가장 어려운 것 중 하나일 수 있다. 미미 셸러는 전환을 개념화하는 방식에서 문화적 실천의 중요성을 강조하며 '심층 문화 구조'의 활성화가 필요하다고 말했다(Sheller 2012: 181). 분명 문화는 의미 그 이상을 가리킨다. 의미의 세계는 다음 절에서 논의될 실천의 세계와 확실히 얽혀 있다. 셸러의 논의는 '문화적 틈새'와 같은 것, 즉 MLP(다층적 관점) 이론가들이 체제 층위라고 부르는 수준까지 걸러 낼 수 있는 능력을 가진 새로운 의미와/또는 실천이 출현할 수 있는 보호된 공간이 존재할 가능성을 열어 준다. 셸러는 '문화적 틈새', '문화적 체제', '문화적 경관'을 포함하는 '문화적 전환'에 대한 MLP의 가능성을 모색한다.

셸러의 문화적 틈새는 대안적인 모빌리티 문화가 형성되는 '반체제적 공간', 즉 반소비주의적 이데올로기(기내 잡지의 대안)와 함께 자전거 타기나 걷기 같은 이동 방식이 등장하는 문화로 생각할 수 있다. 이런 틈새 문화에서는 자동차에 대한 대안적 서사(공해, 낭비 등)가 만들어진다. 예컨대 자전거 친화적인 도시, 전환마을, 카 셰어링 제도, 그리고 신기술로의 전환에만 초점을 두지 않는 기타 소규모 개발이 있다. 이 모든 것은 자동차뿐만 아니라 모빌리티, 자유, 개별성 담론을 필요로 하는 일과 여가 네트워크가 포함된 지배적인 자동차모빌리티 경관 속에서 발생한다. 셸러는 말한다.

> 자동차 사용(또는 기타 대안적 교통수단의 사용)은 단순히 개별 '소비자'의 합리적인 경제적 선택에 관한 것이 아니라, 틈새 층위에서 운전(또는 탑승이나 걷기)에 대한 비합리적인 미적·정서적·감각적 반응, 체제 층위에서 고착되거나 적어도 상대적으로 지속적인 지배적 문화와 실천, 경관 층위에서 기본 틀로 작용하고 물질문화를 형성하는 광범위한 문화적 실천, 네트워크 및 담론의 정상화에 관한 것이다(Sheller 2012: 186).

셸러의 말에 따라, 탄소집약적 모빌리티에서 벗어나기 위해서는 더 광범위한 문화적 전환이 필요하다고 생각한다. 예컨대 개인주의와 자율적인 모빌리티를 강조하는 문화에서 벗어나려는 움직임이 그 어떤 기술적 진보보다 더 중요할 수 있다. 그러나 이러한 문화적 안정성은 놀라울 정도로 변화하기 어려운 것처럼 보인다. 더 광범위한 변화를 상상하는 것보다 보호된 틈새에서 스며드는 전환을 상상하는 편이 훨씬 더 쉽다.

문화적 전환은 모빌리티 전환을 표현하고 묘사하고 의미를 부여하는 다양한 방식도 의미해야 한다. 전환 모델, 이야기, 서사, 정책, 광고, 영화나 문학 등 모빌리티 전환은 더 깨끗한 미래에 대한 묘사부터 훨씬 더 암울한 상상에 이르기까지 강력한 상징, 은유, 의미와 연관되어 중요한 의미를 갖게 된다. 이런 재현들은 모빌리티 전환이 어떻게 소통되고 전달되며, 포장되고 소비될 수 있는지, 더 중요하게는 의견과 참여를 모으거나 제한할 수 있는지와 관련해 다양한 방식으로 결정적인 역할을 한다.

움직임처럼, 의미도 관계적이다. 기내 잡지에서 볼 수 있는 비행의 문화적 의미, 부와 성공, 세계주의에 대한 서사는 다른 선택지를 없앰으로써 더욱 강화된다. 가능한 또 다른 서사는 임모빌리티immobility의 삶, 즉 갇혀서 정지된 상태로 머무는 삶이다. 이는 고도로 많이 움직이는 라이프스타일을 영위할 때에도 나타날 수 있다(Straughan and Bissell 2020). 이런 사람은 세상 물정에 어둡고, 어쩌면 편협하고 제한적인 사람일 거라고 추측해 볼 수 있다. 또 다른 서사는, 당신만큼 잘 이동하지 못하는 평범한 모빌리티의 삶이다. 이런 관계적 의미 형성은 지그문트 바우만의 '여행자tourist', '방랑자vagabond' 개념을 통해 잘 설명할 수 있다. 바우만은 움직임, 의미, 그리고 그런 의미 있는 움직임이 체현되는 방식 사이의 구조화된 관계를 탐구하기 위해 이 개념을 사용했다.

> 자유롭게 여행하는 첫 번째 부류는 여행에서 많은 기쁨을 얻으며(특히 일등석이나 전용기를 이용하는 경우), 여행하도록 부추김 받고 유혹받으며, 도착하면 따뜻한 미소와 환영을 받는다. 반면 두 번째 부류는, 은밀하게 종종 불법적으로 여행하며, 때로는 비즈니스석에서 화려한 사치를 누릴 때보다 지불하는 것보다 더 많은 돈을 지불하면서 악취 나는 낡고 위험한 배의 비좁은 갑판에 지불하기도 한다. 그들은 도착하면 비난을 받고, 운이 나쁘면 체포되고 곧장 추방된다(Bauman 1998: 89).

바우만이 말하는 여행자와 방랑자에 대한 관계적 구성은 관계적으로 구성된 움직임(방랑자는 여행자의 움직임에 봉사하기 위해 이동한다)과 관계적으로 동원된 의미(여행의 의미는 방랑의 의미에서 어느 정도 매력을 얻는다)를 모두 보여 준다. 의미와 움직임은 그 자체로 관련돼 있다. 바우만의 논의가 전환에 초점을 맞춘 것은 아니지만, 그의 작업은 전환에 대한 관계적 모빌리티 접근법에서 의미의 역할을 시사한다.

의미의 세계는 개인의 일상적 모빌리티 선택 층위에서 핵심적 역할을 하지만, 더 넓은 문화적 서사가 더 큰 차원에서 전환이 개념화되는 방식에 영향을 미치는 경우도 있다. 2장에서 언급한 개발 전환과 근대화 서사에 대한 탈식민 모빌리티(Sheller 2003) 비판이 여기에 적용될 수 있고, 제임스 퍼거슨이 아프리카의 맥락에서 '전환의 마법'이라고 부른 것을 통해 고도로 서구화된 '개발적 시간' 개념을 드러낼 수 있다(Ferguson 2006, see also Green-Simms 2017). 모빌리티는 이러한 서사의 핵심이다. 지배적인 서구 서사에서 교통과 통신은 대개 정치적 민주주의, 세속화, 과학적 합리주의 등으로 이어진다. 이런 의미들(그리고 여기에서 수반되는 전환의 특정한 논리)은 지속가능성과 관련된 의미 및 서사들과 충돌한다. 실제로 저탄소 미래로의 전환에서 가장 흔하게 다뤄야 할 서사는 경제성장과 성공 서사이다. 이는 종종 '경제적 지속가능성'으로 재구성되어 혼란을 야기한다. 실제로 이 프로젝트를 위해 캐나다 관계자들과 처음 이야기를 나눴을 때, 스티븐 하퍼가 여전히 총리였고 보수 정권이었다. '지속가능성'이라는 단어가 공식 담론에 등장한 유일한 경우는 자본주의경제에서의 경제성장을 언급할 때였다. 지구온난화나 기후변화와 같은 환경적 지속가능성에 대한 언급은 금지된 것이나 다름없었고, 정책에서는 확실히 제외되었다.

의미의 세계는 분명 움직임의 세계와 얽혀 있다. 개인적인 이동 차원에서 우리는 우리가 택하거나 거부한 경로, 선택한 수단, 그리고 경험하는 방식에 따라 이동에 의의를 부여한다. 어떤 인상적인 이미지들이 모빌리티 과잉에 대한 죄책감을 불러일으키고, 감각적인 경험으로서 이동의 짜릿함을 일깨우고, 어리(Urry 2007)가 모빌리티의 '어두운 미래'라고 부른 것으로 우리를 충격에 빠뜨리고, 이동하는 삶을 둘러싼 진보적이며 새로운 분위기에 몰입하게 하거나, 장애 · 젠더 · 계급 · 종교 · 인종의 축을 따라 온갖 불평등과 소외를 무심코 재생산하는가? 저탄소 모빌리티에 대한 이러한 다양한 의미와 대안적 상상력은 다르게 이동하고 여행하는 것에 대한 특정한 인식을 불러일으키는 참여적 · 미적 · 감각적 실천을 통해 드러날 수 있다(Engelmann and McCormack 2018 on Studio Saraceno's Aerosolar 참고).

실천

의미 외에도, 전환에 대한 문화적 접근의 또 다른 요소는 실천이다(Watson 2012). 실천은 사람들이 (다양한 생물과 비인간의 도움을 받아) 일상적으로 행하는 일과 그 일을 하는 방식을 의미한다. 여러 사회과학자들에게 사회와 문화는 실제로 실천을 통해 생산되고, 재생산되고, 저항받고, 변형되는 것이다(de Certeau 1984; Bourdieu 1990; Schatzki, Knorr-Cetina and Savigny 2001). 모빌리티는 일상생활을 수행하는 데에 기본이 되는 일련의 실천을 분명 포함하며, 오늘날의 사회 및 문화 탐구에서 핵심 개념 분야이다. 걷기, 달리기, 자전거 타기, 운전하기, 승차하기 등은 모두 모빌리티 실천의 일종이다. 이 모든 실천은 중요하고 다양한 방식으로 우리 몸을 연루시키고, 의식적 · 무의식적으로 모두 경험된다. 우리는 모빌리티를 행한다.

모빌리티는 시간과 장소에 따라 다르게 체현되고 경험된다는 점을 생각할 때, 전환에 대한 설명이 실천을 중요하게 다뤄야 함은 당연하다. 에너지 전환과 비교해, 실천이 모빌리티 전환에 미치는 차이를 고려해 보는 게 도움이 된다. 에너지 부문은 상대적으로 빠르게 지속 가능한 생산방식으로 전환되고 있다. 현재 많은 선진국에서 운송 부문 탄소 배출량이 가장 많은 것도 이 때문이다. 대부분의 사람들에게 에너지 실천은 조명, 오븐, 중앙난방, 에어컨을 끄고 켜는 문제를 의미한다. 이런 실천은 에너지가 어떻게 생산되는지에 관계없이 거의 동일하다. 그 에너지가 풍력발전 터빈에서 생산됐든 석탄화력발전소에서 생산됐든, 스위치를 켜면 불이 켜진다. 우리의 실천은 동일하다. 반면에, 이동은 우리가 그것을 어떻게 경험하는지에 거의 전적으로 달린 문제다. 차에 혼자 타는 것은 걷거나 자전거를 타거나 버스를 타는 것과 근본적으로 다른 방식으로 경험된다. 실천은 모빌리티 전환에서 더욱 중심적인 역할을 한다. 하지만 다루기는 더 어렵다.

어느 분야를 막론하고, 전환 이론의 중요한 한 가지 흐름이 일상적 삶과 실천에 주의를 기울이는 연구자들에게서 나온 것은 놀랄 일이 아니다(Shove and Walker 2007, 2010; Hargreaves, Longhurst and Seyfang 2013). 실천 이론가들은, 틈새 기술 개발과 사회-기술적 시스템(MLP)에 초점을 맞추거나 정책 개발에 초점을 맞추는 것은 제한적인 접근 방식이라고 생각하며, 지금은 '다른 사회과학적 이론뿐 아니라 체계적인 변화 이론을 탐구할 때'라고 믿는다(Shove and Walker 2007: 768).

엘리자베스 쇼브와 고든 워커는 전환 연구에서 실천에 초점을 맞추면 우리의 관심이 완벽하게 사회적인 것으로 재조정된다고 주장한다. 전기자동차가 생산되는 공간은 지속가능성으로의 전환을 모색하기에 부적합한 장소일 수 있다. 오히려 일상생활의 공간에서 전환을 모색해야 한다는 게 이들의 주장이다. 쇼브와 워커가 말하는 실천은 '시스템과 행동이 상호작용하는 장소'이며, '그 자체로 실체를 부여하고 조직하는' 것이다[Shove and Walker 2010: 471].

쇼브와 워커는 영국에서 일주일에 한 번 탕목욕을 하는 대신 하루에 두 번 샤워하는 실천을 예로 들며, 이것이 어떤 '틈새'에서 일어난 것이 아니라 욕실 기술(물질적 요소), 의미의 레퍼토리(위생), 신체적 지식의 관습(그들이 역량이라고 부르는 것)을 포함하는 행위자들의 아상블라주 공간에서 일어난 것이라고 말한다. 전환은 실천과 의미의 합류로 일어났다. 그들은 전환을, 어느 시점에 일상생활의 인식 가능한 새로운 요소로 결합되는 실천 요소들의 수평적 순환으로 본다. 이러한 전환은 어떤 식으로 계획된 것은 아니지만, 그럼에도 불구하고 일어났다. 그들은 런던 '혼잡 구간' 교통관리에 대해서도 비슷한 주장을 한다[Shove and Walker 2010].

정체나 오염의 감소, 자전거 이용 증가, 사고 감소 등은 모두 2003년 런던에서 도입된 혼잡 구간Congestion Zone 제도와 관련이 있다. 저자들이 말하길, 이는 살아 움직이는 시스템 내에 정책(통제, 요금, 계획에 대한 제도)이 얽혀 있는 장소 안팎으로 수많은 실천이 축적된 결과였다. 이런 변화는 생산자(정책입안자)에 관한 것만큼이나 '소비자'(일상을 영위하는 사람들)에 관한 것이기도 하다. 쇼브와 워커가 말하는 전환 관리에서의 문제는 그 과정 속에 더 많은 행위자를 참여시키는 게 아니라, 소비자 및 다른 사람들이 이미 시스템을 재생산하고 변화시키는 데 관여하고 있다는 것을 중요하게 인식하는 것이다. 이들은, '런던의 모빌리티(그리고 이에 따른 실천과 실천 사이의 관계)와 그 자체로 끊임없이 변화하는 시스템의 거버넌스 및 자치에 대한 이해가 필요하다'고 말한다(Shove and Walker 2010: 474). 실천에 집중하는 것은 어떤 형태의 시스템 종결보다는 반복적인 행위, 즉 어떤 일을 반복적으로 하는 과정에 의존한다. 따라서 지속 가능한 모빌리티는 생산물로서의 실천이 아니라 실천의 합으로 인해 발생하는 결과이다.

실천, 특히 반복적인 실천에 대해 생각하는 또 다른 방법은 습관을 통해서이다. 이는 영구적 반복을 의미하는 것은 아니지만 발전하고 진화하는 반복적인 실천을 의미한다. 습관은 전환의 반대를 뜻한다고들 생각하는 경향이 있다. 습관은 자동차 사용과 같은 규칙화된 완고한 모빌리티 실천을 의미할 수 있다. 똑같은 출퇴근도 다른 것이 될 수 있다. 교통 및 모빌리티 연구자들은 운전 중단과 같은 기존 패턴에서 벗어나는 이동이나 전환 가능성을 이해하기 위해 습관을 연구해 왔지만, 이런 연구들은 의학적인 사회과학 분야에서 노인을 대상으로 진행되는 경향이 있었다(Harrison and Ragland 2003; Mansvelt 2013). 전환에 대한 기존 연구에서는 습관을 진지한 연구에서 제외시키고 '뿌리 깊은' 혹은 '고착된' 것으로 취급되는 경향이 있다(Nykvist and Whitmarsh 2008). 다른 접근 방식에서는 습관을 단순히 외부 변화나 자극에 대한 합리적 의사결정 반응으로 가정한다. 이러한 문제들을 염두에 두고, 다른 연구자들은 습관 자체를 깊이 체화된 것, 그리고 비표상적인 것으로 놓고 더 완전하게 이해하고자 노력해 왔다.

플루슈테바(Plyushteva 2014: 4)에 따르면, 모빌리티 습관은 다양한 모빌리티 실천, 즉 기술, 대상, 신체 활동, 목적, 감각의 조합을 포함하는 아상블라주로 이해되어야 한다. 습관을 다원화하면서 우리는 습관이 훨씬 더 불안정한 것임을 알게 됐다. "습관은 훨씬 더 복잡한 패턴을 따를 수 있으며, 계절 사이나 평일 사이에 주기적으로 변화하거나, 눈에 띄는 전후 변화보다는 점진적인 적응이나 분명한 '합리적인' 이유 없이 자발적이고 일시적인 변화를 겪을 수 있다." 따라서 저탄소 모빌리티 습관과 다른 습관으로의 전환은 훨씬 더 광범위한 실천과 사물 영역을 고려해야 할 수 있다.

비셀(Bissell 2014)은 습관을 고정된 경로나 방법을 통한 정적인 모빌리티의 반복 이상으로 이해한다. 오히려 습관은 반복적인 실천을 통해 행위하는 신체의 변화하는 힘이나 역량의 느린 '변환'으로 이해할 수 있다. 이와 비슷하게 슈바넨 연구 팀은 '습관은 내면으로부터 점진적인 행동 변화 가능성을 열어 준다'고 주장한다(Schwanen, Banister and Anable 2012: 525). 시간의 흐름에 따라 모빌리티 습관은 경험의 강도를 변화시켜, 실천이 학습되거나 숙련되기도 하고, 심지어 피로감이나 지루함을 덜어 주기도 한다. "통근에 수반되는 반복은 더 쉬운 움직임을 만들어 내는 동시에, 움직임과 관련된 감각을 서서히 마비시킬 수 있다"(Bissell 2014: 198). 습관은 강도를 키워 나가며, 제도나 심지어 인지 수준에서도 알아차리지 못하는 방식으로 세졌다 약해졌다 할 수 있다.

이 같은 개념화는 저탄소 모빌리티로의 전환에 아주 중요할 수 있다. 예컨대 슈바넨·배니스터·애나벨은 아이들의 탄소중립적 습관 교육에 주목하면서, '자발적 습관에 의한 점진적 변화 전략'을 옹호하고, 궁극적으로 전환이 성공하기 위해서는 저탄소 모빌리티가 '반성적 사고가 거의 혹은 전혀 필요치 않는 사소한 일'이 되어야 한다고 주장한다(Schwanen, Banister and Anable 2012: 529). "지원 인프라가 일상을 뒷받침하는 광범위한 배경 인프라의 아상블라주 안에 가능한 한 빨리 녹아 들어야 한다"(Schwanen, Banister and Anable 2012: 529).

캐스와 폴콘브리지는 고탄소 통근 방식의 전환에 대한 선택 및 넛지 기반 행동주의적 접근 방식에 대한 비판에서, 이러한 점을 직접적으로 언급한다(Cass and Faulconbridge 2016). 쇼브의 연구(Shove, Pantzar and Watson 2012)를 따른 실천 이론과 '물질-역량-의미'에 초점을 맞춘 연구들을 활용하여, 캐스와 폴콘브리지는 저탄소 모빌리티를 지원하는 데 필요한 물질과 인프라뿐만 아니라 통근 실천과 다른 '연속적 실천' 사이의 관계에 주목한다(Cass and Faulconbridge 2016: 8). 만약 모빌리티가 다른 압력과 요구에 따라 달라지는 일련의 실천으로 묶여 있다면(Aldred and Jungnickel 2014 참고), 가령 통학은 '시간적 고정성과 순서 압력에 영향을 받고 리듬을 부여받고 정동되는 모빌리티 형태이며, 이는 다시 통근과 같은 다른 실천에 리듬을 부여하고 영향을 준다'고 설명되고, '차는 하나의 실천 장소에서 다른 실천 장소로 이동하는 데 가장 시간이 적게 걸리는 수단'이 된다(8-9). 저탄소 모빌리티를 향한 통

그림 3.1 사회적 서비스 및 기관의 물질적 요소와 시공간 배치를 활용한 통근 실천 재구성
(Cass and Faulconbridge 2016 참고)

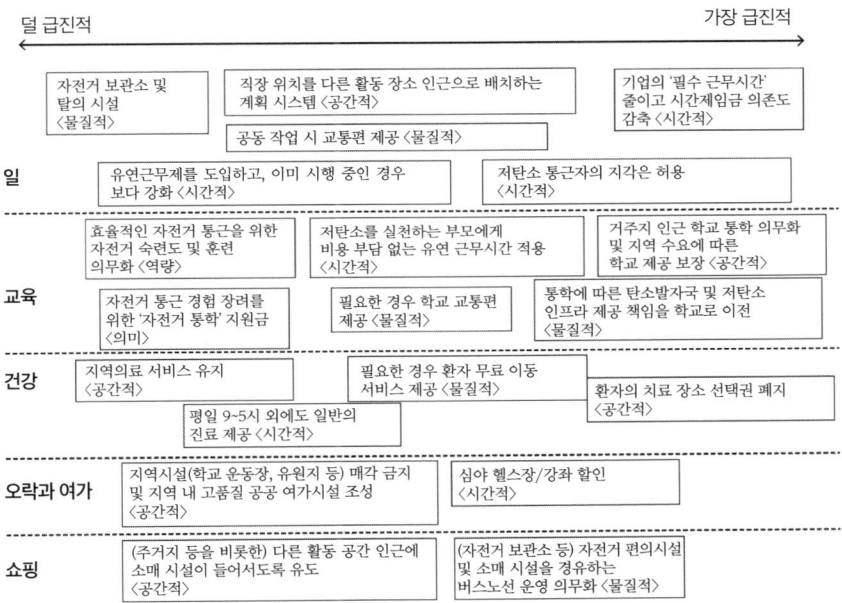

근 실천 재구성 정책에 대한 이들의 조언은, 일종의 실천생태학에 초점을 맞추는 것이다(**그림 3.1** 참고). 이는 운송 정책이 이 같은 모빌리티 요구에 부응할 수 있는 방식뿐 아니라 다른 실천의 재배열, 공간화 및 시간화를 필요로 하며, 이는 '사회적 서비스와 기관의 조직, 시간 조정, 공간 배치'를 포함한다'[10].

권력

움직임, 의미, 실천은 진공상태에서 벌어지지 않는다. 이 세 가지 요소가 결합된 모빌리티는 권력의 산물이며 권력 생산에 관여한다. 권력에 관한 가장 기본적인 정의는 사물(사람 포함)을 이동시키는 능력에 기반한다. 기술적 방법, 혹은 사회-기술적 방법으로 모빌리티 전환을 생각하는 것은, 모빌리티의 형태가 누구에게 가장 적합한지에 대한 어려운 질문을 종종 피해 간다. 누가, 그리고 무엇이 움직이고 있으며, 누가 그리고 무엇이 움직여지고 있는가? 권력에 대한 근본적인 질문을 하지 않고서는 공정하고 지속 가능한 미래로 가는 진정한 전환에 도달할 수 없다. 현재의 상황을 만들어 낸 권력관계를 다루지 않는다면, 어떻게 미래 모빌리티가 지속 가능할 수 있을까?

권력에 대한 질문은 MLP(다층적 관점)의 전환 접근법을 둘러싼 논쟁의 중심에 있었다. 원래 구상대로 MLP는 권력에 대해 거의 언급하지 않았다. 기술, 기술 체제, 궤적의 중심성은 권력의 공백 상태에서 작동하는 것처럼 보였다. 예컨대 제너스와 콜스는 '기술적 결정 요인에 대한 적응 측면에서 (인공물로서의) 기술의 필요'에 초점을 맞추는 회고적인 관점은 선형적인 궤적을 초래하고 권력 및 행위자의 문제를 간과하기 쉽다고 주장했다(Genus and Coles 2008: 1440). 또한 에이드리언 스미스와 앤디 스털링도 MLP에 권력과 정치 문제를 적용한다(Smith and Stirling 2010). 이들은 전환을 누가 주도하는가 질문하면서 '수백만 명의 삶에 영향을 미치는 사회-기술 체제의 구조적 변환에 대한 심사숙고는, 선구적 비전을 가진 엘리트 집단이 주도하는 것으로 받아들여진다'는 점을 지적한다(Smith and Stirling 2010: 11). 시민사회와 사회운동은 그 과정에서 제외되지만, '전환 거버넌스의 권위, 정당성, 책임성의 기반은 궁극적으로 다른 정치적 과정과 제도와의 협력 방식에 달려 있다'(Smith and Stirling 2010: 11). MLP 틀로 전환을 논의할 때 권력 문제가 빠졌다는 점에 대해서는 최근에 길스도 인정했다(Geels 2011, 2014). 그는 '정책'이 언제나 틈새/체제/경관의 경험적 규칙의 일부였지만, 정책이 속한 더 넓은 정치 세계에는 그다지 주의를 기울이지 않았음을 인정한다. 그가 지적한 이유 중 하나는 구조화 이론의 영향인데, 이 이론은 집단 행위자의 힘에 거의 관심을 기울이지 않기 때문이다. 길스는 사회-기술적 체제 안에 집단 행위자(기업, 국가, 사회행동 단체 등)를 포함시킴으로써 이 문제를 해결하려고 시도한다. 그는 체제 내에서 현상 유지를 위한 동맹이 형성된다고 보았다. "요컨대, MLP에 권력과 정치를 도입하는 한 가지 방법은, 정책입안자와 기존 기업 간의 관계를 근본적으로 잘 변하지 않는 핵심적 체제 차원의 동맹으로 개념화하는 것이다"(Geels 2014: 27). 길스는, 영국 에너지산업과 기업 및 정부가 협력해 원자력 같은 대규모 전력 계획을 추진하고 지배적 담론에서 다른 대체 발전 형태를 눈에 띄지 않게 만드는 방식을 참조하여, 이러한 '저항'(저항이 일반적으로 '지배'에 대항하여 배열되는 권력으로 개념화되는 방식의 흥미로운 역전(Scott 1985; Pile and Keith 1997))을 설명한다. 중요한 것은, 길스가 기술의 틈새 개발에 집중하는 것을 멈추고 대신 탄소를 땅속에 가둬 둘 수 있도록 기존의 화석연료 체제를 불안정하게 만들 방법을 생각할 필요가 있음을 인식하고 있다는 점이다.

길스의 자기성찰적 비판은 분명 환영할 만하지만, 권력에 대한 이론화는 여전히 상당히 제한적이다. 예컨대 지속가능성으로의 전환이 다른 필수적 전환, 특히 사회정의 문제와 충돌하거나 실제로 특정 사회집단을 배제할 수 있다는 데에는 관심을 기울이지 않는다(Tyfield 2014). 실제로 환경적 의미에서 지속가능성으로의 전환은 상대적으로 이미 소외된 전 세계 사람들을 무력화시키는 역할을 할 가능성이 높다. 예컨대 지속가능성으로의 전환은 종종 남성보다 여성에게 부정적 영향을 미친다(Hanson 2010). 모빌리티 정의를 통한 전환에 대한 접근은 모빌리티 연구의 핵심적 사고방식인 **차등적 모빌리티** differential mobility 개념을 활용해야 하며, 모빌리티 전환과 관련해 계급, 부, 인종, 젠더, 섹슈얼리티, 신체적 역량 등의 교차점에서 다른 사람들에게 불균등하게 배치되는 권력구조에 주의해야 한다.

모빌리티 관점은 전환의 계산에 권력을 개입시킨다. 모빌리티 패러다임 안에서의 작업은 항상 모빌리티에 대한 이해의 중심에 권력과 정치가 있다고 여겨 왔다. 애폴더바흐와 슐츠는 전환과 '정책 모빌리티' 분야 사이의 대화를 통해 정책 모빌리티가 개별 행위자, 행위자 집단, 정책 형성의 사회공간적 조건에 맞춰 조정하는 것은, "특정 행위자를 우선시하는 경향이 있지만, 지역화된 실천, 융합, 실패한 시도들을 드러내는 변화 행위자들 간의 권력 불균형에 더 민감하다"(Affolderbach and Schultz 2016: 1952).

타이필드는 다른 방식으로, 특히 중국 및 기타 자유주의 체제에 초점을 맞춰 저탄소 모빌리티로의 사회-기술적 전환과 마찬가지로 권력에 대한 더 광범위한 개념이 필요하다고 주장했다(Tyfield 2014). 그는, 많은 접근 방식에서 전환은 순수한 정책적 문제이거나 사회-기술적 문제이며, 권력과 정치의 세계는 본질적으로 외생적인 것으로, 예컨대 MLP는 이를 '경관'의 문제로 정의한다고 지적한다. 타이필드에 따르면, 이러한 접근 방식이 다루지 못하는 문제는,

중국의 자동차모빌리티(정책)에 대한 실제 정치적 현실이다. 즉, 현재는 중국이 '차세대 디트로이트'가 될 수 있는 절호의 기회이며, 정부, 기업, 그리고 국가주의적 시민들은 이를 지정학적 질서의 중심인 중화권의 정당한 위치를 회복하는 더 광범위한 프로젝트의 중요한 부분으로 명시적으로 인식하고 있다. 따라서 중국의 모빌리티 전환의 관점에서 볼 때, 모든 것(즉 '세계')이 마치 하나의 사건처럼 작용하고 있다는 것은 명백할 뿐만 아니라 근본적인 문제이다. 그러므로 모빌리티 전환 분석에서 이러한 고려 사항을 제외함으로써, MLP는 그 역학과 전망의 핵심적 측면을 간과하고 있다(Tyfield 2015: 587).

타이필드는 푸코의 권력 개념을 규범적으로 중립적이고 생산적인 것으로 간주한다. 사물이 움직이려면 동력이 필요하듯, 우리 모두는 일상에서 권력이 필요하다. 권력은 다른 것들(진실 같은 것을 포함해)이 가능한 토대를 구축한다. 중국의 모빌리티 전환의 경우,

특정 유형의 권력구조는 자유주의이다. 정치철학의 한 형태로서의 자유주의가 아니라, 사람들이 스스로를 효과적으로 통치할 수 있도록 개인의 자유를 장려하고 보상함으로써 그 일관성과 안정성을 확보하는 체제로서의 자유주의이다. 이러한 권력 개념은 상식과 당연시되는 것, 그리고 강력한 국가의 생산과 반복에 기반한다.

타이필드에게 중요한 것은, 우리의 상식이 실제 순환 형태와 자동차모빌리티로 가장 잘 표현되는 '자유롭게 가속화되는 개인 모빌리티'(Tyfield 2014: 589)에 기반한다는 점이다. 그는 자동차모빌리티가 자유로운 이동 주체를 생성한다고 주장한다. 자유주의적 자동차모빌리티는 특정한 형태의 실천을 합리적인 위협으로 간주하고 제거해야 한다는 상식을 '전제한다'. 자유주의적 형태의 전환은 필연적으로 '이런 구별이 합리적이고 … (점점 더 광범위하게) 도덕적으로 정당화되는 것으로' 배제된 집단과 대조되는 포용적인 사회적 정체성과 실천의 구성을 수반한다. 그는 다음과 같이 말한다.

> 새로운 사회적 차별, 배제, 그리고 (폭력적인) 규율 기법, 국가와 기업 모두는 거의 필연적으로 이 과정의 일부가 될 것이다. 그리고 이를 인정하는 것은 연구자들에게 그러한 새롭게 부상하는 불평등과 부정의를 분석, 식별, 제시하고, 가능한 경우 개입할 (예컨대 참여형 연구를 통해) 도덕적 책임을 부여한다(Tyfield 2014: 590).

이 경우, 중국 E2W 전기 이륜차 같은 사회적·기술적 혁신은 중국 내 지배적인 자동차모빌리티를 변화시키고 분열시키며 잠재적으로 저탄소 모빌리티 전환의 중요한 부분임에도, 국가가 위험하고 통제 불가능한 '공안'이라는 징벌적으로 통제하는 모빌리티 형태로 취급되어 저항을 받는다. 이는 자유로운 권력 분배에 부합하지 않는 기술이다. 전기자동차가 만들어지는 특정 공간과 동떨어진 것이 아니라, 오히려 그 공간에 철저하게 스며들어 있는 권력과 정치의 영역에 대한 이해 없이는 이 모든 것을 이해할 수 없다. 타이필드는, 중국의 경우 모빌리티 전환을 제대로 평가하기 위해서는 '혁신의 국제적 분업과 초과이윤의 분배, 신자유주의적 글로벌 규제 구조, 기업 형태와 국가-시장 관계, 이와 관련된 다양한 위기와 그에 대한 대응'(Tyfield 2014: 592)을 살펴야 한다고 주장한다. MLP(다층적 관점) 이론가들이 '경관' 층위라고 부르는 이 단계에서 우리는 중국의 모빌리티 관련 혁신 정책의 원동력을 발견한다.

타이필드 연구의 가장 중요한 교훈은, 승자와 패자가 없는 비정치적인 전환 과정은 의심해야 한다는 점이다. 오늘날의 모빌리티 시스템에 승자와 패자가 있는 것처럼 미래의 모빌리티 시스템도 마찬가지일 것이며, 우리는 누가 (그리고 무엇이) 승자와 패자가 될 것인지에 집중해야 한다.

모빌리티 전환에서 권력의 작용에 대한 분석은 필연적으로 맥락적이다. 전환에 대한 다양한 거시적 접근 방식은 서로 다른 권력 구성을 불러온다. EU가 구상한 전환은 미국이 '그린뉴딜'에서 구상한 전환과는 매우 다르다. 이 각각은 지속 가능한 모빌리티 전환을 둘러싼 권력, 정치, 정책의 서로 다른 협상을 가져온다. 그린뉴딜은 '정의로운 전환just transition'이면서 지속 가능한 전환을 구상한다. 이들에게 전환은 탄소만큼이나 권력에 관한 문제로, 기후변화와 경제적 불평등 문제는 밀접하게 연관되어 있다. 따라서 미국판 그린뉴딜의 10대 원칙 중 하나는 '미국 내 교통 시스템을 전면적으로 개편해 교통 부문에서 발생하는 오염과 온실가스 배출을 기술적으로 가능한 한 많이 제거한다. ① 무공해 차량 인프라와 제조에 대한 투자, ② 깨끗하고 저렴하며 접근성 좋은 대중교통에 대한 투자, ③ 고속철도에 대한 투자를 포함한다'는 것이다. 어느 정도는 새로운 인프라와 기술에 초점을 맞춘 기술적 접근 방식이다. 하지만 이런 목표는 '미국 국민 모두에게 가족을 부양할 수 있는 임금, 충분한 가족휴가와 의료휴가, 유급휴가, 노후 보장'과 '미국 국민 모두에게 자원, 훈련, 그리고 고등교육을 포함한 양질의 교육을 제공'하는 것과 같은 다른 목표들과 함께 놓인다.[5]

분명, 그린뉴딜 입안자들은 모빌리티 전환을 상호연결된 일련의 기타 전환과 연결하여, 더 지속 가능하고 공정한 미래를 만들어 나갈 것이다. 하지만 그린뉴딜조차도 혁명적인 방식으로 사회를 급진적으로 변화시키는 데까지는 미치지 못한다. 그린뉴딜이라는 아이디어 자체가 미국을 넘어 널리 받아들여지면서 어떻게 이동하기 시작했는지도 주목할 만하다. 예컨대, 영국 노동당은 2019년 총선에서 그린뉴딜을 주장했다. 노동당의 주장에는 주요 산업의 국유화도 포함되어 있었는데, 미국인의 기호에는 지나치게 사회주의적인 조치로 보였을 것이다.[6] 그런데, 유럽의 그린뉴딜 정책도 모빌리티 기술에 대해서는 구체적으로 다루지 않았다. 유럽은 공동체 주도(상향식 전환)를 주장하고 금융화에 맞서 GDP 성장에 대한 집착을 버리는 등 행동과 이익의 분배에 초점을 맞춘다. 그리고 '유럽의 녹색 전환을 가능케 하는 권력망은 정의의 원칙에 기반해야 한다'고 명시한다.[7]

정의

사회-기술적 전환에 대한 연구를 검토하며 메리 로혼과 제임스 머피는, 여기에 적합한 접근 방식은 '엘리트중심적으로 기술에 집중하는 것보다 공간적·지리적 요인의 역할을 더 민감하게 검토하고, 더 지속 가능한 결과로의 전환을 유도하거나 방해하는 권력의 역할을 더 잘 설명하는 것'이라고 지적했다(Lawhon and Murphy 2012: 355). 이런 차원을 살펴보려면 전환을 더 근본적으로 바라볼 필요가 있다. 모빌리티 정의(Sheller 2018)를 중심으로 하는 전환을 생각해야 한다.

전환에 대한 사회-기술적 접근 방식은 사회기술적 전환이 누구의 이익을 위한 전환인가라는 질문을 거의 혹은 전혀 하지 않는 것처럼 보인다. 정의는 질문되지 않으며, 특정한 전환들은 정치와 거의 무관해 보인다. 남아프리카 학자 마크 스윌링과 이브 아네케는 완전히 다른 관점으로 이 문제에 접근한다. 이들은 MLP 전환 이론가들의 작업에서 많은 도움을 받지만, MLP가 남아프리카 맥락에서 지속

가능성을 달성할 수 있는 모델이라고는 보지 않는다. 이들은 서로 다른 시공간 프레임에서 발생하는 일련의 전환(기술적 전환만이 아니라)에 초점을 맞춘다. 시대적·산업적·도시적·농업생태적·문화적 전환들이다. 이 모든 전환은 각기 다른 속도와 규모로 발생한다. 스윌링과 아네케는 이러한 전환을 함께 고려해야 정의에 초점을 맞출 수 있다고 말한다(Swilling and Annecke 2012).

> 정의롭지 않은 전환이 기존의 불평등은 그대로 유지한 채 환경적 영향을 줄이는 저탄소·고효율 경제를 구축하기 위해 막대한 민간 부문 투자를 불러올 것이라는 증거가 늘고 있다. … 정의롭지 않은 전환은 결국 나뉘어지고, 빈곤에 시달리고, 충돌을 불러오는 지속가능성 없는 저탄소 세계를 초래할 것이다(Swilling and Annecke 2012: xviii-xix).

이와 비슷한 맥락에서, 셸러는 환경적으로 지속 가능한 모빌리티와 모빌리티 정의에 대한 관심, 이 두 가지에 주목해야 한다고 말한다. 셸러의 주장대로, 모빌리티 정의는 모빌리티 시스템을 전환하려는 모든 시도의 중심이 되어야 한다. 셸러의 연구는 인종적 불평등과 환경적 지속가능성이라는 모순적 얽힘 속에서 '모빌리티 정의'의 여러 원칙을 발전시킨 사회운동단체인 언토크닝 컬렉티브 Untokening Collective 같은 사회운동의 투쟁에 기반하고 이를 반영한다. 이 단체는 '자동차의존적 시스템은 유색인종 공동체의 희생을 바탕으로 만들어졌다. 이 시스템은 유색인종 공동체를 분열시키고 오염시킨다. 유색인종 공동체는 생존을 위해 여기에 의존한다'고 지적했다.[8] 셀러가 요약하듯, '지속가능성의 실패와 교통 형평성 문제는 공통된 기원을 공유'하는 동시에 '공통된 해결책을 공유한다'(Sheller 2011: 294). 셀러는 성공하기 위해서는 교통 형평성과 환경적 지속가능성을 모두 강조하는 대중교통, 보행 및 자전거와 관련한 일련의 인프라 개발이 필요하다고 말한다.

셀러의 '모빌리티 정의' 연구는, 저탄소 모빌리티로 나아가기 위해서는 우리가 설명해야 하는 대상과 범위를 대폭 확대해야 한다고 지적한다(Sheller 2018). 예컨대 지리학자 매튜 후버의 연구를 참조해, 석유에 기반한 모빌리티 성좌, 석유가 뒷받침하는 '자유'와 '개인화' 문화, 그리고 이를 기반으로 하는 사회-공간적 일상의 특정 형태를 추적한다(Huber 2013 참고). 셀러는 석유 기반의 모빌리티 수단이 (특히 자동차모빌리티를 말하는데, 여기에 항공모빌리티도 추가해야 한다) 일상의 공간적 기반을 형성하고 있다고 말한다. 그리고 일상생활은 겉으로 보이는 차원을 넘어 끝없이 확장된다. 이는 시간적으로나 공간적으로나 사실이다. 공간적으로, 모빌리티 정의에 초점을 맞추면 현재의 모빌리티 성좌가 만들어지는 과정에서 승자와 패자가 누구인지를 고려해야 한다. '이산화탄소 배출이 많은 것'에 대한 우리의 책임을 인정해야 한다. "우리는 차등적으로 제공되는 불평등한 모빌리티 문제, 도시 접근성 부족 문제, 모빌리티 취약계층을 더 큰 기후 위기와 취약성에 노출시키는 문제에 대한 우리의 역할을 인정해야 한다"(Sheller 2018: 141).

시간적으로, 우리는 '깊은 시간' 속에서 우리가 차지하는 위치를 인식해야 한다. 우리가 추출하는 석유, 모빌리티(정보 모빌리티를 포함해)를 생성하는 데 필요한 원소들이 수십억 년이라는 깊이까지 거슬러 올라간다는 사실을 인식해야 한다. 마찬가지로 우리의 모빌리티가 미치는 영향은 먼 미래까지 이어진다. 따라서 글로벌 모빌리티 정의는 사회-기술적 수단을 통해 탄소 배출량을 줄이는 것 이상을 요구한다. 셸러는 최소한, 폐기물과 오염물을 다른 지역으로 외주화하는 문제를 설명하고, 이 외주화 합의로 가는 진지하고 투명한 과정을 개발하며, 국가와 기업의 행위로 인해 부정적 영향을 받는 장소 및 공동체에 대한 보상적 정의를 제공해야 한다고 주장한다. 또한, 무언가를 추출하고 오염시키는 산업에서 더 청정한 형태의 에너지를 개발하는 산업으로 보조금을 재분배해야 한다고 말한다. 전 세계 자유무역이나 사적 이윤 창출보다는 자연환경(지구 공유재commons)을 우선시하며, 다국적기업이 책임져야 하는 탄소 예산에 대한 전 지구적 합의를 이끌어 내야 한다고 주장한다(Sheller 2018: 157). 셸러의 모빌리티 정의 개념은 우리가 특정한 틈새에서 특정한 기술을 개발할 때 간과하기 쉬운 연결을 계속 만들어야 한다고 강조한다. 다시 말해, 정의가 주변적인 게 아니라 중심이 되어 다른 움직임, 다른 의미, 다른 실천이 있는 미래를 상상해야 한다.

전환에 대한 설명에서 모빌리티 전환을 진지하게 고려하면, 앞서 언급한 로혼과 머피가 제기한 각 요점을 해결할 수 있다(Lawhon and Murphy 2012). 첫째, 이들은 전환에 대한 설명이 '엘리트적이고 기술중심적'이 아니어야 한다고 주장한다. 기술과 그 기술의 공간(예컨대 실험실)에 초점을 맞추는 관행에서 벗어나고, 기업과 정책입안자 중심에서 풀뿌리 조직 중심으로 전환해야 한다. 이는 기술중심적 의사결정이 아닌 투명하고 참여적인 의사결정을 의미한다. 또한, 모빌리티 전환이 위에서 아래로 내려오는 하향식이 아닌 상향식으로 나타날 때 더 정의로운 전환이 될 가능성이 높다는 점을 인식하는 일이다. 정의를 중심에 두지 않는 접근 방식은 당연하게도 기술에 더 초점을 맞추는 경향이 있다. 기술에 기반한 전환은 권력과 권력의 영향에 대처하는 데 아무런 도움이 되지 않을 수 있다.

사실은 기존의 권력 배치 구조에 도전하지 않고도 탄소집약도가 낮은 새 기술을 개발할 수 있다. 기술적 전환은 전환의 실행에 필요한 자원과 지식을 고려할 때 엘리트적인 전환일 가능성이 크다. 반면에 참여 공간에서 발생하는 전환은 자원의존도가 낮고 혜택은 더 포괄적일 수 있다. 로스앤젤레스 버스라이더연합의 활동에서 이 점을 확인할 수 있다. 이 단체는 탄소 배출량을 오염, 계급, 젠더, 장애, 인종과 연결지어 엘리트적이고 기술지향적인 메트로폴리탄 교통국에 항의했다. 교통국은 이미 특권을 누리고 있는 백인 통근자에게 지나치게 유리한 방식으로 도시 경전철을 개발하려 했고, 이로 인해 여성, 한국인, 라틴계 미국인, 아프리칸 미국인 그리고 노동 빈곤층이 희생됐다. 언토크닝 컬렉티브 단체도 다음과 같이 지적했다.

거리의 모빌리티 관련 사회운동들은, 오늘날 점점 더 많은 정치적·재정적 지원을 받는 계획 및 설계 영역으로 전문화됐다. 이들은 도시계획이나 정치적 활동 같은 정부 차원 변화를 우선시하는 경향이 있으며, 정부 시스템에 대한 우리 사회의 환멸과 불신을 다루지 않는다. 현실이 이러한데, 이들은 우리를 빼놓은 채 계획하는 유산을 이어 가고 있으며, 때로는 억압받는 집단을 실제 과정에 참여시키지 않고 가짜 풀뿌리 단체로서 도시의 파트너 역할을 하기도 한다. 인종차별이 일상적인 문화권에서는, 지역사회의 요구에 응답하는 것보다 저 멀리 떨어져 있지만 존경받는 곳의 설계를 옹호하는 게 더 쉽다.[9]

2016년 애틀랜타에서 열린 회의에서 시작된 언토크닝 컬렉티브는 자신들의 모빌리티 정의에 기초해 안전하고 지속 가능하며 공정한 모빌리티 원칙을 만들어 나갔다. 이들은 엘리트 전문가 집단이 아니라 공동체를 기반으로 모빌리티 문제에 대한 의사결정을 하기 위해 모인 다인종 집단이다. 버스라이더연합처럼 이들은 모빌리티를 전체적으로, 환경문제가 사회 공정 문제와 분리될 수 없는 정의의 관점에서 바라보려고 한다. 사회-기술적 전환에 대한 설명에서는 이런 문제가 거의 언급되지 않는다.

로혼과 머피의 두 번째 요점은, 전환에 대한 설명이 '공간적·지리적 요인의 역할에 더 민감해야 한다'는 것이다. 아무리 기후변화가 사법 관할의 경계를 따르는 게 아니고 그 영향도 장소에 따라 다르게 느껴지더라도, 기후변화에 대한 우리의 대응은 지리적 중요성을 간과하고 우리의 행동이 지리적으로 영향을 미치는 다양한 방식을 무시하는 경향이 있다. 노르웨이는 세계를 선도하는 전기자동차 보급률을 자랑한다. 수력발전 덕분에 지속 가능한 에너지 부문에서도 선두 주자다. 동시에, 노르웨이는 북해 석유 추출 및 수출로 거둔 수익을 다시 이 부분 개발에 투자하고 있다. 즉, 전환 비용을 다른 곳에서 지불하는 것이다. 마찬가지로, 탄소 배출량을 줄이기 위해 시행되는 단일 정책의 변화는 지리적으로 다양한 영향을 미칠 가능성이 있다. 예컨대 탄소세는 전 세계적으로 탄소 배출량을 줄이는 효과를 낳지만, 이미 취약한 상황에 놓여 있고 개인 차량을 이용할 수밖에 없는 외딴 시골 지역 사람들에게 특히 부정적인 영향을 미친다.

심지어 전환이 이론화되는 장소가 어딘지에 따라서도 전환의 방정식이 바뀐다. 예컨대 스윌링과 아네케는 '정의로운 전환'에 대한 설명에서, 아프리카에 관한 글을 쓰는 것 자체가 차이를 만든다고 지적한다. "유럽의 논의는 대체로 현상 유지가 아닌 대안으로서 저탄소 전환을 다루지만, 자원을 착취당하는 세계의 다른 많은 지역에서는 전환의 대안이 붕괴일 수도 있다"(Swilling and Annecke 2012: xvii). 셸러의 모빌리티 정의 설명은 전환의 지리적 차원을 분명하게 보여 준다. 그녀의 '모빌리티 정의 원칙' 중 하나는 "기후변화로 인해 이주한 사람들은 다른 나라, 특히 기후변화에 가장 크게 기여한 나라에 정착할 권리가 있다"는 것이다. 또 다른 원칙은 "기후 정의와 환경 정의 원칙에 따르면, 한 지역의 모빌리티 소비자는 합법적으로 합의된 협의, 투명성, 배상 없이 다른 지역으로 폐기물이나 오염을 외주화해서는 안 된다"는 것이다(Sheller 2018: 174). 홉킨스와 하이엄(Hopkins and Higham 2016: 7)이 저서 《저탄소 모빌리티 전환Low Carbon Mobility Transitions》에서 강력하게 주장한 것처럼, 전환에서 공간과 지리적 중요성을 강조함으로써 문화적으로 '모빌리티 규범과 가치, 정책과 규제, 자금과 체제를 실천하는 결정 방식'을 맥락화할 수 있다.

로혼과 머피의 마지막 요점은 '권력이 수행하는 역할을 더 잘 설명할 수 있는 접근 방식이 필요하다'는 것이다(Lawhon and Murphy 2012). 이는 권력에 대한 이전 논의로 되돌아가게 한다. 전환 실천이 발생하는 장소가 중요하다. MLP 접근 방식에서와 같이 틈새에 초점을 맞추면 사회 차원에서의 움직임, 의미, 실천의 변화가 필요하다는 점이 무시될 수 있다. 틈새로 정의된 많은 공간은 현대 자본주의 시장에서 결정된 현상 유지적 구조로 '보호'된다. 이런 공간을 만들어 내고 '보호'하는 권력의 논리는 결코 의문에 붙여지지 않으며, 전환의 대상이 되지도 않는다. 시장의 지속적인 헤게모니적 논리는 무엇이 전환으로 간주되는지를 결정하는 재판관으로 남아 있다(Bulkeley, Broto and Maassen 2011).

결론

모빌리티 전회는 규모에 상관없이 모빌리티를 전적으로 사회적인 활동으로 다뤄야 한다는 점을 지속적으로 주장해 왔다. 이 작업은 모빌리티가 당연시되거나 무시되거나, 또는 대체로 움직임에 대한 통계적 혹은 기술적인 설명으로 축소됐다는 인식에서 비롯된 것이다. 모빌리티를 사회의 생산자이자 생산물로 인식하는 것은, 우리가 움직이는 방식이 의미와 권력 모두와 뗄 수 없이 연결되어 있다는 점을 인식한다는 의미다. 권력의 맥락에서 움직임, 의미, 실천으로서 모빌리티를 보는 것은 모빌리티 전환을 다르게 생각하게 해 준다.

4장
메커니즘, 행위자, 구조

전환의 뒤얽힘

모빌리티 전환은 정치적 진공상태에서 일어나는 게 아니다. 모빌리티와 관련된 온실가스 배출을 줄이기 위한 정책이나 실천의 변화는 기후변화에 대처하려는 국제적 노력, 각국 정부의 주도적 계획(혹은 계획의 부재), 시민사회와 활동가들의 지역적 압력이라는 맥락 속에서 발생한다. 이상적 상황에서는 모든 행위자들이 모빌리티로 발생하는 탄소 배출 문제를 해결하기 위해 협조적인 방식으로 노력할 테지만, 현실적으로는 각자의 우선순위가 다르며 문제 해결 방식도 다 다르다. 이 장에서는 오늘날의 통치 구조와 관련해 모빌리티 전환이 작동하는 세 가지 주요 (뒤얽힌) 궤적을 개괄한다. 첫째는 정부 간 국제적 행위성의 개입이고, 둘째는 국가 주도의 하향식 노력, 마지막은 기업가적 해결책부터 사회운동까지 상향식 풀뿌리 운동이다. 모빌리티 전환 정책에 영향을 미치는 다양한 차원의 거버넌스를 개괄하고, 권위와 권위주의, 그리고 책임의 다양한 차원에 초점을 맞춰 국가와 시민사회의 다른 역할에 대해서도 간략히 비교 설명하려 한다.

티머시 모튼의 용어로 말하자면, 지구온난화는 '초객체hyperobject'

이다(Morton 2013). 지구온난화는 우리가 전체적으로 이해할 수 있는 범위를 넘어서며 실제로 단일한 해결책을 상상할 수도 없는 수준의 문제다. 현실적인 관점에서 보더라도, 사람들이 조직적으로 행동하는 일반적 스케일과 이 문제의 스케일은 현저히 다른 것이 분명하다. 지구온난화는 지구적 규모 이상의 문제이며, 정책으로 공식화할 수 있는 행동의 시간성을 초월하는 시간의 척도에 걸쳐 있는 문제다. 인간 행동은 그 범위가 국지적이고 영향이 즉각적일 때 가장 의미 있다. 인류학자 애나 칭이 개념화한 마찰friction이 여기에서 유용하다(Tsing 2005).

칭은 우리가 보편적인 것으로 개념화하는 것(진리, 과학, 자본 등)은 지상에 닿아 지역적이 될 때에만 의미가 있고 실제로 존재하는 것이라고 주장한다. 어떤 것이든 장소-특정적인 행동을 통해서만 세계적이거나 보편적인 것이 될 수 있다. 지구온난화 문제에서도 이와 비슷한 과정이 분명하게 드러난다. 우리는 지구온난화의 지역적 실현을 알아차리고서야 행동한다. 우리는 식물원의 꽃이 한 달 일찍 피는 것을 눈으로 보고, 2년 연속으로 500년에 한 번 일어날 법한 홍수가 발생한 것에 절망하고, 녹아내리는 얼음 조각 위에 있는 북극곰을 보고 눈물을 흘린다. 기후변화와 관련해 때로는 지나치게 단순화되거나 혹은 이해하기 어려운 모델이나 시각화 방식과는 달리, 우리는 지구온난화를 전체로서 경험하는 게 아니라 개별적 사례로 경험한다. 따라서 우리가 이동하는 방식을 바꿔서 지구온난화에 대처하는 것을 목표로 하는 정책에 규모 문제가 개입되는 것은 어찌 보면 당연하다(Adger 2001, Bulkeley and Betsill 2005, Juhola and Westerhoff 2011).

모빌리티 연구에서 전환과 관련해 다중스케일multi-scale 및 다지점 multi-cited 행위성 문제와 접목한 연구는 상대적으로 적다. 모빌리티 연구는 어느 정도 사회구조에 체화된 모빌리티의 생생한 경험에 주목하는 미시적 접근 방식이나, 거시적 규모의 시스템과 구조를 검토하는 종합적 작업으로 치우치는 경향이 있다. 이동 중인 개인과 공동체의 체화된 관점을 탐구하는 연구부터 사회운동, 그리고 모빌리티를 규제하고 통치하는 방식을 결정하는 국가 및 정부 행위자에 대한 분석까지 다양한 접근 방식이 있다. 이런 관점들은 특정한 맥락에서 동원되는 경우가 많고, 다층적 분석이나 다지점 분석 혹은 비교 분석은 부족한 실정이다.

언뜻 생각하기에 지구온난화는 지구적 규모 이상의 문제라서 UN과 EU 같은 초국가적 수준의 기관에서 수행하는 전 지구적 해결책이 필요해 보인다. 하지만 또 다른 차원에서, 지구온난화의 영향은 지역적 문제이므로 지역적 해결책이 필요한 것도 분명하다. 지구온난화는 지역 차원에서 벌어진 수많은 행동이 누적되어 전 지구적 규모의 위기라는 결과를 낳은 것도 사실이다. 즉, 해결을 위해서는 지역의 정책과 지역적 행동을 고려해야 한다는 논리다(Betsill and Bulkeley 2006). 일반적으로 환경적 지속가능성 및 적응 정책, 특히 모빌리티 전환 정책은 항상 정책과 행동이 여러 장소에 걸쳐 장소들 사이에서 수행되어야 하는 경관에 존재하기 때문에 다층적 거버넌스가 필요해 보인다(Bulkeley 2005, Gustavsson, Elander and Lundmark 2009, Amundsen, Berglund and

Westskog 2010). 따라서 모빌리티 전환의 관점에서 볼 때 까다로운 과제는, 단일 장소와 단일 차원으로 거버넌스를 이해하는 관습을 뛰어넘는 시각을 찾는 것이다.

기후변화 대처 과정에서 특히 어려운 것은, 어떤 합의나 전략 혹은 비전을 바탕으로 한 전 세계적 행동이 필요하다는 점이다. 지구온난화는 지역에 따라 달리 경험되며, 즉각적이고 지역적인 스케일의 변화를 통해서만 변화를 만들 수 있다. 이와 동시에, 특정 국가가 온실가스 배출량 축적에 결정적으로 기여할 수 있는 것도 아니며, 특정 국가만 지구온난화의 결과를 피할 수 있는 것도 아니다. 뉴스에서 미국과 유럽의 온실가스 배출량에 초점을 맞추는 동안, 글로벌 사우스 국가들의 배출량도 급격히 늘고 있다. 실제로 유엔환경계획(UNEP) 2013년 보고서에 따르면, 1850년 이후 누적된 온실가스 배출량에 대한 책임은 선진국과 개발도상국에 동등하게 있다고 한다.

개발도상국과 선진국의 온실가스 배출량 기여도를 비교해 보면 1990년부터 1999년까지는 거의 변동이 없었다. 그러나 2000년과 2010년 사이에 균형이 크게 바뀐다. 선진국의 배출량은 51.8퍼센트에서 40.9퍼센트로 감소한 반면에, 개발도상국의 배출량은 48.2퍼센트에서 59.1퍼센트로 증가했다. 오늘날 선진국과 개발도상국은 1980년부터 2010년까지의 온실가스 누적 배출량에서 거의 동일한 비중을 차지한다.[1]

모빌리티 문제는 전 지구에 걸쳐 복잡성과 다양성을 띠기 때문에 국제적 차원에서, 심지어 국가적 차원에서도 탄소 배출 문제를 해결할 방법에 대한 합의나 공동 비전을 달성하기가 어렵다. 문제의 규모와 우리의 상상력, 제도적 구조, 이를 처리할 수 있는 능력의 규모 사이에 괴리가 있다.

마찬가지로, 이주 연구는 디아스포라, 초지역적 관계, 특히 초국가적 조직 및 기관에 대한 연구와 비평에 관심을 기울이고 있는데, 모빌리티 연구는 모빌리티 및 모빌리티 인프라를 통제하는 국제 기관의 역할을 제대로 다루지 못했다(Jensen and Richardson 2004 참고). 심지어 방법론적 국가주의의 한 형태라는 비판을 받을 수도 있다. 2019년 UN 기후변화협약(제25차 당사국총회)는 우리의 제도적 구조의 한계를 분명히 보여 주는 사례다. '지구 반란Earth Uprising'과 '기후 파업US Climate Strike'의 공동 창립자인 14세의 기후 활동가 알렉산드리아 빌라세뇨르Alexandria Villaseñor는, 이 회담을 두고 "또 다른 실패의 해"라고 평했다.[2] 실제로 이 회담의 유일한 성과는 각국의 온실가스 감축 목표를 좀 더 높여야 한다는 것에 대한 합의였지만, 그 감축량이 얼마인지는 정량화되지 않았다. 그러나 UN이나 EU 같은 정부 간 국제기구는 국가들이 단독으로 할 수 없는 영향력을 행사할 수 있다. UN은 국제 협상 과정을 이끌고 정책 결정 과정의 근거가 되는 추정들을 정당화할 수 있다(가령 인류가 유발한 기후변화 와 기후완화 조치의 필요성). 또한, EU는 보충성 원칙의 제한을 받긴 하지만, 온실가스 배출에 큰 영향을 미칠 수 있는 운송 기준에 구속력 있는 지침을 부과할 수 있다. 더 나아가, 두 기구 모두 지방 당국과 민간단체의 국경을 초월한 네트워크 구축을 장려함으로써 초국가적 지식 교류와 협력을 촉진하는 역할을 수행한다. 따라서 UN과 EU는 국제적 행동을 조율하고 특정한 모빌리티 해법을 양산 및 확산하는 과정에 관여한다.

UN 정책 결정의 가장 중요한 특징은 지속 가능한 개발을 우선시한다는 점이며, EU의 독특한 특징은 핵심 서사(가장 명확하게는 헌법)에서 모빌리티의 근본적 역할과 일상적 모빌리티를 통한 기능(Nóvoa 2019), 그리고 더 넓은 유럽 정체성을 육성하는 능력이다(Jensen and Richardson 2004). 이런 특징 혹은 우선순위들은 저탄소 모빌리티로의 전환을 구상하고 합리화하는 방식에 큰 영향을 미친다. 하지만 UN과 EU 같은 대규모 조직은 국가 차원의 실질적이고 의미 있는 변화를 이끌어 내는 데 한계가 있다. 여러 측면에서 온실가스 감축에 관한 정부 간 기구의 역할은 1987년 브룬틀란 보고서Brundtland Report* 가 처음 발표되었을 때와 마찬가지로 표면적인 수준에 머물러 있다. 온실가스 감축에 관한 행동이나 이를 시행할 능력에 대한 구체적인 목표나 정책적 지침은 없다. 많은 국가들에서도 마찬가지다.

기후변화와 모빌리티 정책이 국가적 정책 의제 안에서 항상 연결되어 있는 것은 아니다. 예컨대 우리가 조사한 국가들에서 모빌리티 관련 배출량은 대부분 육상운송, 특히 도로운송에서 발생하는

• UN 세계환경개발위원회가 1987년 펴낸 보고서 '우리 공동의 미래Our Common Future'의 애칭으로, 개발에 대한 정치-경제적 야망을 환경문제와 결합했다(WEDC, 1987). 리우 선언과 UN 지속가능발전위원회에 명시된 지속 가능한 개발 원칙으로 가는 길을 열었다고 평가된다.

데, 배출량 감축에 관한 여러 기후 정책과 담론은 항공 부문에 초점을 맞추고 있다. 전반적인 온실가스 감축의 중요성에도 불구하고, 많은 국가에서 도로 배출량 감축을 위한 통합적 노력이 부족한 상태여서 국가 차원의 정책 격차가 발생하고 있다. 흥미롭게도 이 때문에 온실가스 감축에 대한 지역적 대응이 점점 더 혼란스러워지고 있다. 미디어가 기후변화에 대처하는 도시와 지역의 역할에 초점을 맞춰 보도하면서 지역적으로 만들어진 해결책에 대한 관심과 투자가 촉진되었다. 이 책 전체에서 확인할 수 있듯, 지역적으로 생산된, 특히 도시의 온실가스 감축에 초점을 맞추는 것은 전 세계적 규모의 정책적 역설을 야기하기 쉽다. 모든 해결책이 지역적이어야만 하는 시점이 온다. 장소적 특수성, 즉 도시와 마을의 입지와 상황, 기존 인프라와 이를 수정 확장할 수 있는 자원, 지역문화, 정치, 일상적 실천 등 이 모든 것이 결합되어 독특한 모빌리티 체제를 형성한다. 배출량을 줄이면서도 공정하고 정의로운 방식으로 모빌리티 수요를 충족시키기 위해서는 맞춤형 적응이 필요하다. 이 같은 '맥락 특정적'인 '패치워크'〔이어 붙이기〕 대응은 홉킨스와 하이엄(Hopkins and Higham 2016)의 책에서도 강하게 드러난다.

또한, BRT〔간선급행버스체계〕나 도시 내 현대식 고속도로 철거 같은 모빌리티 부문 내의 온실가스 감축을 위한 여러 역동적 해결책들이 지역 단위에서 이뤄지고 있다. 그러나 전기자동차나 공유 자전거 시스템 같은 다른 기술 및 정책 혁신은, 온실가스 배출량을 줄일 수 있게 사람들의 행동을 변화시키는 빠른 해결책이 되지는 못하고 있다(Holtsmark and Skonhoft 2014, Nikolaeva et al. 2019). 여기에 지역적 해결의 역설이 있다. 정책의 일관성이 부족하고 변화를 위한 자원 동원 기준이 불평등하다는 점은 혁신과 변화를 방해한다. 지리적 및 규모적 불균형은 효과적인 정책 변화를 설명하기 어렵게 만들고 이미 복잡한 문제를 더 복잡하게 만든다. 1980년대 후반부터 지방정부 차원에서 배출량 감축이라는 명목으로 수많은 법률, 정책, 프로그램이 만들어졌다. 많은 정책들이 배출량 감축 및 교통 개혁에 대한 구체적인 약속을 포함하는 지방정부 전략을 수립한다. 이런 정책과 프로그램들이 서로 겹치면서, 이것들이 잠재적으로 적대적일 수 있는 국가 정부의 감시를 피하면서 '은밀한 전환'을 하는 것으로 보일 수 있다. 하지만 지역적 해결책은 환경문제에 대한 만능 해결책을 찾는 모범 사례 전문가들의 정책적 호소력을 따라가지 못하는 경우가 많다. 그렇다. 정책 추진자들은 확장 가능한 지역적 해결책 '하나'를 찾아서 홍보한다. 그러나 광범위한 적용이 어려운 경우가 많고, 물질적 변화보다는 담론적 변화만 불러오기 쉽다(Temenos and McCann 2012, Martin et al. 2019, Moodley 2019).

이러한 정책들은 도로운송의 배출량 목표에 대한 광범위한 정책이 잠재적으로 달성할 수 있는 배출량 감축의 극히 일부에 불과하다. 세계 및 국가 차원에서 모빌리티 전환이 교착상태에 빠진 것처럼 보이지만, 국가 및 비국가적 개입이 행동 변화와 배출량 감축을 효과적으로 유도할 수 있음을 보여 주는 지역 및 지방 정책들도 있다. 이런 정책의 상당수는 징벌적 조세제도인데, 예컨대 탄소세는 자동차 이용을 줄이는 데 매우 효과적인 것으로 밝혀졌다(Kettner and Kletzan-Slamanig 2017). 하지만 세수가 지역 전체의 효과적인 대중교통을 위해 재분배되지 않으면, 환경적으로는 긍정적이더라도 소득수준에 따른 사회적 불평등은 심화시키는 결과를 낳는다.

따라서 환경적으로 유익하고 사회적으로 정의로운 모빌리티 전환은 어떤 정책이 어디에서 제정되는뿐만 아니라, 누가 정책 개발과 실행에 참여하고 시스템 변화, 어떤 기관과 조직, 어떤 변화 메커니즘을 활용하고 어떻게 함께 행동하는지에 따라 달라진다. 국가 및 지역 차원의 대응은 기술관료적 관점에서부터 환경민족주의에 대한 담론 형성, 즉 노르웨이처럼 친환경적이고 생태친화적인 정책에 대한 민족주의적 자부심(우익 생태민족주의와 혼동해서는 안 됨)에 이르기까지 다양하다. 한편, 풀뿌리 차원의 대응은 크라우드펀딩부터 로비 활동까지 다양하다. 장소 간, 규모 간 전환이 일어나는 방법은 공식 및 비공식 네트워크와 기관을 포함해 여러 가지가 있다(Juhola and Westerhoff 2011, MaKinnon and Derekson 2013, Temenos 2017).

이러한 다양성을 맥락화하는 한 가지 방법은, 비록 우리의 강조점은 약간 다르지만, 모빌리티 정의의 '얽힘entanglement'에 대한 미미 셀러의 문제의식을 가지고 생각해 보는 것이다. 셀러는 자동차 시스템과 기술과 관련된 불공정 문제에 주목한다. 비록 이 불공정의 성격이 '복잡하고 모호하며 모순적'이고, 그 본질이 다층적이며 초국적이라 하더라고 말이다. 셀러는 자동차모빌리티가 "미국 화석연료 산업의 요구를 대변할 뿐 아니라, 자동차와 결부된 인종차별적 백인 민족주의를 지원하는 계급적 분노, 인종적 우월의식, 군사적 힘, 세계적 불평등 양상을"(Sheller 2018: 84) 구현한다고 주장한다. 셀러가 요구하는 것은 자동차모빌리티 시스템의 지배 같은 것을 설명하는 데 도움이 되는 '연쇄효과의 다층적 얽힘'에 주목하는 것이다. 이는 모빌리티와 그 전환을 통제하려는 행위자 및 메커니즘의 분산을 살펴볼 수 있는 접근법을 뜻한다. 또한, 이를 특정한 방향으로 이끌 수 있는 행위자 및 조직에 체화된 '굳어진 레퍼토리'를 진지하게 받아들이는 것을 의미한다(Sheller 2018: 87).

이런 점을 염두에 두면서 이 장에서는 상향식 전환, 하향식 전환, 그리고 제3의 전환을 위한 경로(그리고 교착상태)를 탐구한다. 국가와 시민사회의 다양한 역할을 개괄하면서, 다양한 수준의 권한과 권위주의, 그리고 책임성에 초점을 맞출 것이다. 더 넓은 정치적 전환, 다양한 규모의 거버넌스, 비국가 행위자의 존재, 국제기구 내 국가정부의 편입과 관련해 모빌리티 전환을 살펴본다.

정부 간 국제기관

어떤 의미에서 모든 전환 정책은 UN과 같은 정부 간 조직이 수행하는 작업의 맥락 속에서 존재한다. 지구온난화 논의는 필연적으로 기후변화에관한정부간협의체(IPCC) 활동, 다양한 보고서, 파리협약이나 UN의 지속가능개발목표(SDGs)〔2016년부터 2030년까지 시행되는 유엔과 국제사회의 최대 공동목표로, 빈곤 종식 등 인류 보편적 문제에서부터 기후변화 등 지구환경 문제들을 포괄하는 17가지 목표를 담고 있다) 같은 이니셔티브의 영향을 받을 수밖에 없다. UN 같은 조직은 광범위한 목표 설정뿐만 아니라 모빌리티 전환을 위한 수많은 구체적 접근 방법을 제시한다. 가장 자주 언급되는 해법은 ① BRT 지원(전 세계 171개 도시, 400개 이상의 BRT 시스템이 있으며, 매일 3,300만 명 이상의 사람들이 이용하고, 매년 더 많은 시스템이 온라인화되고 있다.)[3] ② 교통수요관리transportation demand management(TDM) ③ 비동력 교통수단non-motorized transportation(NMT) ④ 청정연료, ⑤ 가격정책(흔히 모범적 정책 사례로 여겨지지만, 궁극적으로 가격은 전 세계 시장의 수요와 연계되므로 국가 단위에서 실행하기 어려운 결정이다) 등이다.

하지만 정책입안자들이 무엇을 결정할지, 그 결정이 어떤 효과를 가져올지 불분명하기 때문에 미래는 불확실하다(가능한 시나리오 간의 차이가 꽤 크다(IPCC 2014)). 모빌리티의 미래는 중층적이며, 열려 있으며, 논쟁적으로 남아 있다. 한 가지 흥미로운 질문은, 경제성장과 배출량의 분리가 가능한지 여부(코로나19 위기 동안 잠시 가능했던 것처럼 보이지만, 국제적 협력은 오히려 국가적 차원으로 후퇴한 듯하다), 그리고 이것이 개인 모빌리티에 대한 새로운 사고방식을 가져올지, 아니면 일련의 기술중심적 해결책들이 죄책감 없이 순조롭게 새로운 모빌리티 전환을 가져올지 여부이다. 만약 더 비관적인 시나리오가 현실화된다면, 적응 전략은 현재의 정책과 모빌리티 행동에 완전히 새로운 시각을 제시할 수 있다. 하지만 우리의 연구에서 알 수 있듯이, 적응 문제에 주의를 기울이는 것은 대체로 국가 및 지역이 가진 특권으로 남아 있다(Juhola, Keskitalo and Westerhoff 2011, Juhola and Westerhoff 2011 참조). 글로벌 행동을 창출하고 글로벌 인식을 제고하려는 UN 같은 정부 간 국제기관의 노력에도 불구하고, 세계 여러 곳에서 각기 다른 딜레마에 봉착해 있으며 전혀 다른 미래를 전망한다.

국가 간 국제기관은 국가 혼자서는 휘두를 수 없는 영향력을 행사할 수 있다. UN은 국제 협상 과정을 개시하고 조정할 수 있으며, 정책 결정 과정의 기반이 되는 가정(예컨대 기후변화를 인류가 유발한다는 생각과, 기후변화 완화 조치의 필요성)을 정당화할 수 있는 권한이 있다. 지역 정책 이니셔티브, 심지어 개별 사회운동들도 대개 IPCC의 연구나 파리협정 결과 같은 국제적 노력의 정당화 내러티브 안에서 방향을 설정한다. 3장에서 살펴본 것처럼 움직임, 의미, 실천을 모빌리티 전환의 세 요소로 본다면, 국제기구가 가장 큰 영향을 미치는 영역은 의미의 영역일 수 있다. UN과 EU 같은 조직은 국가 및 지역 차원의 행동을 정당화하는 내러티브를 만들어 낸다. 지구온난화가 인간의 행동으로 인해 발생했다는 생각은 과학자들을 포함한 여러 사람들의 연구 결과에서 나온 것이지만, 이러한 생각을 정책을 이끌어 내는 글로벌 내러티브로 바꾸는 것은 국제기구다. 따라서 국가 간 기관은 도덕적 내러티브 생산에 관여할 뿐만 아니라, 국제적인 행동과 특정한 모빌리티 해결책의 양산과 확장을 조율한다.

UN 정책 결정의 중요한 특징은, 지속 가능한 개발의 우선순위를 매기는 것이다. 이 우선순위는 전 세계적으로 저탄소 모빌리티로의 전환을 구상하고 합리화하는 방식에 큰 영향을 끼친다. 예컨대 UN 및 UN 산하기관들은 일반 대중의 인식을 제고하고 외교적 절차를 조율함으로써 기후변화 대응 의제를 설정하는 데 관여해 왔다. 모빌리티가 UN의 주요 업무 영역은 아니지만, 특정 부처들은 교통정책을 통해 온실가스 배출량 감축을 촉진하는 동시에 지속 가능한 개발이라는 더 넓은 목표를 위해 노력하고 있다. 개발도상국은 향후 수십 년간 온실가스의 주요 배출처가 될 것으로 전망되기 때문에, 경제성장과 온실가스 배출을 분리하는 문제가 가장 중요한 과제가 되고 있다. 뒤에서 자세히 다루겠지만, UN 산하기구는 대개 지구온난화 문제에 주목하기 때문에 이 기구들의 여러 정책과 제도적 이니셔티브에는 모빌리티를 통한 배출량 감축 문제가 포함되어 있다. 이 점은, 한편으로는 배출량 감소가 정책 결정에 필수적으로 포함되는 시스템적 사고를 촉진할 수 있지만, 중앙집중식 모빌리티 전략이 없다는 것은 수많은 정책 내에서 배출량 감축이 균일하게 고려되거나 평가되지 않음을 의미하는 것이기도 하다.

UN 내 모빌리티는 다양한 정책 영역에 분산되어 있으며 조직 내 다양한 기구 및 행위자들과 관련된다. 모빌리티와 교통은 전 세계 온실가스 배출의 주요 원인으로 지목되는 만큼, 개발과 지속가능성 정책은 거의 독점적으로 연결되어 있다. 따라서 모빌리티와 지속가능성은 동일한 정책 영역과 논쟁 안에 서로 맞물려 있다. UN 내 모빌리티와 교통 문제를 논의한다는 것은 (거의 일반적으로) 지속가능성에 대해 이야기한다는 의미이며, 어느 정도는 저탄소 전환을 논의한다는 뜻이다. 이는 EU와 같은 다른 국제기구와 비교했을 때 두드러지는 UN의 특징이다.

UN의 맥락에서 전환은 종종 회피-변화-개선(ASI) 패러다임으로 이해된다(Bakker et al. 2014). 독일국제협력공사(GIZ)가 처음 개발한 ASI 모델은 국제 무대에서 정책 패키지, 프로그램, 이니셔티브를 만들 때 핵심 당사자들이 참고하는 가장 일반적인 접근 방식이 되었다. OECD 국제교통포럼(ITF)의 사무총장 호세 마누엘 비에가스는 인터뷰에서 다음과 같이 말했다. "회피-변화-개선 패러다임은 지속 가능한 교통에 대한 ITF의 접근 방식에 핵심 틀이 되었으며, 국제적으로도 정책 결정을 지배하고 있다고 생각한다."[4]

회피avoidance는 이동 수요를 줄이고, 이동 거리 및/또는 횟수를 줄여 '시스템 효율성'을 높이는 동시에 토지 이용 개선을 촉진하는 것을 의미한다. 예컨대 도시계획에서는 도시 내 자동차를 줄이고, 재택근무를 늘리고, 교통수요관리(TDM) 전략을 촉진하는 방식으로 정책이 작동한다. 이동 수단의 변화shifting는 대중교통, 능동형 교통 및 비동력 교통수단 같은 친환경적이고 집단적인 이동 수단을 도입하여 '이동 효율성'을 개선하는 것이다. 마지막으로 개선improvement은 여러 기술 중에서도 연료 및 모터 효율을 비롯한 차량 효율성을 높이는 것이다.[5] 정책 당사자들은 이 세 가지 측면이 서로 연관되어 있으며 여러 모빌리티 해법에 함께 반영되어야 한다고 말한다.[6]

ASI 모델은 모빌리티 전환에서 규모가 작동하는 방식을 가장 잘 보여 준다. 이는 글로벌 차원에서 만들어진 정책이 아니다. 오히러 모든 정책이나 아이디어가 그렇듯, 특정 지역에서 비롯된 것이다. 이 경우는 독일이었다. ASI는 1990년 독일에서 지배적이었던 PPM(예측·공급·관리) 방식(이 방식에 따르면 도로 수요가 끝없이 증가했기 때문에 비판받았다)에 대한 대안으로 제출되었다(영국 맥락에서의 '예측 및 제공' 접근 방식은 Vigar 2002 참고). 국제 NGO와 UN은 ASI를 빠르게 채택했다. 이는 독일연방경제협력개발부를 대신해 독일국제협력공사의 지속 가능한 도시 교통 프로젝트로 추진되고 있으며 여기서 출발해 확산되고 있다.

ASI 프레임이 UN 모빌리티 전환을 뒷받침하는 가운데, 2014년 UN기후변화협약은 지속 가능한 모빌리티에 관한 야심 찬 목표를 설정하고, UN의 일반적인 사고방식을 보여 주는 네 가지 주요 계획을 밝혔다.[7] 여기에는 여러 가지 약속이 포함되었다. 2030년까지 도시 내 전기차 증차 계획(UEMI),[8] 여객과 화물 모두에서의 철도 이용을 촉진하는 '지속가능 저탄소 철도 챌린지',[9] 2025년까지 대중교통 시장점유율을 두 배로 높이기 위해 100개의 대중교통을 결합하는 '기후 리더십 선언', 국제민간항공기구(ICAO)와 항공업계가 2050년까지 배출량을 50퍼센트 감축하기로 약속한 '항공운송행동그룹'(ATAG)이 그것이다(2005년 기준).

이는 모빌리티 전환에 초점을 맞춘 가장 일반적이고 국제적으로 적용 가능한 UN 프로그램들이다. 다만, 모든 프로그램이 개발도상국 내 시행에 중점을 두는 경향이 있어서 발전 정도와 무관하게 모든 국가를 지속 가능한 발전으로 이끌도록 의도된 17개의 지속가능발전목표(SDGs)와는 다소 균형이 맞지 않는다. 이는 국가와 지역 간 격차를 줄이는 것을 공식 업무로 삼아 온 UN의 개발·사회·경제 기구들의 궤적에서 부분적으로 설명될 수 있다.•

UN에는 다양한 역량으로 모빌리티 전환을 개념화하고/거나 이끌어 가는 핵심 기구들이 있다. 관련 기구를 모두 검토하는 것은 이 장의 범위를 벗어나므로, 여기에서는 UN환경계획을 중심으로 광범위한 정부 간 국제기관이 모빌리티 전환에 어떻게 기여하는지 소개한다.

UN환경계획

1972년 UN 총회에서 설립된 UN환경계획(UNEP)은 환경정책 분야의 주요 기구로서 환경 활동을 조직화하고 있다.[10] UN환경계획이 '우리 세대의 결정적 과제' 중 핵심 영역으로 삼는 것이 기후변화 완화이다.[11] IPCC 사무국, UN기후변화협약(UNFCCC), 세계은행, UN개발계획(UNDP) 등 여러 UN 산하기관과 긴밀히 연계되어 있으며, 정부 및 여러 공공·민간 파트너와 협력하고 있다. 교통 및 모빌리티 관련 프로젝트는 '교통계획'을 통해 개발되는데, 이는 '완화: 저탄소

• 예컨대 '밀레니엄 발전 목표Millennium Development Goals'의 여덟 번째 목표는 6개의 핵심 목표를 담고 있는데 그중 4개는 개발도상국의 행동에 대한 구체적인 요구가 담겨 있다. http://www.un.org/millenniumgoals/global.shtml (접속일: 2020.08.01.).

사회로의 전환'에 중점을 두고 있다.[12] 이 계획은 ASI 접근 방식을 활용한 '패러다임 전환'을 꾀한다. 프로그램의 목표는 다음과 같다.

> 더 스마트한 도시계획과 토지 사용 옵션을 통해, 모빌리티를 제한하지 않으면서도 사용자가 이동을 피하거나 줄이도록 돕는다. 사람들은 자가용이 아니라 대중교통과 비동력 교통수단으로, 화물운송은 트럭이 아니라 철도나 수상 운송수단으로 전환한다. 마지막으로, 효율성을 개선하고 청정연료를 사용해 더 깨끗한 이동 수단을 만든다.[13]

UN환경계획의 '배출 동향' 보고서에 언급된 세 가지 교통 부문 정책은 대중교통 중심 개발, BRT, 차량 성능 표준 도입으로 모두 ASI의 세 가지 핵심 접근 방식에 해당한다.[14]

'교통계획' 내 주요 목표에는 '청정연료 파트너십'(PCFV)이 포함돼 있다.[15,16] 국제에너지기구(IEA), UN환경계획, 국제교통포럼(ITF), 국제청정교통위원회(ICCT), UN 데이비스 교통연구소, 자동차모빌리티와 사회를 위한 FIA 재단(FIA)이 협력하여 추진하는 글로벌 연료 경제 이니셔티브(GFEI)는, 국가 및 지역 정책입안자들이 국내 역량을 구축 및 홍보하고 인식 제고 캠페인을 펼칠 수 있도록 지원함으로써 연료 효율성을 촉진하기 위해 노력한다.[17] '셰어 더 로드Share the Road' 캠페인은 '대중교통 시스템과 연계된 보도 및 자전거도로 인프라에 대한 체계적 투자를 위해 기부 행위자들과 정부의 정책을 촉진'하는 것을 목적으로 FIA, UN 해비타트UN-HABITAT〔인간정주계획〕와 협력하여 시행된다.[18] 캠페인 철학의 핵심은 '통합 다중 모드 교통 시스템'을 활용해 도시계획 및 설계에서 비동력 교통수단을 우선시함으로써 아프리카 국가들의 전통적 개발 궤도로부터 '도약'하고, 오늘날 자동차중심사회가 직면한 문제를 피할 수 있다고 주장한다.[19]

저탄소 모빌리티로의 '도약'과 관련된 UN환경계획의 전환 비전은, 모빌리티를 환경적으로 깨끗하고 안전하며 모두에게 공평한 접근성을 제공하도록 개발되어야 하는 유연한 자원으로 간주한다. 이는 과거에 '선진국'이 겪었던 환경적·사회적 부정적인 결과들을 피하면서 '개발도상국'이 전환을 이룰 수 있는 가능성을 상상하게 한다. 소비 실천에 초점을 맞추는 것이 최악의 환경 외부효과를 피할 수 있다는 일부 증거가 있지만, '녹색경제'의 발전 가능성은 지나치게 낙관적인 시나리오로 보인다. 개발로 인한 부정적 환경 외부효과가 지리적으로 불균등하게 나타나며, 개발도상국이 환경 악화의 주요 피해자가 된다는 사실을 제대로 인식하지 못하고 있기 때문이다(Spaiser et al. 2018). 이들 국가는 일부 선진국이 겪었던 자동차모빌리티 중심의 무분별한 번영의 시대를 겪지는 않으리라 예상된다. 탄력적인 저탄소 경제로 전환하거나, 아니면 기후변화가 가져올 준비되지 않은 여러 위기에 직면하게 될지 모르기 때문이다.

유럽연합

EU는 우리가 분석하는 기관 중 두 번째로 큰 정부 간 행위자다. UN과 마찬가지로 EU는 정책 결정 과정을 이끌어 가는 가정들을 정당화하는 틀을 제공한다. EU는 기후변화를 주요 의제로 설정하고, 석유 수입 의존에서 벗어나고 환경비용 부담이 높지 않으면서도 모빌리티 제한이 없는 성장을 가져올 탄력적 저탄소 경제로의 전환을 구상하고 있다. 따라서 모빌리티 및 교통 분야에서 유럽 위원회의 노력은 혁신적 기술의 시장진입을 촉진하고(가령 Horizon 2020를 통해서), 교통 시스템의 효율성을 개선한다. 또한, 유럽 시민이 EU 전역에서 다양한 교통수단을 자유롭게 갈아타며 스마트하고 친환경적인 선택을 할 수 있도록 단일 유럽 교통지역으로 국가 모빌리티 시스템을 통합하는 데 집중되어 있다. 이런 방식으로 EU는 지방 당국과 민간 단체가 국경을 넘는 네트워크를 구축하도록 도움으로써 초국가적 지식 교류 및 협력의 조력자 역할을 하고 있다.

보조성 원칙(국가 차원에서 하는 조치보다 더 효과적이지 않으면 EU가 조치를 취하지 않는다는 원칙) 제한이 있기는 하지만, EU는 온실가스 배출량에 큰 영향을 미칠 수 있는 운송 분야 표준에 구속력 있는 지침을 부과할 수 있다. UN과 달리, EU는 여러 회원국이 국가적으로 이행해야 하는 법률도 만들 수 있다.

물론 어려움이 있다. EU의 법안은 항상 집행위원회에서 발의한다. 위원회는 개입 영역을 제시하고 초안을 작성한다. 규정과 지침 형태로 된 법률은 여러 차례의 단계와 과정을 거쳐 유럽 의회와 EU 이사회에서 평가되고, 공동으로 최종 버전이 작성된다. 합의에 도달하지 못하는 경우가 많아서 집행위원회가 발의한 법률이 무기한 거부되는 경우도 많다. 그런 다음에 최종 버전이 비준되고 발효된다. 규정regulation은 일반적으로 모든 회원국에서 즉각 적용되며, 지침directive은 모든 회원국에서 국내법으로 전환하는 과정을 거치기 때문에 해석이 달라질 수 있고 결과적으로 최종 법안과 약간의 차이가 생길 수 있다.

이 과정 사이의 틈에서 정책 결정의 독특한 조건이 만들어진다. 이사회는 다양한 국가적 이해관계(그리고 의회의 개입)로 뒷받침되기 때문에 많은 법안이 정치적 협상에 따라 수정된다. 특정 회원국이 특정 법안에 반대하지 않으면서도 다른 회원국이 다른 법안 투표에서 자국의 의견에 동조하도록 시간을 끄는 경우도 많다. 이는 상향식 대응 정책이라는 면에서 독특한 역학 관계를 만들어 낸다. 정책은 이념적 의제(또는 심지어 로비)로만 채택되는 게 아니라, 순수한 정치적 추측의 결과이기도 하다. EU의 규제와 지침의 결과는 정치적 절충 과정을 거친다. 이런 의미에서 다른 어떤 상황보다 정치야말로 EU의 정책을 좌우한다. 이는 자연스럽게 친환경 의제와 교통정책에도 영향을 미친다.

■ **국가 행위자와 하향식 전환 접근 방식** UN이나 EU 같은 정부 간 국제조직이 국가 및 지역 정책을 이끌어 내는 강력한 내러티브와 지침

을 만들 수는 있지만, 국가는 여전히 우리가 움직이는 방식을 실질적으로 지시하는 정책과 법률 및 규제 형태를 만들어 내는 고유한 능력이 있다. 사례 연구에서 나타난 가장 일반적인 전환 메커니즘 중 하나는 국가 정부의 하향식 접근 방식이었다. 이런 방식은 내용 면에서도 방법론 면에서도 다양한 형태를 취할 수 있고, 다양한 행위자와 이해관계자를 포함한다. 우리는 입법 조달, 국가 지침의 성문화, 새로운 서비스 제공 또는 새로운 모빌리티 인프라 구축 등 여러 하향식 접근 방식을 관찰했다. 종종 국가는 하위에 있는 지방정부, 기업 및 개인을 포함한 다른 주체들에게 책임을 분산하는 방식으로 행동한다.

국가기관들은 새로운 상황에 끊임없이 적응하는 복잡한 구조이다. 국가와 비국가 행위자 간의 상호작용은 반응적인 동시에 창발적이기도 하다. 모빌리티 전환의 관점에서 이러한 관계는 모빌리티 미래를 가장 잘 계획하고 구현하며 규제하는 방법에 대한 지속적인 협상을 특징으로 한다. 전환은 현재와 다른 미래 상태(이 경우, 모빌리티가 온실가스 배출을 덜 하고 석유/화석연료를 덜 사용하는 상태)로 이동하는 것을 포함한다. 전환을 연결의 관점에서 생각하는 게 중요하다. 이 같은 전환 개념은 A 지점과 B 지점 사이에서 일어나는 일에 대한 이해를 담고 있다는 점에서 모빌리티 사고와 매우 유사하다(Cresswell 2006). 2장에서 살펴본 것처럼, 우리는 전환을 모빌리티의 미래와 관련된 것으로 개념화하고, '예측', '예상', '표현'에 대한 이해와 연결한다. 이는 생산적인 개념이다. 모빌리티 개념을 연결할 때,

전환은 절차 및 거버넌스 문제로 이어진다.

앞서 언급했듯, 모빌리티의 미래는 근대성과 진보라는 개념으로 포장되어 있다. 근대화 서사는 비판적인 사회과학 문헌에서 철저히 비판받았지만, 여전히 우리의 일상과 국가 미래 비전 속에 확고하게 자리 잡고 있다. 이는 UN의 지속가능발전목표(SDGs)만 봐도 알 수 있다. 진보와 발전은 이 같은 기관의 핵심 이념이다. 이 프로젝트에서 접하게 된 대부분의 사례는 자유주의와 신자유주의 자본주의 논리를 가지고 모빌리티 전환을 구상했다. 역사적 선례를 진지하게 검토해 봤을 때, 이러한 모빌리티의 미래는 본질적으로 불공평할 수밖에 없다. 따라서 대안적인 모빌리티 비전을 마련하기 위해서는 근대화 비전을 해체하고 질문하는 것이 필수적이다.

점점 불안정해지는 일자리는 자발적이든 비자발적이든 모빌리티를 가능하게 하고 장려한다. 재택근무 같은 특정한 라이프스타일 전환 정책은 사람들과 계획 담당자의 초점을 다른 이동 방식으로 바꾸고, 실제로 '정지' 상태에서 모빌리티의 반대 개념에 주목하게 할 수 있다(Bissell 2011). 그렇다면 미래의 이동적 삶은 어떤 모습일지를 물어야 한다. 이와 동시에 '정적이고 안정된 미래의 삶은 무엇을 수반하는가', 더 나아가 '정부가 이러한 미래를 수용하는 것이 얼마나 가능하며 혹은 얼마나 바람직한가'라는 질문도 던져야 한다. 국가 차원의 모빌리티 전환에는 수많은 문제들이 있다. 무엇보다 도로 확충과 지속적인 성장을 원하는 사람들이 자동차모빌리티 의제를 중심으로 성장에 집착하는 경우가 많다(Dennis and Urry 2009). 이런 의제는 캐나다, 노르웨이, 브라질, 칠레 같은 나라에서 국가 및 지방정부의 개발을 계속 주도하고 있다. 민간 부문은 국가 차원의 개발 및 교통 전환에서 중심적 역할을 수행하는 경우가 많으며, 풍부한 자원을 가진 민간 부문 의제는 저버리기 어렵다. 이 같은 영향력은 싱가포르의 중앙집권적 통치, 노르웨이의 사회복지주의 모델, 칠레와 같은 명백한 신자유주의 정부 등 다양한 정부 구조에 걸쳐 있다. 여기에서는 모빌리티에 대한 두 국가의 상이한 접근 방식을 예로 들어보겠다. 포르투갈과 노르웨이다.

2008년 경제공황 이후, 포르투갈 정부는 새로운 모빌리티 서비스(카풀, 카셰어링, 새로운 택시 서비스 등) 도입을 위해 '운송 사업자' 유연화를 장려하면서 권리로서의 모빌리티mobility-as-a-right에서 서비스로서의 모빌리티mobility-as-a-service로 전환하는 새로운 법률을 제정했다. 이 접근 방식에는 규제 기관으로서의 국가에서부터, 시민을 고객으로 개념화한 공급자로서의 기업 부문에 이르기까지 다양한 행위자가 포함된다. 역설적이게도, 2008년 경제위기 이후 포르투갈은 교통 부문과 모빌리티를 혁신할 기회를 얻었다. 대중교통을 강화하고, 자전거와 도보를 활용한 해결책을 도입하고, 전기차 같은 새로운 모빌리티 형태를 촉진할 수 있었던 것이다. 그러나 인터뷰 대상자 중 일부는 당시 포르투갈 정부가 모빌리티에 대한 통합적 비전이 부족했다는 점에 실망감을 드러냈다. 포르투갈 정부는 모빌리티에 대한 매우 다른 패러다임을 장려했다.

도시 모빌리티의 새로운 패러다임 배후에 있는 인물 중 하나는 포르투갈과 브라질에서 영향력 있는 학자이자 브라질의 '모빌리티 법'을 공동 집필한 로사리오 마카리오Rosário Macário이다. 그녀에 따르면, "패러다임의 큰 변화는 개인 모빌리티를 공유 모빌리티로 전환하는 것이었다".[20] 대중교통이 아닌 공유 모빌리티로의 전환은 공공기업의 부채가 너무 많이 쌓였다는 판단에서 나왔다. 모빌리티 전환에서 가장 큰 도전 과제가 무엇이냐고 묻자, 마카리오는 "모빌리티 전환의 장애물은 한 가지 얼굴을 하고 있는데, 바로 공공기업"이라고 대답했다.[21]

> 포르투갈은, 내가 '나폴레옹식 접근법'이라고 부르는 공공서비스 교통 접근 방식을 따랐다. 즉, 우리는 공공서비스를 '공급자로서의 국가'로 번역했다. 이로 인해 공공기업에 감당할 수 없는 적자가 누적됐다. 위기는 패러다임을 완전히 바꿀 수 있는 독보적인 기회가 되었고, 특히 트로이카의 개입이 있었다. 그래서 마침내 지난해 포르투갈은 법을 개정하고, 교통 부문의 자유화라는 중대한 개혁을 단행하여 향후 주류가 될 서비스들을 규제할 수 있었다. 이 법안은 최종적으로 접근성, 통합성, 포용적 모빌리티를 지향한다. 그 주요 특징 중 하나가 공유 모빌리티다.[22]

어느 정도는 이런 움직임이 시작됐다. 경제위기 동안 포르투갈에서는 모빌리티 권리가 서비스로서의 모빌리티로 전환되는 것을 관찰할 수 있었다(Heitanen 2016, Matyas and Kamargianni 2019). 이는 포르투갈에서 오랫동안 시민의 권리로서 모빌리티를 규정해 왔던 것과 대조적이다. 처음부터 포르투갈 헌법은 정의, 주거, 의료, 교육에 대한 보편적 접근권을 명시했다. 이로 인해 모빌리티는 시민의 권리로, 특히 사회적·지역적 배제 상황을 예측하고 시정할 권리로 명문화되었다. 국가는 기본적 권리에 대한 차별을 방지하기 위해 시민의 모빌리티를 제공하는 기관으로 인식되었다. 2008년 금융위기와 EU·국제통화기금(IMF)·유럽중앙은행(ECB)으로 구성된 소위 '트로이카'가 포르투갈에 긴축재정정책을 강요한 이후 패러다임의 변화가 서서히 일어났다. 새로운 법률은 (권리로서의) 모빌리티에 대한 이러한 핵심적인 관점에서 서비스로서의 모빌리티로 점차 전환되었다. 이는 두 가지 근본적인 국가적 조치에서 분명히 드러났다. 하나는 2015년 포르투갈 모빌리티 법이고, 다른 하나는 주요 공기업의 민영화 시도이다.

'모빌리티 법'(2015)으로 알려진 새로운 여객운송공공서비스제(RJSPTP)는, 위탁 서비스의 역할을 강화하고 특히 '운송 사업자'의 정의를 유연화함으로써 새로운 모빌리티 서비스의 문을 열었다. 이 법은 '운송 당국은 수요에 가장 적합한 방식과 조직/모델을 채택해야 하며, 경제적으로 지속 가능하고 합리적이어야 한다. … 즉, 복합 운송과 유연성을 기반으로 하는 탐색 모델이어야 한다'고 규정했다.[23] 유연한 교통수단이란 '정류장, 노선, 운행 횟수 및 시간표의 유연성, … 차량 크기와 특성의 유연성, … 호출 시스템, … 그리고 특별 요금 체계'로 정의된다.[24] 이 제도는 기업가적 해결책에 초점을 맞추고, 유연하고, 신기술을 기반으로 하며, '도어 투 도어' 서비스를 제공한다는, 대중교통에 대한 새로운 관점을 채택했다. 이러한 변화를 더 구체화하기 위해 정부는 공공기관에 대한 공격(서비스 축소 및 가격 인상)을 지원했고, 그 결과 공공기관이 소유했던 주요 공공교통수단이 완전히 민영화됐다. 이는 교통 책임을 공공기관에서 민간기업, 기업 프로젝트 등으로 이전하는 것이었다.

이 접근 방식의 주요 문제는 두 가지로 보인다. 첫째는 모빌리티가 결코 중심적이거나 핵심적인 권리가 아니었다는 점이고, 둘째는 민간 부문이 적절한 대응을 확보할 수 있는지 의문이라는 점이다. 리스본공과대학 교수이자 리스본 전 시의원인 누네스 다 실바와, 주앙 비에이라는 이렇게 말했다.

> 포르투갈에서는 모빌리티 권리가 서비스로서의 모빌리티로 변형됐다. 흥미로운 점은, 모빌리티가 결코 '고귀한 권리'가 아니었다는 점이다. 모빌리티는 교육, 보건, 정의와 나란히 놓인 적이 없었다.[25]
> 포르투갈에서 모빌리티는 공교육이나 보건과 같이 헌법상의 권리로 개념화되지 않았다.[26]

다시 말해, 포르투갈의 맥락에서 모빌리티는 핵심 권리로 생각된 적이 없었다. 1974년 카네이션 혁명〔40년 독재정권을 종식한 무혈 쿠데타〕이후 정의·보건·교육은 항상 핵심 부처에 자리 잡고 있었는데, 이는 곧 40여 년 동안 정부 정책 영역에서 어느 정도 정책이 지속되어 왔다는 의미다. 모빌리티는 소관 부처나 장관이 없었다. 이는 모빌리티 정책이 항상 인프라 개선이라는 목표에만 종속돼 있었음을 보여 준다. 이는 자율적이고 통합적인 정책이 아니었다. 보건이나 교육과 달리, 모빌리티는 정부가 제공하는 핵심 서비스가 아니었던 것이다. 오늘날에도 그렇다. 포르투갈의 교통 조정을 담당하는 행정기관인 교통 및 이동성 연구소(IMT)는 포르투갈의 4개 부처(경제·환경·해양 및 인프라·기획)에 보고해야 하는 하급 기관이다. (주변적) 권리로서의 모빌리티에서, 서비스로서의 모빌리티로의 전환이 성공할지, 아니면 기술적 측면에 초점을 맞추는 전환이 성공할지는 예측하기 어렵다.

포르투갈의 미래주의는 기발한 장치들을 의미한다. ATMS의 혁신적 발전을 생각해 보라. 모빌리티 분야에서는 비아 베르데(전자 통행료 징수 시스템)나 전기차를 생각해 보라. 기술적인 측면에서 볼 때 미래는 항상 매력적으로 빛난다. 문제는 모든 것이 기술로 해결되는 것은 아니라는 점이다. 많은 문제, 아니 대부분의 문제는 기술로 해결되지 않는다.[27]

이는 2015년 11월에 새로 선출된 정부, 즉 좌파블록과 공산당의 지지를 받는 노동당이 주도하는 좌파연합 정부가 신중한 관점을 채택해 즉각 국영 공공 교통회사의 모든 민영화 과정을 중단한 이유를 설명해 줄 수 있다. 포르투갈의 주요 교통학자들은 전환의 완화를 알리는 정치적 제스처라고 보고 있다. 새로운 정부는 전환이 너무 급진적이고 갑작스럽고 이데올로기적이라고 생각했던 것이다. 누네스 다 실바는 이렇게 말했다. "위기 동안 정부의 입장은 국가가 교통 부문을 포기하고 시장에 맡겨야 한다는 강한 믿음, 이것이 위기 동안의 전반적인 교통정책이었다."[28] 주앙 비에이라 역시 "문화적 변화 얘기다. 자유화는 문화적 변화이다. 교통 부문을 공공영역에 두는 것보다 자유화하는 것이 더 많은 혜택을 가져올 것"이라고 했다.[29] 그러면서 좀 더 조심스럽게 나아가야 한다고도 했다. 요컨대, 모빌리티를 권리로 보는 포괄적 개념이 모빌리티를 서비스로 보는 개념으로 바뀌고 있는 것이다. 이전 정부와 현 정부 사이의 갈등은 전환의 속도 또는 리듬에 있는 것처럼 보인다.

포르투갈의 경우에서 우리는 국가 주도의 하향식 모빌리티 전환 노력이 역설적임을 알 수 있다. 우리가 조사한 많은 사례들처럼, 포르투갈 정부의 접근 방식은 대체로 신자유주의적이다(6장 참조). 국가는 책임을 회피하는 동시에 모빌리티로 인해 발생하는 탄소 배출량 목표를 달성하는 것과 관련된 통제권을 갖게 된다. 여기에서의 역설은 국가가 이 과정에서, 특히 모빌리티 권리가 서비스로서의 모빌리티로 전환되는 과정에서 중요한 역할을 한다는 점이다. 하지만 탄소 배출량이 많은 모빌리티에 대한 부담을 덜기 위한 국가적·세계적 노력에 대한 강조는 줄어들고 있다. 또 다른 하향식 접근 방식으로는 국가를 전환의 동인으로 보는 관점이 있다. 예컨대, 한국에서는 국가 주도로 스마트워크센터 프로그램이 시행되어 공무원들이 집과 가까운 스마트워크센터 사무실에서 업무를 볼 수 있도록 했다. 이 프로그램의 계획은 같은 논리를 다른 영역, 특히 민간 부문으로 확대하는 것이다. 이러한 하향식 접근 방식은 국가를 일종의 따라가야 하는 롤 모델로 그리려고 한다. 그러나 전통적인 형태의 사회복지 서비스를 제공함으로써 전환 프로그램을 수행하는 경우도 있다. 노르웨이가 바로 그 예이다.

   노르웨이는 국가 주도의 하향식 모빌리티 전환의 선두 주자로 알려져 있다. 기후변화를 막는 실천 의지와 저탄소 전환을 촉진하는 중요한 정책 및 재정적 수단이 있지만, 노르웨이에는 여전히 모순이 있고 또 변화의 여지가 있다. 노르웨이의 모빌리티 전환은 전기자동차 구매 및 이용에 대한 보조금 정책 같은 정부 정책과 대중교통에 대한 지속적 투자로 잘 드러난다. 전기차에 대한 강력한 인센티브를 제공하는 노르웨이는 세계 최고의 전기차 보유국이다. 그런데 강력한 정책에도 불구하고, 이미 1대 이상의 차를 보유한 가구가 전기차를 구입하면서 자동차 이용이 감소하기는커녕 차량을 2대 보유한 가구가 늘어나는 결과를 낳았다.[30] 저탄소 전환을 향한 발걸음을 내딛는 순간, 과연 이것이 모빌리티 전환을 달성하는 것인지 의문을 품게 된 것이다. 노르웨이는 특히 탄소 배출권 거래에 적극적이어서, 이 제도를 감축 목표 달성의 핵심 수단으로 삼고 있다. 노르웨이는 탄소 거래를 시장 논리와 위험 감소 원칙에 기반한 비용 효율적이고 평등한 정책으로 본다. '오염자 부담' 원칙에 기반한 과세는 자국 내 기후 정책에서 핵심 정책이다. 노르웨이는 온실가스 배출 관리를 위해 세금 및 기타 형태의 재정적 부과금을 걷고 있다. 또한, 기술적 해결책 모색에도 주력하여 교통 시스템을 스마트시티로 변화시키는 등의 정책을 펴고 있다. 노르웨이의 모빌리티 전환은 국가, 지역 및 지방 차원에서 직접적인 정책 개입을 통해 적극적으로 추진되고 있다. 노르웨이는 전 세계에서 기후변화 완화 및 적응에 대한 가장 포괄적인 계획 틀을 갖춘 나라이다. 2015년 3월 파리에서 개최된 UN기후변화협약 당사국총회에 제출한 국가별 결정 기여 방안에서, 노르웨이는 2030년까지 온실가스 배출 목표량을 1990년 산업 부문 온실가스 배출량 대비 40퍼센트 감축하는 목표를 설정했다. 이는 EU 국가들의 목표와 일치한다. 또한, 2050년까지 탄소중립국가가 되겠다는 목표도 설정했다.

노르웨이는 1993년 7월에 UN기후변화협약을, 2002년 5월에 교토의정서를 비준했다. 2005년 2월 교토의정서가 발효되면서 이 협정의 당사국이 되었다. 비록 노르웨이는 EU 회원국은 아니지만 다양한 기관과 협정을 맺으며 EU 회원국과 긴밀하게 협력하고 있다. 노르웨이는 1980년대 후반부터 기후변화와 온실가스 배출 문제에 정책적으로 개입하기 시작하여, 정책적으로 배출에 관한 포괄적 계획 틀을 갖추었다. 2012년 노르웨이 의회인 스투르팅Storting은 배출량 목표 달성을 위한 정부의 종합적 조치를 뒷받침하기 위해 새로운 국가정책 틀을 채택했다.[31] 이 업그레이드를 권고한 2011~2012 백서는 1970년대 이후 국가 및 국제적인 환경문제나 지속가능성 의제를 설정해 온 노르웨이의 오랜 역할을 언급했다.[32] 특히 2011~2012 백서 이전에 지속가능성 의제는 노르웨이의 예산 보고서에 명시되어 있으며, 이는 탄소 배출권 거래 제도 및 기타 형태의 탄소세 같은 시장 기반 해법을 강조하는 노르웨이 입장을 설명해 준다.

여기에는 저탄소 연료에 대한 약속도 담겨 있다. 2011~2012년 백서는 해상 및 철도(도로 및 항공이 아니라) 화물운송의 점유율을 높이는 것을 목표로 삼았다. 하지만 이 포괄적인 정책 틀에 모순이 없는 것은 아니다. 예컨대 '2014~2023 국가 교통계획'에 들어 있는 도로 확장 목표는 이와 모순된다. 2011~2012년 백서에는 교통수요를 줄이기 위한 통합적 공간 계획에서 지방정부의 중요성을 언급하고 있다. 다른 나라들과 달리, 노르웨이에서는 지방정부에 책임을 이양하고 다양한 재정 지원을 함께 하고 있어 지방정부 주도 정책을 지원한다. 재정 협정에는 대중교통, 능동적 이동, 자동차 사용 감소에 중점을 두고 있음이 명시되었다.[33]

탄소세는 1991년에 도입되었고, 지난 30년 동안 그 구조는 거의 변하지 않았다. 국세는 전체 탄소 배출량의 약 60퍼센트를 차지하며, 세율은 제품 유형과/또는 사용 유형에 따라 다르다.[34] 석유 제품에는 더 높은 세율이 적용된다. 2008년 노르웨이는 EU 배출권 거래 제도(EU ETS)에 가입했다. 이 제도는 온실가스 배출량의 약 40퍼센트를 차지한다. 노르웨이는 2009년, 질산 생산에서 발생하는 아산화질소 배출도 여기에 포함시켰다. 이는 자발적이고 일방적인 선택이었다. 2013년 현재 노르웨이 자국 내 온실가스 배출량의 약 50퍼센트가 EU ETS로, 80퍼센트는 EU ETS 또는 자국 탄소세로 충당된다.[35]

차량 구매세는 노르웨이에서 전국적으로 성공한 재정 수단 중 하나이다. 이 제도는 저공해 차량 판매를 장려하는 제도로, 저공해 차량과 무공해 차량에는 보조금을 지급하고, 평균 이상을 배출하는 차량에는 추가 세금을 매긴다. 이로 인해 신차의 배출량이 감소했다.[36] 환경단체도 이 결과를 환영하고 있다.

> 이 차를 구입하며 낸 세금은 자동차 배출량을 줄이는 데 사용됐어요. 상당히 좋은 전략이죠. 2007년에 자동차 구매 세금제도가 개편되면서 시작됐어요. CO_2 배출량에 따라 세금이 달라지는 겁니다. 총 세금이 아니라 세금의 일부가 CO_2 배출량에 따라 부과되는 방식이에요. 즉, 배출량이 적은 차를 구매하면 다른 차를 구매하는 것보다 훨씬 저렴하다는 뜻이죠.[37]

탄소 기반 자동차나 석유에 높은 세금을 징수하는 것은, 노르웨이가 현재 전기차 판매 및 보유에서 선두를 달리는 것과 직접적인 관련이 있다. 이 경우 케인스주의 시장 논리가 적용된다.

물론 여기서 골치 아픈 문제는, 저탄소 모빌리티 전환에 관한 국가정책 및 실천의 선두 주자인 노르웨이가 저탄소 전환에 필요한 막대한 재정을 어떻게 확보할 수 있느냐 하는 것과 국민들이 이 세금을 부담할 수 있는가 하는 문제이다. 그 답은 석유와 가스를 통해서이다. 2019년에 노르웨이는 국부펀드에서 화석연료 생산 관련 투자를 철회하겠다고 발표했지만, 석유 및 가스 탐사를 중단할 생각은 없다. 노르웨이는 본질적으로 하나의 동전 앞면과 뒷면에 모두 베팅하고 있는 셈이다. 2020년 1월, 노르웨이는 하루에 196만 3천배럴의 석유와 30만 배럴의 천연가스를 생산했다.[38] 이 생산량의 대부분은 유럽 시장으로 수출된다. 노르웨이는 유럽 석유의 24퍼센트를 공급하며, 2017년에는 카타르를 제치고 러시아 다음으로 세계 2위의 천연가스 생산국이 되었다. 석유 및 가스 수출은 노르웨이 전체 수출의 50퍼센트를 차지하고, GDP의 12퍼센트를 차지한다.[39] 노르웨이의 온실가스 배출량은 낮은 것으로 보고되고 있지만, 여기에는 노르웨이가 수출하는 석유 배출량은 포함되지 않는다. 이 같은 '수출된' 배출량을 계산에 넣으면, 노르웨이는 온실가스 배출량에서 세계 7위로 추정된다.[40] 노르웨이 인구가 5백만 명에 불과하다는 것을 고려하면 이는 막대한 수치다.

 노르웨이가 국내 배출량을 더 제한하는 조치를 취했음에도 불구하고, 노르웨이는 최소 2066년 혹은 매장량이 고갈될 때까지는 석유와 가스 시추를 계속할 예정이다. 노르웨이 석유감독국 벤테 닐란 국장은 2022년까지 석유 및 가스 생산량이 기록상 최고 수준에 도달할 수 있다며 로이터 통신에 다음과 같이 밝혔다. "이는 매우 좋은 소식이다. 왜냐하면 모든 사람이 노르웨이 석유 활동의 단계적 폐지를 말하지만, 적어도 향후 10년 동안은 유지될 것이기 때문이다."[41] 노르웨이 정부의 행동은 기후변화행동 감시단체인 '오일 체인지 인터내셔널' 등에서 요구하는 새로운 석유 탐사 및 시추 중단 과정 같은 감소 조짐은 전혀 보이지 않아, 말과 행동 사이에 분명 괴리

가 있어 보인다.[42]

　글로벌 탄소 논쟁은 점점 더 운송 부문 배출 논의와 연결되고 있다. 노르웨이의 국가적 약속에서 살펴볼 수 있듯, 모빌리티 전환의 역설(석유와 가스를 판매해 다른 나라의 배출량을 높이고, 자국에서는 성공과 리더십을 달성하는 것)은 이 부문의 연결 필요성을 잘 보여 주는 대표적 사례다. 오늘날의 기후 상황은 노르웨이처럼 배출량을 다른 나라로 옮김으로써 책임을 회피하는 것을 허락하지 않는다. 생산과 소비의 규제에서 모든 국가의 역할이 중요하지만, 탄소 거래 시장에 의존하는 식으로 자본주의 논리가 지속되는 한은 진보적 국가조차 지구와 환경에 가장 이로운 방향으로 행동하리라 보장할 수 없다. 사회적으로나 환경적으로 공정한 저탄소 전환을 실현하기 위해, 풀뿌리 운동과 지역사회는 국가를 아래로부터 압박하고 있다. 국가와 비국가 행위자 사이의 투쟁은 저탄소 모빌리 전환을 이해하는 데 여전히 중요한 부분이다.

　포르투갈과 노르웨이 중앙정부는 모빌리티 전환을 위해 서로 다른 길을 택하고 있다. 이러한 차이는 국가 주도의 하향식 전환 노력이 취할 수 있는 접근 방식의 일부를 보여 준다. 하향식 메커니즘 방법론과 관련해 싱가포르 모델이나 아랍에미리트의 국가적 맥락에 따라 권위적인 거버넌스 유형에서부터, 노르웨이나 뉴질랜드 같은 더 참여적인 움직임에 이르기까지 몇 가지 추세와 경향이 있다. 이는 해당 국가의 정부 형태, 국가의 규모와 크기, 사회운동 및 시민운동의 강도, 민간 부문의 영향력 등 여러 가지 변수에 따라 달라진다.

예컨대 싱가포르 정부는 엄격한 도로 요금 체계, 차량 할당량 시스템, 높은 자동차 보유세 등을 통해 궁극적으로 대다수 인구가 대중교통을 이용하게 하는 조건을 만들었다. 이런 실천은 공평하지 않다는 비판도 받았다. 하지만 국가가 합리적으로 포괄적이고 신뢰할 수 있는 대중교통 서비스를 제공할 능력이 있다면, 이런 정책은 혼잡을 완화하고 대기오염과 배출을 줄이는 데 도움이 된다. 이 경우 민간 부문의 참여는 정책 수립 이후에만 요청되며, 그 활동 또한 실행 또는 집행 단계로 제한된다.

모빌리티 전환에 대한 하향식 접근 방식은, 대체로 온실가스 배출량을 줄이고 저탄소 및 무탄소 교통수단을 도입하는 데 가장 효과적인 방식으로 나타났다. 그러나 모든 하향식 전환 사례에서 모빌리티 정의 문제는 여전히 중요한 부분이다. 부유한 사람들은 일반적으로 높은 탄소세를 감당할 수 있고, 싱가포르의 차량 할당제 시스템처럼 복잡하고 비용이 많이 드는 시스템에서도 협상할 수 있기 때문에 정책 변화에 별다른 영향을 받지 않는다. 반면에 가난한 개인이나 취약한 집단은 불이익을 받는다.

■ **비국가 행위자와 상향식 전환 접근 방식** 셸러(Sheller 2018)가 지적했듯, 전환에 대한 진보적인 접근 방식은 지역공동체, 사회운동, 이익단체 활동에서 비롯됐다. 우리는 연구를 진행하며 상향식 메커니즘으로 분류될 수 있는 다양한 풀뿌리 및 기업가적 사회운동을 만날 수 있었다. 국가 행위자들과 마찬가지로, 이들은 스타트업과 소규모 기

업에서부터 활동가 운동에 이르기까지 매우 다양한 유형과 다양한 접근 방식을 보였다. 한편으로는 특정 기술이나 서비스를 주류화(혹은 규모 확대)하려는 명확한 의도가 있는 경우도 있지만, 다른 맥락으로 이전될 수 없을 정도로 특정 지역 수준만 겨냥해서 설계된 운동들도 있다. 당연하게도 이 점은 우리가 사례 연구에서 접한 메커니즘과 사회경제적 맥락의 복잡성을 더한다. 상향식 전환의 다양성을 보여 주는 몇 가지 사례를 살펴보자.

'제로세대Generation Zero'는 뉴질랜드 오클랜드 지역사회에서 시민 의식 제고와 시민참여 증진에 기여한 활동가 운동의 한 예이다. 이 운동은 지속가능성과 저탄소 운송을 위한 여러 모빌리티 정책의 재설계를 주장한다. 여러 지역 캠페인을 통해 승리하고, 특히 뉴질랜드와 오클랜드 교통 및 환경 관련 정치에 크게 기여한 운동이다. 제로세대[43]에 대한 이야기는 오클랜드 교통 문제에 대한 통찰력 있는 논평으로 알려진 교통 블로그T Blog[44]에서 시작됐다.

제로세대는 '뉴질랜드 청년 대표단'[45]이 2010년 코펜하겐에서 열린 UN 기후협약에서 돌아와, 전 세계에서 일어나고 있는 청년운동에 영감을 받아 결성한 단체이다. 제로세대는 2011년에 '더 스마트한 교통, 살기 좋은 도시, 화석연료로부터의 독립을 통해 뉴질랜드의 탄소 오염을 줄일 해법을 제시'[46]할 목적으로 결정됐다. 온실가스 배출과 관련된 활동은 주로 '청년들에게 유의미한' 분야인 교통에 초점을 맞춘다. 제로세대는 단순히 'A 지점에서 B 지점까지 가기'를 원하고 자동차에 의존하지 않고 이동하기를 원하는, 그리고 동시에 탄소 제로 도시를 만들고자 하는 청년들의 목소리를 대변한다. 이 운동은 17세부터 30세 사이의 청년들이 주도하는 전국적 조직으로, 웰링턴, 오클랜드, 해밀턴, 더니든, 크라이스트처치에서 소규모 그룹으로 활동하고 있다.

이 그룹은 창단 이후 매우 활발한 활동을 이어 가고 있다. 대중교통에 대한 투자 확대 운동에서부터 오클랜드 하버브리지를 가로지르는 자전거 전용 및 도보-자전거도로인 '스카이패스Skypath'에 이르기까지 다양한 쟁점을 다루는 캠페인, 워크숍, 행사, 청원 등 전국적으로 20개 이상의 행사를 조직했다.

제로세대는 지역 캠페인, 특히 오클랜드에서 성공을 거뒀지만, 전국적 캠페인에서는 그다지 성공하지 못했다. 예컨대 2013년 오클랜드 통합개발계획에 반대하는 캠페인에서는 상당한 대중적 관심을 얻었다. 이 캠페인은 오클랜드 주민들은 교외에 더 많은 도로와 주택이 생기길 원하지 않으며 더 나은 대중교통 시스템이 확충되어 도시와 가까운 곳에 살고 싶어 한다는 메시지를 분명하게 전달했다. 이 문제는 오클랜드 시의회와 대중의 관심을 끌었다. 오클랜드는 항상 햇볕이 잘 드는 해변이 있고 교외의 조용한 생활 방식이 있는 살 만한 도시로만 여겨져 왔기 때문이다. 언론은 제로세대의 캠페인을 긍정적으로 보도했다. 결국, '살기 좋은 오클랜드시'를 지지하는 1,300건의 문서가 의회에 접수됐다. 제로세대가 주목을 받으면서, K-로드 자전거길 확충과 스카이패스 같은 더 나은 대중교통 인프라 구축을 위한 여러 지역 캠페인에서 승리했으며, 인프라 개선을 요구하는 1만 2,000명의 서명을 이끌어 냈다. 이들의 성공에는 여러 가지 이유가 있다. ① 제로세대는 뉴질랜드 최초의 청년 주도 기후 조직으로, 사람들이 이야기하지 않은 이슈를 조명하여 대중의 긍정적 피드백을 얻었다. ② 이들은 온라인 제출 양식이나 기타 커뮤니케이션 수단을 단순하면서도 다채로운 디자인으로 매력적이게 만들어 복잡한 정보도 쉽게 따라올 수 있게 했다.* ③ 위원회 멤버들은 서로 긴밀하게 협력해 전략적 행동과 '전략적 대화'를 창출했다. ④ 지역 캠페인은 문제 해결 방법이 즉각적이며 지역 주민의 건강과 일상에 영향을 미치기 때문에 승리하기가 더 쉽다.

제로세대가 오클랜드 지방정부의 지원을 얻는 데 성공한 또 다른 이유는 T블로그와의 협업 덕분이다. T블로그는 뉴질랜드에서 영향력 있는 블로그로, 매일 수천 명이 방문하고 오클랜드 교통계획에 대한 이 블로그의 논평은 종종 뉴스에 오르내린다. 2008년에 개설된 이 블로그는 '더 나은 교통 캠페인'[47]이 운영한다. 2013년 제로세대와 T블로그는 협력 팀으로 활동하면서 오클랜드 시의회에 '혼잡 없는 네트워크'(CFN)를 제안했다(그림 4.1). 요약하자면, CFN 계획은 예산을 절감하고(지방정부가 제안한 340억 달러 대신 100억 달러), 버스, 철도, 도로 등 기존 인프라를 간편하게 연결하여 교통체증을 해소하고, 운행 빈도를 늘리고, 분리 차선을 만들고, 고품질 무료 와이

---

* Gen Z의 양식은 단 한 번의 클릭으로 간단히 제출할 수 있었다.(http://www.generationzero.org/skypath) 반면에 협의회와 스카이패스 팀이 제출한 양식은 절차가 복잡했고 시간이 많이 걸렸다.

그림 4.1 혼잡 없는 네트워크 (Generation Zero 2013)

파이와 더 편안한 좌석을 제공함으로써 서비스의 질을 향상시켜야 한다고 제안했다.

국가의 빠듯한 예산으로는 수년이 걸릴 수도 있는 '도시철도링크City Rail Link' 같은 값비싼 철도 네트워크 시스템을 구축하는 대신, CFN은 모든 노선이 '별도의 차선을 확보'하고 '빈도 높은 서비스를 제공'하는 두 가지 조건을 충족하는 계획을 제안했다. CFN 계획은 2013년 7월에 가장 시청률이 높은 전국 TV 프로그램인 캠벨 라이브Campbell Live에서 공개됐고, 지방의회와 대중들로부터 긍정적인 반응을 얻었다. 2014년 8월, CFN은 3천 명 이상의 정책 지지 서명을 받아 오클랜드의 제2차 예산심의 안건에 포함되었다. 노동당과 녹색당 모두 오클랜드 교통정책으로 CFN을 채택했다. 지방 및 중앙정부 당국에서 비정부기구의 연구 결과를 바탕으로 한 정책을 채택한 것이다.

상향식 전환 메커니즘에는 지역 주민과 활동가부터 정부 공무원 및 운송업자에 이르기까지 많은 행위자가 관여한다. 이 메커니즘에는 공동의 목표를 수립하고 달성하기 위한 압력단체와 지역 당국 간의 협상도 포함된다. 예컨대, 카자흐스탄에서는 강력한 정부와 지속 가능한 교통정책이 부재한 상황에서, 환경운동가와 자전거 커뮤니티에서 자동차중심적 생활 방식이 미치는 부정적 영향을 홍보하고 자전거를 더 안전하고 매력적인 수단으로 만들기 위해 정부와 지방정부가 협력하고 있다. '알마티의 지속 가능한 교통'이라는 UNDP 프로젝트를 통해 알마티의 지역사회를 중심으로 자전거 인프라 개발이 추진되고 있다. 2007년에 만들어진 벨로-알마티Velo-Almaty 그룹은 자전거 타기 좋은 환경을 만들기 위해 영향력 있는 활동을 하는 사람들로 구성돼 있다. 이들은 국가 및 지방정부 기관과 소통하고, 자전거 안전 및 도로교통 규정에 관한 소책자를 발행하며, '지구의 날'이나 '차 없는 날'과 같은 국제 행사와 연계하여 행사를 조직한다. 이 활동으로 이윤을 추구하는 사람은 없다. 참가자들은 이 활동을 '개인적인 시민 주도 운동'이라고 말한다. 자전거 인프라 확충 활동을 진행한 결과, 도시 내에 24.23킬로미터의 자전거도로가 만들어졌다. 하지만 그중 많은 도로는 자전거를 타기에 안전하지 않거나(미끄러지기 쉽다거나) 연결이 끊겨 불편하다고 한다. 트위터 사용자들은 금속으로 된 차단봉을 가로질러야 하는 알마티 자전거도로 사진을 게시하기도 했다.

이들은 안전 문제에 주의를 기울이며, '(안전하게 자전거 타는) 조건이 갖춰지기 전에는' 자전거 타기를 널리 홍보하지 않는 것이 최선이라고 믿고 있다.

여러분은 다른 사람들과 나누고 싶어 하죠. … 우리는 무엇보다 우리 자신을 위해 안전을 바랍니다. 우리 자신과 또 가까운 사람들, 소중한 사람들을 위해서요. … (자전거를 타다가) 부딪히면, 뭔가 바꿔봐야겠다는 생각이 들죠. 그냥 앉아서 지켜볼 수만은 없습니다.[48]

꾸준한 활동을 이어 가게 되는 또 다른 동기는, 다른 방식으로 도시에 소속감을 느끼고, 어떤 공동체의 일원이 되는 동시에 다른 공동체와 접촉하게 되는 느낌과 관련이 있는 것 같다. 그들은 도로 정체에 갇힌 운전자들에게 개정된 교통 규정이 포함된 전단지를 배포한 경험을 회상하며 이렇게 말했다. "사실 재미있었어요. 사람들은 그런 상황에서도 하나로 뭉칩니다. … 아주 흥미로운 일이지요. … 이게 바로 도시문화예요."[49]

자전거 타기가 건강에 미치는 영향과 편리성 논의에 더해, 카자흐스탄의 수도 누르술탄(구 아스타나Astana)에 있는 카자흐스탄 국부펀드 삼룩카지나의 대표는 자전거 타기의 매력을 '공동체'라고 밝혔다. "아스타나는 매우 젊은 도시다. … 평균연령이 30세이다. … 대체로 관리자, 고위 관리자, 혹은 사무직 직원들이다. … 이들은 주로 사무실에 앉아 서류 작업을 한다. 이들에게는 더 많은 게 필요하다."⁵⁰ 뉴질랜드의 제로세대와 마찬가지로, 비국가 행위자 집단은 입법 및 기타 수단을 통해 변화를 불러올 수 있는 기관에 압력을 가함으로써, 제한적이기는 하지만 행동을 이끌어 낼 수 있다. 여러 기관과 규모에 걸친 일련의 연결 없이는 성공을 거둘 수 없다. 벨로-알마티의 경우, 이들의 활동은 누르술탄의 UN개발계획을 통한 UN의 지속가능성 증진의 틀 안에서 이뤄졌다.

상향식 운동은 지역적 규모이거나 국가적 규모일 필요는 없다. 어떤 운동은 거의 즉각적으로 국제적 규모로 성장하기도 한다. '크리티컬 매스Critical Mass'나 최근 부상한 '멸종반란Extinction Rebellion(XR)' 같은 환경운동을 생각해 보자. 급변하는 기후정치, 극심한 기상이변의 가속화, 기후 위기의 기타 징후들의 압박 속에서, 기후변화 논쟁에서 비계층적이고 극도로 지역화된 목소리를 내고 있는 멸종반란 같은 집단이 대항 세력으로 부상한 것은 놀라운 일이 아니다. 이들은 처음에 지구온난화 전쟁에서 정치인들을 움직일 수 있는 급진적이고 고무적인 희망으로 여겨졌지만, 곧 논란을 불러일으켰다. 2019년 10월 17일, 할아버지, 전 불교 교사, 목사, 전 보건의 등 런던 XR 회원들은 출퇴근 시간대에 통근열차와 런던 지하철 운행을 방해하는 행동에 나섰다. 그들은 기차 위에 올라가 손으로 레일 차량의 측면을 붙잡고 런던 금융지대로 가는 기차를 세우려고 했다. 8명이 체포됐다. 캐닝 스트리트 역에서는 통근자들이 기차 위의 시위대를 끌어내리려고 했다.

이 행동은 분열을 일으켰다. 전기 기차를 포함한 대중교통을 표적으로 삼은 행동은 지지자들을 혼란스럽게 만들었다. (대중교통을 이용하는 게 환경적으로 '좋은' 일인가, 아닌가?) XR 런던의 활동을 반대하던 사람들은 이 단체가 아무 잘못 없어 보이는 통근자들을 방해한다고 비난할 근거를 얻게 됐다. 런던의 진보적 시장인 사디크 칸은 이 단체를 비난하며, "평화적으로, 그리고 법 테두리 안에서" 시위를 해야 한다고 촉구했다.[51] XR 런던은 후에 페이스북 페이지에 사과문을 올렸다. 대중교통을 방해하는 것은 운동 내부에서도 논란이 되는 행동이었다는 내용이 담겨 있었다. XR이 세계적으로 언론의 주목을 받으면서 전 세계에 지부가 생겨나고 있지만, XR은 점거운동Occupy Movement과 비슷한 과오를 저질렀다는 비판도 받고 있다. 주로 백인, 중산층, 남성으로 구성된 XR이 환경정의와 기후운동에 오랜 역사를 가진 다양한 목소리와 사람, 집단을 배제하고 있다는 비판이다.[52] 영국을 기반으로 오래 활동한 기후운동가 마크 허드슨은 이렇게 말한다.

방해 없는 시위는 시위가 아니다. 따라서 다리를 막는다거나 뭔가에 달라붙는다거나 하는 것은 모두 정상적인 행동이다. 물론 지하철 행동이 현명했는가에 대해선 다시 생각해 볼 수 있겠지만 말이다! … 환경과 기후 문제가 긴급하다는 수사는 1970년대 초반부터 우리와 함께했다. (성장의 한계와 생존을 위한 청사진을 확인해 보라.) 우리는 이런 상황에 여러 번 처했다. 이 점은 질문을 불러온다. 재정적으로, 실질적으로, 감정적으로 이러한 격렬한 활동 기간을 감당할 수 없는 사람들은 어떻게 해야 할까? XR은 사람들이 몇 달이 아니라 몇 년 동안 그들의 활동을 지속할 수 있게 하기 위해, 그리고 또 누군가는 매주, 매달 '주변적으로 참여'하기 쉽도록 하기 위해 무엇을 하고 있나? '평범한' BME〔흑인 소수민족〕사람이 브릭스턴 경찰서로 보내진 꽃에 대해 어떻게 생각할 거라고 보나? 그리고 XR의 '탓하지 말기no blame'라는 수사가, 화석연료를 사용하는 기존 기업들이 계속해서 지구를 파괴해도 괜찮다는 것을 의미한다고는 생각하지 않는가?[53]

일반 대중, 기업, XR과 같은 활동가 그룹을 포함한 비국가 행위자들의 역할은 여기서 언급된 두 가지 중요한 주제에 점점 더 초점을 맞추고 있다. 기후변화와 모빌리티의 연관성, 그리고 사회적으로 정의로운 모빌리티 전환.

XR과 같은 기후 단체들은 대중교통이나 개인 차량을 이용해 출근하는 통근자들을 방해하는 활동에 집중해 왔다. 공항 활주로 폐쇄 위협으로 XR 활동가 19명이 체포됐고, 이로 인해 이들은 실제 행동(런던 히드로 공항의 '비행금지구역'에서의 드론 비행)을 취소하게 됐다.[54] 이는 히드로 공항의 제3활주로 확장에 대한 항의였다. XR의 전략에 대한 비판에도 불구하고, 모빌리티에 초점을 맞춘 것은 실제로 국가가 지원하는 결과를 낳았다. 히드로 공항의 확장은 파리협약과 맞지 않다는 이유로 항소법원에서 불법으로 판결됐다. 확장 계획에 대한 대중의 행동과 분노는 런던 지역 항공편 확장에 대한 대중의 인식을 높이고, 법과 공익을 모두 고려해야 한다는 전반적 판단에도 영향을 미쳤다. 기후와 모빌리티 사이의 연관성이 커지고 있다는 사실은, 대기질과 오염 수준에 초점을 맞춘 대중매체에서도 찾아볼 수 있고, 코로나19 팬데믹의 출현으로 사람과 상품의 모빌리티가 감소한 것에서도 이런 연관성을 엿볼 수 있다.[55] 이러한 연관성은 다시 사회적으로 더 공정한 경제를 위해 사람과 상품의 모빌리티를 늦추는 것을 포함하는 탈성장(Kallis 2011) 의제와 결합될 수 있다.

사회 및 환경적 정의를 기반으로 한 모빌리티 정의는 사람과 장소의 다양성과 이들이 영향받는 무수한 방식을 고려해야 한다. 예컨대 린웨이창(Lin 2020)의 지적대로, "세계는 대안적 모빌리티의 미래에 대한 준비가 아직 부족하다. 물론 화상회의 방식을 채택하고 출장을 줄이고 로컬 상품을 소비할 수 있다. 그러나 전 세계 노동인구의 상당 부분(약 6,550만 개의 일자리)은 현재의 항공산업에서 벗어나 전환할 준비가 되어 있지 않다."[56] 린웨이창은 저탄소 모빌리티 정의를 고려할 때 모빌리티 전환의 속도가 중요하다면서, 가령 탈성장을 지지하는 전환은 비행과 같은 특정 형태의 모빌리티를 제한하는 생활 방식으로의 전환을 의미한다는 점도 인정한다. 모빌리티 가정에 대한 검증은 모빌리티 전환의 정당성을 확보하는 데 필수적이며, 저탄소 모빌리티 정의에 대한 논의가 법, 관행, 경제를 통해 권력이 어떻게 작동하는지에 초점을 맞춰야 한다고 주장함으로써 궁극적으로 정부에 책임을 묻는 주체는 비국가 행위자들이다. 따라서 XR이 지하철 통근자를 대상으로 하는 것을 포함해 모빌리티 수단에 초점을 맞추는 것은, 탄소 배출량 감소만큼이나 전환이 자본주의를 비판하고 행동해야 한다는 것을 강조하는 것이기도 하다.

전환의 뒤얽힌 메커니즘

이 장에서는 전환 정책의 발전에서 정부 간 기구, 정부, 비국가 행위자의 역할에 대해 살펴봤다. 실제로 전환 정책이나 행동의 모든 사례들은 이 세 주체가 모두 작동하는 맥락 안에 존재한다. 셸러를 따라, 우리는 이러한 행위자들이 작동하고 전환 정책이 형성되는 층위가 "깔끔하게 중첩되어 있는 것이 아니라 동시적으로 뒤얽혀 있다"[sheller 2018: 126]고 가정한다. 모든 전환 정책은 UN 및 다양한 관련 기관이 제공하는 글로벌 합의와 지침의 맥락 안에 존재한다. 사회운동이 제시하는 정치와 행동은 지방 및 중앙정부 차원에서 시행되어야 한다. 때로는 지방정부가 글로벌 협정에 따라 행동하지만 중앙정부의 우선순위에는 반하게 행동할 경우도 있다. 캐나다 연방정부가 지구온난화를 사실상 부정할 때, 밴쿠버에서는 가장 친환경적인 도시 프로그램이 시행되고 있었다. 브라질 쿠리치바의 BRT 혁신은 브라질 정부가 이를 무시하는 사이에 세계 다른 도시로 수출되었다.

설계 단계에서부터 민간과 공공부문 간 협력을 통해 계획된 새로운 정책이나 프로그램도 있는데, 이 경우 국가 및 비국가 행위자 모두 정책 설계와 실행에 동등한 노력을 기울여야 한다. 이러한 중간 수준의 전환 메커니즘은 많은 사람들이 '제3의 길'이라고 부르는 거버넌스 또는 정치를 의미한다. '제3의 길'이라고 불리는 공공-민간 파트너십 또는 P3 개발은 많은 국가 및 지방정부에서 찾아볼 수 있다. 정책 및 조치가 민관협력으로 공식화되지 않은 경우에도, 교통 부문이 민영화된 서비스이고 국가가 규제만 담당하는 경우와 같이 사실상 민관협력인 경우가 많다.

예컨대 브라질에서는 교통 부문이 국가의 규제를 받긴 하지만 기본적으로는 민영화된 것으로 간주된다. 일부 철도 서비스(주로 철도 또는 지하철 노선에 대한 직접적 경쟁이 없어 민간 독점 구성에 대한 문제를 제기하기 때문에)를 제외하고, 브라질 교통 부문 전체는 공공-민간 파트너십으로 볼 수 있다. 즉, 국가가 먼저 서비스를 규제하고, 그다음에 민간 부문이 이를 운영하는 것이다. 노르웨이에서도 비슷한 논리가 적용된다. 노르웨이에서는 국가가 국영 철도를 소유하고 지방정부가 대중교통 시스템을 소유하지만, 운영 및 보수 관리는 민간기업에 맡기는 식이다. 이는 여전히 많은 대중교통 회사를 국가가 소유하고 운영하는 포르투갈의 경우와 대조적이다.

이 중간 수준의 전환은 이보다 더 지역화된 경우가 많다. 한국의 경우, G밸리는 국가와 민간 부분 협력으로 계획된 이니셔티브의 예이다(7장 참조). 칠레의 수도 산티아고에서 버스 시스템을 재개발한 사례는 정책 시행의 '실패' 사례로 잘 알려져 있고, P3 파트너십으로 '해결'됐지만 장기적으로 만족스럽고 접근 가능한 서비스가 구현될지는 지켜봐야 할 일이다. 네덜란드에서도 공공–민간 협력이 정책 및 관행을 발전시키는 중요한 도구다. 국가의 교통체증 완화 정책인 '베터 베누텐Beter Benutten'은 이러한 협력의 예이다(6장 참조). 그러나 여러 사람들의 증언에 따르면, 네덜란드 정부를 대신해 장기적 위험을 감수하는 불확실성과 꺼림칙한 분위기는 전환에 대한 공공 및 민간 부문의 공동책임에 기반한 에너지 협정 및 기타 문서에 명기된 야심 찬 목표의 실현을 방해할 수 있다. 선거 주기와 단기적 조치 사이의 상관관계도 이를 방해할 수 있다.

우리가 진행한 사례 연구에서 다룬 접근 방식의 다양성은, 여기서 작용하는 메커니즘의 복잡성과 다양성을 보여 준다. 우리가 구분한 것은 결코 명확하지 않다. 동일한 메커니즘 범주 안에도 다양한 방법론과 권력관계가 존재하기 때문에 완전히 일관되게 분류하기 어렵다. 카자흐스탄의 국가 주도 전환 정책은 뉴질랜드나 싱가포르의 정책과 상당히 달랐다. 그럼에도 불구하고, 전환 정책이 얼마나 다양한 방식으로 이루어질 수 있는지를 보여 주는 중요한 사례라 하겠다. 전환 정책은 다양한 맥락과 의제, 그리고 다양한 권력관계 속에서 엄청난 수의 행위자에 의해 추진되며, 종종 특별히 저탄소 논리를 염두에 두지 않고 진행된다.

저탄소 모빌리티 전환 정책은 국가와 사회 간의 구조적 관계를 반영하고, 강화하며, 재생산할 수 있다. 물론 많은 사람들이 이미 전환 중인 사회, 예컨대 하나의 정치 시스템에서 다른 시스템으로의 전환을 배경으로 새로운 관계를 재창조하려고 노력해 왔다. 싱가포르의 전환은 중앙집중적이고 계층적인 국가 맥락 속에서 이뤄지며, 활동가나 시민사회가 주도하는 전환의 여지는 거의 없다. 근대화된 탈식민 국가에서 시장 기반 정책 이니셔티브가 주도하는 기업가정신의 강조는 강력한 국가 리더십과 결합되어 정책에서 명확하게 표현된다. 카자흐스탄의 교통계획은 현재 진행 중인 금융위기와 씨름하면서 근대화 의제의 맥락에서 탈사회주의 전환의 잔재를 처리하고 있다. 따라서 저탄소 전환을 이해하는 데 필요한 맥락의 일부로서, 민주주의로의 광범위한 전환, 정치적·경제적 근대화, 탈사회주의 전환, 사회·경제정책의 긴축에서 회복으로의 전환, 저탄소 에너지 및 산업 기반으로의 전환까지 포함할 수 있다.

국가라는 제도는 오랫동안 유지되어 온 규제력을 가지고 있으며, 이는 쉽게 방향을 바꾸지 않는다(Giddens 1984). 정부는 일반적으로 관할구역의 전반적 운영을 지시하기 위해 지속되는 방식으로 설정되어 있으며, 여기에는 경제적·사회적 재생산이 포함되며, 우리는 이것이 사람들이 이동하는 방식으로까지 확장된다고 주장한다(Jessop 2002). 국가의 상대적 완고함에도 불구하고 거버넌스 과정의 변화는 전례가 없는 것도 아니고, 현대 거버넌스와 정책 결정 과정에서 점점 더 보편화되고 있다. 때로는 이런 변화가 자발적으로 일어나기도 하고, 최선의 거버넌스를 위한 투쟁이 벌어지기도 한다.

민주적 거버넌스 구조는 풀뿌리 운동가들이 정책 결정에 개입할 공간을 마련할 수 있다. 상향식 풀뿌리 메커니즘은 모빌리티 전환에 참여하는 최적의 방법을 논의하고 토론하는 데 필요한 마찰을 제공한다. 이는 종종 글로벌, 지역, 국가, 로컬의 이해관계를 하나로 묶어 거버넌스의 관계적 측면을 강조함으로써 달성된다. 이런 의미에서 풀뿌리 활동가 네트워크는 공통의 목표를 달성하기 위해 다양한 영역에서 활동하는 다양한 행위자들의 연합으로 구성된 '연합 정치'를 형성한다. 이런 운동은 전 세계적으로 다양하며 여러 차례 성공을 거두었다. 그러나 이것이 모빌리티 전환을 달성하는 유일한 방법은 아니다.

또 다른 곳에서는, 국가의 법률 및 정치 시스템 간의 관계가 저탄소 모빌리티 정책을 촉진하거나, 적어도 정부가 이를 제공하지 않는 것을 책임지도록 하는 잠재적 통로가 된다. 네덜란드에서는 법원이 기후변화 경고를 무시하고 불충분한 탄소 감축 계획을 수립하는 것에 대해 최초의 법적 견제를 실시한 사례를 볼 수 있다. 지방법원은 네덜란드 정부에 5년 안에 배출량을 25퍼센트 감축하라고 명령했다. 최근에는 런던 히드로 공항의 제3 활주로 건설을 둘러싸고 영국 법원이 영국 정부가 서명한 파리협정을 준수하지 않는다는 이유로 건설 중단 판결을 내렸다가, 2020년 말 영국 대법원에서 중단 판결이 뒤집혔다. 이런 식의 사법적 행동주의는 같은 정부의 다른 부서들을 대립하게 만들고, 상충되는 거버넌스 수준과 그 사회계약의 취약성 간의 긴장을 가시화할 수 있다. 사법적 행동주의를 통해 실행되는 것은 종종 급진적 민주주의(거버넌스 형태를 근본적으로 바꾸는 것과는 대조적으로)이며, 정부가 자체 규칙에 따라 정부 행동에 책임을 지도록 하는 것이다. 각국의 다양한 거버넌스 규모는 저탄소 모빌리티 전환을 완화할 수 있는 정책들 간의 마찰을 일으키는 경향이 있다.

국가 차원의 모빌리티 전환에는 여러 과제가 있다. 우선, 성장은 도로 확충과 지속적 성장을 옹호하는 자동차모빌리티 의제에 고착된 경우가 많다. 이런 의제는 캐나다, 노르웨이, 브라질, 튀르키예, 칠레와 같은 국가에서 국가 및 지방정부의 개발 활동을 계속 주도하고 있다. 민간 부문은 국가 차원의 개발 및 교통 전환에서 종종 중심적 역할을 담당하며, 풍부한 자원을 가진 민간 부문의 의제는 돌파하기 어려운 경우가 많다.

국가기관은 항상 새로운 상황에 끊임없이 적응하는 복잡한 구조다. 국가와 비국가 행위자 사이의 상호작용도 마찬가지로 반응적이며 또 새롭게 나타난다. 모빌리티 전환의 측면에서 이런 관계는 모빌리티 미래를 가장 효과적으로 계획하고, 실행하고, 규제하는 방법에 대한 지속적인 협상으로 특징지어진다.

5장
정책 아상블라주
'위기' 속의 다중성, 시간성, 행위자

아상블라주
접근 방식

2011년 2월 22일, 뉴질랜드 사우스아일랜드에 있는 크라이스트처치시는 리히터 규모 6.2의 지진으로 피해를 입었다. 이로 인해 수천 명의 사람들이 집을 잃었고, 도심업무지구로 출퇴근할 수 없게 되었다. 자연재해에도 불구하고 계속 운영되어야 했던 사업 중 하나는 세무 및 사회복지를 담당하는 정부 기관인 국세청이었다. 국세청 사무실은 800명 이상의 직원들과 연결이 끊겼다.[1] 이 문제에 대한 한 가지 해결책은 재택근무였다. 당시 국세청은 공식적 재택근무 프로그램을 운영해 본 적이 없었기 때문에 정책과 자원을 신속히 개발해야 했다. 이들이 도움을 요청한 사람이 벨비스 잉글랜드Belvis England였다.

벨비스 잉글랜드는 기업과 사업체가 재택근무 프로그램을 구축할 수 있도록 지원하는 민간기관인 텔레워크Telework New Zealand 운영자였다. 벨비스는 기후변화 운동가로, 많은 사람들이 지속적으로 재택근무를 한다면 엄청난 양의 탄소 배출량을 줄일 수 있고, 환경보호와 교통체증 해소라는 두 마리 토끼를 잡을 수 있다고 굳게 믿는 사람이다.* 그는 오랫동안 기업 활동에 참여하며 국가 지원을 받아 재택근무를 공식 정책으로 만들고자 노력했지만, 시정부는 선거기간에만 그 생각에 약간 관심을 보일 뿐, 재택근무는 다양한 의제에 숨겨진 소프트 정책 형태를 취했다. 그런데 중대한 위기가 찾아오자, 많은 조직이 원격근무 방식을 구축할 수 있도록 워크숍과 세미나를 진행하기 위해 벨비스를 주요 무대로 불러내게 된 것이다.[2] 예상치 못한 자연재해, 과거와 현재의 네트워크, 그리고 새로운 규범과 문화 교육이 아상블라주를 이루어 도시 내 재택근무 프로그램의 빠른 확산을 가져왔다.

저탄소 모빌리티 정책은 종종 '위기' 시기에만 마련된다. '위기'가 없으면 기후변화나 환경파괴, 사회적 불평등, 불안정한 모빌리티와 같이 우리가 항상 마주하는 문제들은 장기적인 정책 목표로만 남는다. 금융위기, 자연재해, 정치적 혹은 사회적 불안정 시기에는 다양한 행위자들이 집단적으로 신속하게 행동한다. 코로나19 위기로 인해 전 세계적으로 개인 모빌리티가 크게 감소했을 뿐 아니라 저탄소 모빌리티 정책에 대한 동력이 생겼다.[3] 다시 말해, 모빌리티 전환 정책은 복잡한 '정책 아상블라주policy assemblages'에 존재하는 다른 정책이나 서사들과 분리되어 존재하는 게 아니다. 이 장에서는 모빌리티 전환 정책이 다른 의제, 사건, 전환들과 연결되는 여러 가지 시

• 코로나19로 인해 전 세계 부유한 인구의 상당수가 재택근무를 한 덕에 탄소 배출량이 감소하고 대기오염이 감소했다. 코로나19로 인한 셧다운의 장기적 영향을 아직 알려지지 않았지만, 벨비스의 주장이 적어도 부분적으로 옳다고 믿을 만한 근거는 충분하다.

간적 방식을 검토한다. 그중 일부는 대기질, 오염, 토지 부족, 교통 체증 논의처럼 환경에 초점을 맞춘다. 나머지는 넓은 의미에서 본질적으로 경제적 성격을 띠고, 종종 모빌리티 전환 노력과 직접적으로 상충되기도 한다.

이 책의 다른 장에서도 저탄소 모빌리티 정책의 모순과 종종 상충되는 충동, 그리고 사회정의와 관련된 쟁점을 다루지만, 특히 이 장에서는 다양한 행위자를 통해서 어떻게 정책이 시간적 방식으로 다중적인 정책 아상블라주가 되는지에 초점을 맞춘다. 저탄소 전환 정책으로 온전히 설계된 정책은 거의 없다. 아상블라주는 사람, 기술, 문화, 실천, 정책, 그리고 예상치 못한 '인간 및 비인간적 요인'을 한데 모아 국가 및 지역 차원에서 모빌리티 전환 및 저탄소 전환 문제에 대응하는 것을 의미한다. 정책적 대응은 서로 연결되어 있고 직접적인 경우는 드물다. 전 세계적으로 기후변화 논의, 조약, 배출량 감축 목표 등이 진행되고 있지만, 저탄소 모빌리티 전환에 대한 지배적 모델은 없는 상태다. 이 모순적인 이야기에 아상블라주 사고를 적용하여, 우리는 특히 정책의 배후에 있는 과정에 초점을 맞춰 다양한 생각과 요소들이 '저탄소' 모빌리티 정책의 패치워크로 '성글게' 조립되어 아상블라주가 되는 방식을 검토하고자 한다.

이 장은 다섯 개의 절로 구성돼 있다. 먼저, 저탄소 모빌리티 전환의 이해에서 아상블라주 접근 방식의 중요성을 짚어 보고, 아상블라주를 이론적으로 개괄한다. 이어지는 세 개의 절에서는 각각 다중성, 시간성, 행위자에 대해 알아보고 다양한 과정을 통해 정책 아상블라주가 어떻게 다중적이고 시간적인 방식으로 다수의 행위자를 통해 생산되는지 논의한다. 이로써 모빌리티 전환을 위한 아상블라주 사고의 핵심을 확인한다. 이 세 가지 주제를 설정하고 논의함으로써 저탄소 모빌리티 정책의 수립에서 기회(다중성)와 도전(시간성)이 모두 존재하며, 저탄소 모빌리티 정책의 동원에 사람(행위자)이 얼마나 중요한 역할을 하는지를 검토한다. 이로써 정책 아상블라주와 저탄소 모빌리티 전환의 실현에서 규모, 장소, 공간의 중요성을 질문하고 논의한다.

저탄소 모빌리티 정책 아상블라주

아상블라주는 인간과 비인간, 유기물과 무기물, 기술과 자연 등 이질적 요소들로 구성된다. 넓은 의미에서 아상블라주는 사회적-물질적, 근거리-원거리, 구조-행위성 간의 구분을 모호하게 만드는 사회적인 것의 일반적인 재구성이다(Anderson and McFarlane 2011: 124).

아상블라주 사고는 들뢰즈와 가타리의 작업에 뿌리를 두고 있으며, 마누엘 데란다, 벤 앤더슨, 콜린 맥팔레인 등에 의해 발전했다(Deleuze and Guattari 1987; DeLanda 2006; Anderson and McFarlane 2011; Baker and McGuirk 2017). 아상블라주는 우리가 연구하는 지리학의 불확실성, 비선형성,

복잡성, 이질성, 우연성을 강조한다. 지리학자들은 "창발emergence, 다중성, 불확실성을 강조하고, 다양한 요소의 일시적인 사회-공간적 형성으로 사회-공간을 재정의하기 위해"(Anderson and McFarlane 2011: 124) 아상블라주 개념을 점점 더 많이 활용하고 있다. 이런 작업은 비판적 사고에서 새로운 것은 아니지만, 아상블라주는 사회적-물질적, 근거리-원거리, 구조-행위성의 논리적 구분이나 기존 이론의 가정을 모호하게 만들어 불확실성 속에서 창발하는 확실성을 찾고자 한다.

아상블라주는 하나의 과정이다. 구체적으로 말하자면, "서로 다른 정치적 동기들이 정렬되고, 번역이 일어나고, 새로운 정책 형태가 만들어져 정책 대상이 글로벌 형태로 공동 구성되고 관련 정책 프로그램이 글로벌 아상블라주로 구성되는 과정"(Prince 2010: 172)이다. 실제로 아상블라주 프레임은 도시 공간을 '정치적으로 의미 있는 공간적 실체'로 보는 방식을 취하는 경우가 많다. 왜냐하면 도시 공간은 특정한 생각을 동원하는 과정을 통해 다양한 행위자, 권력관계, 실천이 어우러지는 공간으로 간주되기 때문이다(Allen and Cochrane 2007; Prince 2010). 이론적 도구로서의 아상블라주는, 사회-공간적 형태 이면에 있는 조립 및 해체 과정을 풀어내고, 우연한 발명으로서 아상블라주 이면에 숨겨진 정치적 측면을 탐색하고자 한다. 따라서 도시 및 정책 아상블라주 과정을 연구하는 '방법'에 관해 많은 논의가 있었다(McCann and Ward 2012; Baker and McGuirk 2017). 맥캔과 워드의 주장처럼, "정책 세계(즉, 모빌리티와 선별 사례, 모델, 우수 사례의 선택적 집합의 세계)에 대한 우리의 글쓰기는 그 자체로 아상블라주이다"(McCann and Ward 2012: 49). 그러므로 우리는 우리의 사고와 글쓰기를 그 자체로 아상블라주로 생각해야 한다.

정책 연구자들 사이에서 아상블라주 사고는 특히 영향력이 컸다. 이 접근 방식은 정책 형성을 합리적 행위자의 결과나 정책이 형성되는 특정 지역에 의해 특징지어지지 않는 과정으로, 지나치게 선형적이고 단순화된 방식으로 생각하는 것을 피하는 접근 방식으로 받아들여진다. 정책 형성에 들어가는 요소들의 이질성을 인식함으로써, 예컨대 정책이 단순히 이곳에서 저곳으로 '이전'될 수 있다는 개념이나 온전히 국가 또는 지방정부의 내부 작업으로 형성될 수 있다는 식의 개념을 거부한다(Peck 2011; Cook 2015; Savage 2020).

공-구성co-constitution과 주체성subjectivity에 대한 집중은 정책 아상블라주 개념화의 토대가 된다. 아상블라주의 분석 틀은 정통적 생각과 비정통적 생각의 공-구성을 가능하게 하지만, 문화와 장소 만들기는 둘 다 아상블라주로 형성된 주체성에 위치한다. 정책 아상블라주는 다양한 요소의 '정책 행위자의 목적에 따른 수집과 고정'(McCann and Ward 2012: 43)을 통해 발생한다. 우리는 사회과학 내의 복합적 관계를 더 자세히 탐구할 필요가 있기 때문에 아상블라주를 적용하려는 것이며, 이는 모빌리티 전환 정책에 대한 더 혼합적이고 포괄적인 사고방식을 불러일으킬 것이다. 이를 위해 이 책에서는 정책 아상블라주 개념을 기술적인descriptive 의미로 사용한다. 여기에서 아상블라주는 우리가 조사한 각 장소에서 모빌리티 전환에 기여하는 특정 정책 및 담론 구성을 불러오는 정책 행위자actors 및 행위요소actants의 노동을 보여 주며, 또한 그로부터 발생하는 이동하는 정책과 이동하는 장소를 보여 준다. 이러한 뒤얽힘은 모빌리티 전환을 과정으로서 복잡하게 만들고, 이를 이해하기 위해서는 공간, 장소, 규모, 시간성의 지리학이 필수적이다.

4장에서 살펴본 바와 같이, 전환 정책은 지역적이더라도 국가적 및 국제적 정책 프레임 안에 존재한다. 따라서 싱가포르의 공유 자전거 계획이나 서울의 '그린카드' 같은 미시적 사업은 파리협정이나 UN 지속가능발전목표의 맥락 안에 존재한다. 이와 동시에, 지속 가능한 미래에 대한 국제협약은 지역적으로 일어나는 실천과 이야기들 없이는 아무것도 아니다(Tsing 2005). 정책 아상블라주는 정치적 관할권을 통치하는 일련의 구체적 지침인 '정책 대상'을 만들기 위해 정책 요소(사람, 아이디어, 기술, 자원 등)를 지역적·영토적으로 모아 놓은 것이다. BRT(간선급행버스체계) 및 공유 자전거 계획 같은 광범위한 모델은 지리적으로 분산되어 있고 정치적으로는 반드시 연결되어 있지 않은 특정 장소에서 제도화되면서 이동하고 적응한다. 장소에 뿌리를 둔 정책입안자들은 거버넌스 문제를 관리하는 방법으로 다른 장소의 아이디어와 모델을 활용한다(McCann and Ward 2011). 정책 아상블라주는 지역 및 전 세계 모빌리티 전환에 기여한다는 점에서 관계적이다. 특정 정책 및 프레임이 기후변화와 저탄소 전환이라는 더 넓은 글로벌 맥락과 다른 지역의 정책 형성 사례와 관련되어 있다는 점에서, 관계적이다.

예컨대, 브라질의 BRT 시스템을 생각해 보자. 1974년 쿠리치바에서 개통된 BRT는 모빌리티 전환 역사상 가장 높이 평가받고 찬사를 받는 시스템 중 하나이다. 1970년대 브라질은 전환에 대해 전혀 생각하지 않았지만, 지방 도시인 쿠리치바 당국은 중앙정부의 개입이 거의 없는 상태에서 BRT 시스템을 고안하고 시행하여 도시 외관을 긍정적으로 변화시켰다. 같은 시기에 상파울루에 건설되고 있던 대도시 시스템에 충분한 재정이 지원되지 않자, 상파울루는 도시 도로망을 버스 친화적으로 전환하고, 차선을 분리하고 요금을 통합했다. 이러한 노력과 성공은 널리 인정받으며 많이 논의됐다(Rabinovitch 1996; Lindau, Hidalgo and Facchini 2010; Miranda and Rodrigues da Silva 2012). 실제로, 통합 교통 시스템을 갖추게 된 쿠리치바는 성공적인 대중교통 중심 개발(TOD)의 가장 훌륭한 사례 중 하나로 여겨진다. 이는 '주거, 상업, 여가문화 지대가 고밀도 지역에 건설되어야 하며 대중교통 역과 가까워야 함'을 의미한다. 1996년에 UN 해비타트는 이 도시가 달성한 교통 혁신을 높이 평가해 쿠리치바를 '세계에서 가장 혁신적인 도시'로 명명했다.[4]

이는 모빌리티 전환이 더 넓은 국가적 틀에서 분리되어 지방정부의 상향식 계획이 되는 경우가 많다는 것을 보여 준다. 또한, 일부 중앙정부의 계획이 장소의 정치를 통해 지역적으로 또는 국지적으로 재조정되는 방식을 보여 준다. 흥미롭게도, 쿠리치바가 BRT 정책의 실행에서 세계적으로 선도적 역할을 하고 콜롬비아의 보고타 같은 다른 지역으로 BRT를 성공적으로 수출했음에도 불구하고(Wood

2015), 쿠리치바는 지난 10년 동안 수용력 문제, 서비스 품질 저하 문제, 도시 내 지하 공사를 꺼리는 지방 당국의 태도 등으로 어려움을 겪기 시작했다. 쿠리치바는 BRT의 수용력을 맹신하고 도시철도 서비스 같은 다른 교통수단을 소홀히 했던 것 같다. 비슷하게, 브라질의 다른 지자체들도 1970년대 이후 쿠리치바의 사례를 따라가지 못했다. 이 이야기는 정책 아상블라주가 취약하고 일시적일 수 있음을 보여 준다. 정책 아상블라주는, 그것이 도시 아상블라주로 변환될 때, 사회-공간적이고 일시적이고 파편화된다. 또한 도시와 관련된 사람들의 오래된 상상력과 새로운 상상력, 그리고 예측 불가능한 상황들과 뒤얽힌다.

정책 대응은 서로 연결되어 있으며, 직접적으로 이뤄지는 경우는 거의 드물다. 저탄소 전환 정책만으로 완전히 짜여진 정책을 찾기도 거의 힘들다. 우리가 조사한 14개국에는 국제적 기후 논쟁, 조약, 배출량 감축 목표에서 불구하고 저탄소 모빌리티 전환의 지배적 모델은 없었다. 다음 절에서는 우리가 조사한 지역의 사례 연구를 통해 이러한 정책 아상블라주 과정을 더 자세히 살펴보자.

정책 아상블라주의 세 가지 주요 과정부터 정리하면 이렇다. 첫째, 우리는 정책 아상블라주의 다양성을 강조한다. 우리가 접한 모빌리티 전환 정책은 다른 의제, 의도, 목적 또는 효과(예컨대 결핍 담론, 자유주의 논리 또는 자동차모빌리티의 지속성)와 분리될 수 없음이 분명해졌다. 이러한 상호연결성과 다양성은 저탄소 모빌리티 전환이 패치워크처럼 이질적으로 일어날 수 있게 하지만, 이는 일시적인 것이기도 하다. 따라서 둘째, 우리는 정책 아상블라주의 시간성에 대해 논의한다. 우리는 모빌리티 전환 정책이 일시적이며, 다른 새로운 아이디어가 등장하거나 새로운 기술이 개입하면 쉽게 무력화되기도 한다고 말한다. 셋째, 우리는 정책을 구성하고 끌어당기는 다양한 행위자들의 이야기를 들려주고, 그들이 어떻게 이동하는 사람, 이동하는 정책, 이동하는 장소를 통해 여러 방식으로 연속적이고 집단적으로 일어나는지 설명한다(McCann and Ward 2012).

다양성과 패치워크 전환

정책 아상블라주는 다른 모든 아상블라주와 마찬가지로 다양성과 이질성을 특징으로 한다. 정책 아상블라주는 특정한 목적 혹은 목적을 달성하기 위해 의도와 우연의 조합으로 배열된 수많은 자극, 목적, 사람들, 아이디어, 사물, 궤적으로 구성된다. 우레타가 주장했듯, 정책 아상블라주는 구성상 이질적이지만 전략적으로 지향되는 특정 '정렬 방식'으로 특징지어진다(Ureta 2015). 정책 아상블라주는 배열되어 있으며, 그 배열에는 노력이 필요하다.

아상블라주는 단순히 계획적인 개입의 최종 결과물이 아니다. 정책은 때때로 의도치 않은 외부효과를 낳으며, 저탄소 전환은 의도일 수 있는 만큼 외부효과일 수도 있다. 저탄소라는 이미지를 구축하는 것은 완전히 다른 의제임에도 불구하고 중요한 유인책이 될 수 있다(Temenos and McCann 2012). 저탄소 전환은 때로 정책이나 계획에서 핵심적으로 의도하지 않았거나 부차적으로 발생하는 부산물이다. 예컨대 서울의 G밸리 사례를 생각해 보자.

G밸리[5]는 서울 중심부에 위치하는 대한민국 최초의 첨단산업지구이다. 2015년 6월 3일, G밸리를 전기자동차의 메카로 만들고 최초의 국가 '친환경 전기자동차 지구'가 될 것이라는 계획이 발표됐다. G밸리는 국가가 탄소 배출량을 줄이고 전기차를 장려하려는 맥락에서 형성됐지만, 이런 목적만을 위해 설계된 것은 아니다. G밸리는 1만 개가 넘는 다양한 첨단기술 기업과 스타트업의 본거지다. 1970년대부터 성장하기 시작한 이 지역은 '가산'과 '구로'라는 두 지역을 포함하고 있어, '실리콘밸리'를 닮은 'G밸리'라는 이름을 얻게 됐다. 서로 다른 산업들이 두 개의 지역 주변에 흩어져 있으며, 세 개의 다른 구역(192만 2천 평방미터 이상)으로 나뉘어 있다. G밸리 내의 교통은 현재 셔틀버스와 회사 차량만으로 제한되어 있다. 이는 G밸리의 장기적 문제였다. 내부 교통 문제를 해결하지 않으면 근로자들이 자가용을 이용할 수밖에 없는데, 그렇게 되면 밸리 안팎으로 교통체증이 발생하기 때문이다. 그래서 G밸리 조직위원회는 전기차에 대한 지방정부의 정치적 지원을, 공유 전기차 시스템을 통해 생태적으로 유익한 방식으로 문제를 해결할 기회로 삼았다.

2014년 중반, G밸리 조직위원회는 공유 전기차 시스템 설치 프로젝트를 민-관 공동투자로 진행하자고 서울시에 제안했다. 서울

시내 전기차 사용을 대중화할 혁신적 방법을 모색하던 서울시로서는 멋진 제안이었다. 이는 '진정한 원-윈 상황'(Interview, Seoul Metropolitan Government)이었다. 수많은 회의와 포럼을 거쳐 서울시는 'G밸리 공유전기차 마스터플랜'을 발표했다. 이 계획에는 G밸리 조직위원회, 서울시 지방정부, 우리은행, 건설사 및 녹색건축 NGO를 포함한 8개의 이해관계자가 참여했고, 이들은 2015년 6월 2일에 상호 협력 및 지원을 통해 G밸리 내 효과적 공유 전기차 시스템을 구축하기로 상호 협약을 체결했다.

이 민관협력은 성공적이었던 것으로 평가되며, 서울의 기존 차량공유업체들도 참여를 원했다. G밸리로 출퇴근하는 사람들은 'G카'라는 공유 시스템에 가입하고, 이상적으로는 (자가용 대신) 대중교통으로 출퇴근하고 G밸리 내 이동 시에는 G카로 갈아타게 된다. 정책 및 산업 분야의 다양한 이해관계자들과 기타 전문가들 간의 합의를 통해 부정적 영향이나 손실을 줄일 지원 시스템도 구축될 것으로 예상된다. 매일 17만 명 이상의 근로자가 이 지역에서 일하고 있기 때문에 G밸리의 전기차 사용은 서울의 온실가스 배출량을 줄일 수 있는 잠재력이 분명히 있다. 그러나 이 같은 환경적 이점이 이 프로그램의 주요 이유가 아니다. 오히려 서울 G밸리의 공유 전기차 투자 목적은, 명확한 저탄소 의제를 발전시키는 것보다 실리콘밸리와 유사한 첨단기술 이미지를 홍보하는 자극제 역할에 있다. 이는 인터뷰에서도 명확히 드러난다.

우리는 G밸리에 전기차 시스템을 구축함으로써 이곳이 전기차의 중심지가 되기를 바랍니다. 그래서 사람들이 전기차를 사고 싶다면 얼른 G밸리에 가서 살펴볼 수 있도록 말이죠. 현재 G밸리에는 쇼핑몰, 멋진 식당, 기술을 즐길 수 있는 흥미로운 곳이 많아, 관련 직원들 외에도 매일 수천 명이 방문합니다. 만약 그 사람들도 전기차에 관심을 갖게 만들 수 있다면 이 프로젝트의 이점이 세 배로 늘어날 것입니다.[6]

이 경우, 전기차 정책은 G밸리를 아시아판 실리콘밸리로 만들 첨단기술 장소로 브랜딩하는 과정으로 포장된다. 특히 G밸리는 특별계획구역으로 지정되어 이러한 아상블라주가 일어날 수 있는 장기적인 기반을 이미 마련했다. 두셋과 박이 언급했듯, G밸리는 '예외공간'(Doucette and Park 2018)으로 작동한다. G밸리의 첨단기술 브랜딩과 경제적 활동은, 혁신을 장려하고자 설계된 특정 경제정책과 함께 이 지역의 새로운 기술 및 교통정책 수용에 기여했다.

온실가스 배출량 감소 효과를 낳는 여러 계획들은 대체로 온실가스 감축 노력으로 시작되지 않는다. 예컨대 슬로시티Cittaslow와 전환마을Transition Towns은 탄소발자국 감소가 주목적이 아니라 지역주의 강화와 지역 주민의 생활 방식 개선이 주목적이었다. 아랍에미리트에서 재생에너지 투자는 석유 부족으로 인한 경제 다변화와 관련된 것이며, 배출량 감소 자체보다는 친환경 성장 의제와 더 명확하게 일치한다. 어쩌면 모빌리티 전환 정책을 가능하게 하는 것이 무엇인지를 이해하는 가장 좋은 방법은, 저탄소 목표와 대개 경제적인 성격을 띠는 다른 이해관계 및 명령 간의 일치를 발견하는 것일 것이다. 따라서 저탄소 전환이 정책 작업으로 통해 어떻게 이뤄지는지에 대한 복잡성과 상호연관된 논리를 이해하기 위한 아상블라주 접근 방식은, "구조가 복잡한 방식으로 결합된 특정 아상블라주와 밀접하게 연결되어 있고, 그로부터 발생한다는 점을 지적함으로써 구조적 설명을 제한하지만 부정하지 않는다"(Prince 2010: 172)는 점에서 유용하다. 이처럼 다른 의제와의 뒤얽힘은 저탄소 모빌리티 전환이 '패치워크 전환'으로 실현될 수 있는 기회(동시에 제약)를 만든다.

우리는 '패치워크'라는 용어를 사용해 광범위한 정책 체제 내 다양한 규모에서 종종 연결되지 않거나 응집력 없는 방식으로 발생하는 전환 작업을 설명한다. 패치워크 전환의 임시적 특성은 지속적 문제를 해결하기 위해 '작동하는' 정책과 프로그램을 결합하는 아상블라주 개념과 유사하다. 인프라 복구에서의 패치워크 개념에 대한 글에서 알레한드로 드 코스 코르소는 이 개념이 "확률 계산과 이전 관행 및 경험을 기반으로 한 지식과 행동 방식의 배치를 포함한다"고 말한다. 이것들은 확정적인 해결책을 제공하는 걸 목표로 하지 않으며 부패를 확실히 막을 수 있는 것도 아니다(De Coss-Corzo 2020: 11). 데이비드 챈들러와 존 퓨는 인류세Anthropocene 내에서 기후변화 전조로서 섬들을 관찰하는데, 여기에서 패치워크가 수행하는 존재론적 작업에 대해 간략히 언급한다(Chandler and Pugh 2020). 그들은 섬이, 현장에서 관찰될 수 있는 더 큰 기후변화의 축소판이라고 암시한다.

따라서 패치워크를 아상블라주를 통해 읽는다고 생각한다면 G밸리 공유 전기차 시스템 또는 슬로시티 및 전환마을 운동 같은 예는, 저탄소 모빌리티 전환을 위한 시스템, 인프라, 정책, 실천을 다양한 각도에서 접근하여 이동하는 생활 방식과 결과를 변화시키는 방법으로 함께 읽을 수 있다. 또한, 드 코스 코르소(De Coss-Corzo 2020)의 지적대로, 실천으로서 패치워크에 수반되는 노동은 실행 가능한 시스템(우리의 경우 실행 가능한 정책)을 설계할 때 다양성을 강조할 뿐만 아니라, 뒤에서 다시 다루겠지만, 전환으로 가는 여러 경로를 따라 불균등한 권력관계를 드러내기 위해 분석을 확장한다.

'밴쿠버의 가장 친환경적인 도시' 사례는 서로 밀접하면서도 모순적인 다중성으로 결합된 저탄소 정책 아상블라주의 한 예이다. 하퍼의 보수당 정부(2006~2015) 말기에 캐나다 연방정부 내에 저탄소 전환 정책에 대한 관심은 거의 없었고, 모빌리티 정책은 전적으로 경제발전에 초점을 맞추고 있었다. '지속가능성'이라는 단어는 경제성장을 지칭하는 데에만 전략적으로 사용되었고, '지구온난화'라는 용어는 거의 금지됐다. 그러면서도 밴쿠버시는 '세계에서 가장 친환경적인 도시'가 되려고 노력하고 있었다. 밴쿠버는 공중보건, 교통, 위생 정책 등 모든 것을 포함하는 시 정책 틀 아래 여러 지자체, 지역, 주정부 정책이 통합되어 지역 차원의 저탄소 전환을 추진했다. 그러나 이러한 정책 아상블라주는 광역도시권에만 국한됐고, 브리티시컬럼비아주 전체에는 거의 영향을 미치지 못했다.

밴쿠버 지자체의 지속가능성 정책인 '가장 친환경적인 도시 행동

계획The Greenest City Action Plan'은 환경친화적인 도시로서의 오랜 역사와 '밴쿠버주의Vancouverism' 모델을 활용했다. 밴쿠버주의는 도보로 이동 가능한 동네를 설계하고, 도심 속에 포디움-타워〔저층 넓은 기단부 위에 고층 탑이 올려진 형태의 건물〕 형태의 고층 주거 건물을 건설하고, 콜하버 방파제 같은 민간 부동산 개발로부터 지역사회 편의시설 혜택을 얻는 등의 특정 계획 이상과 실천을 말한다. 밴쿠버주의는 특히 환경에 초점을 맞췄다는 점에서 널리 알려졌다. 그래서 이 개발 모델은 텍사스주 오스틴과 아랍에미리트 두바이 등 다양한 도시에서 활용되고 있다(Lowry and McCann 2011). 세계에서 가장 친환경적인 도시가 되겠다는 벤쿠버의 야심은 벤쿠버 도시개발 모델의 글로벌 아상블라주에 기반한다. 밴쿠버의 목표와 두바이처럼 멀리 떨어진 장소들 사이의 관계적 연결은 국가적 규모의 정책과는 거의 완전히 분리되어 있지만, 전 세계적으로 잘 연결된 지역 정책 체제로서의 정당성을 강화시킨다.

모빌리티 정책에 환경적 근거가 명시된 경우조차 그 용어가 혼란스러울 때가 많다. 기후변화 대처와 관련된 공통된 어휘는 없는 것 같다. '전환'이라는 용어 외에도 '지속가능성', '적응', '회복력'이라는 용어를 접하게 되는데, 이 용어들이 모두 일관된 정의가 있지는 않다(Temenos and McCann 2012; MacKinnon and Derickson 2013; Derickson 2016). 논쟁의 조건이 불분명하고 모호할 때 전환이 계획되는 방식은 더욱 복잡해진다. 이러한 명칭 자체가 다중성을 갖고 있다는 점은 잘 알려져 있는데(Anderson 2015; Schwanen 2016), 이는 '빈 기표'(Davidson 2010; Temenos and McCann

2012)로 작용할 위험이 있다. 실제로 케이트 데릭슨이 지적하듯이, 이러한 모호성은 지배적인 자유주의 논리에 저항하고 유의미한 반대를 불러오고 결국 변화를 일으키는 풀뿌리 사회운동의 능력을 약화시킨다(Derickson 2016). 이런 분열을 극복하고 공통적인 용어를 확립하려면 '전환', '지속가능성', '회복력' 같은 개념을 더 긴 시공간 축을 통해 재고해 보아야 한다(Schwanen 2016). 혼잡 및 오염과 같은 다른 환경 문제가 그 즉각성과 가시성 때문에 기후변화 문제보다 더 주목받는 경우도 있다. 기후변화와 달리 이런 문제들은 즉각적으로 체화된 방식으로 경험될 수 있다. 이런 논리는 특히 코로나19에 대한 전 세계적 대응에서 두드러지게 나타났다. 일반적으로 특권을 누리던 인구 집단 사이에서 사망 위협이 발생하면서 단기간에 모빌리티 체제가 크게 변한 것이다. 정책, 장소, 행위자의 특정한 성좌는 국가, 지역, 단일 지자체 등 다른 정책 아상블라주와 교차한다. 다양한 정책 관심사 간의 긴장 관계는 정책 결정이 이뤄지는 비선형적 경로를 드러낸다.

성공적인 것 같은 정책의 결과도 장기적으로 평가해야 하며, 예상치 못한 결과와 의도치 않은 결과가 나타날 수 있음을 고려해야 한다. 예컨대 '이상적 전환 정책'의 특징을 보여 주리라 기대되는 네덜란드에서, 우리는 로테르담의 '베터 베누텐Beter Benutten' 프로그램을 접했다. 이 프로그램의 목표는 교통체증을 줄이는 것이었고 환경적 목표에도 부합하는 듯 보였다. 2011년에 시작된 이 프로그램은 국가 정부(환경부), 지방 정부, 지자체, 운송회사 및 기업이 협력하여 4

년간 시행되는 국가 프로그램이었다. 정부와 참여 지역은 이 프로그램에 14억 유로를 투자했다. 이 프로그램의 공식 목표는 '가장 극심한 정체 지역의 혼잡도를 20퍼센트 줄이고, 가장 혼잡한 지역의 통근 시간대 도어-투-도어 이동 시간을 10퍼센트 개선하는 것'이었다.[7] 사용자들의 행동 변화를 유도하고 몇몇 사소한 인프라를 개선하여 목표를 달성하도록 계획되었다. 이 프로그램은 자동차 사용자를 대상으로 하지만, '자동차 반대'가 아니라 '혼잡 반대' 프로그램이라는 점을 강조했다. 최근의 집계에 따르면, 프로그램이 시작된 2011년 10월 이후 매일 4만 8천 건의 통근 시간대 교통량 분산 효과가 나타났다.[8] 이 프로그램 홍보 영상에서 '혼잡'은 직원들의 업무 시간 손실과 개별 고용주 및 국가 입장에서도 경제적 손실을 초래하는 문제로 지적된다. 이 영상에서 제시하는 해결책은 간단하다. 출퇴근 시간 중 가장 혼잡한 시간대에 자동차 수가 조금만 줄어도 교통 체증이 상당히 해결될 수 있다는 것이다.[9] 이를 위해서는 특정 지역의 상황에 맞는 소규모 인프라, 조직, 또는 정보통신기술(ICT) 솔루션과 결합된 행동의 변화가 필요하다. 개인이 자동차를 포기하라는 것이 아니라, 이용 가능한 다양한 모빌리티 수단 중 하나를 선택하라는 것이다.

12개 참여 지역에서는 목표를 달성하기 위해 각자 자체적인 조치를 취하고 있다. 자전거 이용 장려, 직원들에게 전기자전거 무료 대여, 출퇴근 시간 외 이동 장려(재정적 지원 등), 혼잡 지역을 벗어나 재택근무 혹은 다른 장소 근무 장려, 공영 주차장 건설, 대중교통 회사와 협력하여 직원용 셔틀버스 운행, 행동 변화 캠페인, 운전 행동을 모니터링하는 모바일 앱 출시 등이다. 이 웹사이트의 보고서에 따르면, 현재까지 베터 베누텐 프로그램의 일환으로 총 400개의 프로젝트가 시행되었다고 한다. 애초에 환경 목표는 포함되지 않았지만, 이 프로그램은 배출량 감소라는 부수적 효과를 얻었다.[10] 또한 관련 부처에서는 베터 베누텐 프로그램이 배출량에 미치는 영향에 대한 연구를 의뢰하여, 참여 지역의 도로교통에서 이산화탄소 배출량이 1퍼센트 감소한 것을 확인했다.[11] 그러나 지속 가능한 모빌리티와 관련해서는, 이 기획이 장기적 비전이 결여된 단기적이고 결과지향적 프로그램이라는 점, 모빌리티의 환경적 측면에 대한 관심이 너무 적다는 점, 결국 교통량 증가로 이어진다는 점(통근 시간대의 혼잡은 줄어들지만 하루 종일 교통량이 증가함) 등을 들어 비판하는 전문가들이 있었다.

로테르담의 베터 베누텐 프로그램에서 대기질과 이산화탄소 배출량에 미치는 영향은 주된 부분이 아닌 것으로 보인다. 환경적 이점을 제공하는 경쟁 프로젝트는 추가 보조금(로테르담시에서 부담)을 받을 수 있지만, 이 프로그램은 도시 기후 계획과 협력하지 않았다. 이 프로그램을 주도하며 접근성 문제를 해결하는 민관협력체인 베르케론더네밍Verkeeronderneming은, 베터 베누텐의 결과로 로테르담의 대기질이 개선됐다고 주장했지만, 교통혼잡 해소에만 초점을 맞춘 결과 로테르담 지역의 전체 교통량이 증가했다는 점은 인정한다.

베터 베누텐의 경우, 정책 아상블라주를 통해 단기간에 특정 문제

(교통체증)를 해결할 수는 있었지만 전체 도로교통량이 늘었다는 점에서 그 환경적 영향은 긍정적이지 않을 수 있다. 베터 베누텐 사례는 다양한 관심사와 상호연결된 의제가 저탄소 모빌리티 전환의 출발점을 자극할 수는 있지만, 그 영향은 여러 결과를 초래할 수 있으며 심지어 모순된 결과가 나올 수도 있음을 보여 준다.

싱가포르 통행료 자동결제 시스템Electronic Road Pricing(이하 ERP)과 같이 도시의 교통체증을 줄이는 데 성공한 정책이 있기는 하지만, 이는 교통량을 다른 시간대로 분산시켜 체증 완화에만 도움이 될 뿐 탄소 배출량에는 거의 영향을 미치지 못했다. 싱가포르의 통합교통 계획의 핵심 목표는 자동차 사용의 필요성을 줄여 토지의 도로 할당을 줄이고, 교통혼잡, 그리고 말레이시아와 인도네시아 인접 도시를 괴롭히는 대기오염을 줄이는 것이다. 따라서 싱가포르는 할당 시스템(VQS)과 도로요금 징수 시스템을 포함하는 가장 엄격한 자차 소유 및 운전 규제 제도를 도입했다. VQS는 싱가포르의 차량 수를 통제하는 데 효과적이었다. 1990년대에 VQS는 차량의 연간 증가율을 3퍼센트로 줄이는 데 성공해, 1990년 이전 6.8퍼센트 수준이었던 증가율을 절반 이상 줄였다. 그리고 ERP 제도가 연동됐다. ERP는 교통혼잡 수준에 따라 요금을 부과하면서 차량 사용을 관리한다. 운전자들이 대체 경로를 사용하고, 이동 일정을 조정하며(특히 통근 시간대), 광범위한 대중교통 시스템을 사용하도록 유도하는 것이다.

ERP는 피크 시간대 교통혼잡을 줄이는 데 성공하여 온실가스 배출을 줄이는 데도 도움이 되었고, 그 결과 대기질이 개선됐다. 그러나 자동차 소유에 대한 문화적 수요를 완화하지는 못했다. 대기질 문제가 통제되자, 싱가포르 정부는 COE(차량등록증명서) 및 자동차 소유 제한을 풀었다(Sharp 2005; Han 2010). 싱가포르 교통계획을 관리하는 육상교통청(LTA)은 교통혼잡을 관리하고 차량 소유에 드는 비용을 낮추기 위해 ERP를 도입하겠다고 밝혔다. 이는 싱가포르 저탄소 모빌리티 전환에 영향을 미칠 것이다. 환경적·사회적 요구와 수요를 완화하는 정책의 일환으로 시장 메커니즘에 의존하겠다는 의미이기 때문이다.

밴쿠버의 '가장 친환경적인 도시', 네덜란드의 베터 베누텐, 싱가포르의 ERP 같은 사례에서, 우리는 정책이 복잡한 다중성으로 나타나는 것을 발견할 수 있다. 이는 저탄소 모빌리티 미래를 상상하고 그 미래를 실현할 정책을 제도화하는 선형적 과정과는 다르다. 오히려 이는 패치워크 전환에 관한 것이며, 언제나 저탄소 전환인 것도 아니다. 정책들은 대부분 다양한 동기와 투입으로 이루어지기 때문에 저탄소 미래 또는 온실가스 배출량 감소는 방정식의 일부에 불과하다. 이 세 가지 모빌리티 정책 아상블라주 모두에서 각각의 '성공'이나 '실패'는 결코 완전하거나 의도적인 것은 아니다(Temenos and Lauermann 2020). 6장에서 확인하겠지만, 이러한 정책의 상당수가 뿌리내린 압도적인 논리는 시장 기반 경제 내에서의 경제성장이다. 정책 구축의 주요 동인이 환경적인 경우라 할지라도 항상 지구온난화 문제가 중심에 있는 것도 아니다. 단순히 도로 혼잡일 수도 있고, 때로는 대기오염으로 인한 즉각적인 건강 불안과 관련된 것일 수도 있다. 능동적 이동(걷기 및 자전거 타기)을 장려하는 정책은 칼로리 계산, 체중 감소 효과, 심장 건강 등을 강조한다. 모빌리티 전환 상상은 이 모든 고려 사항이 혼합된 것이다.

위기의 시간성

전환 정책의 복잡한 성격을 인식할 때 드러나는 주제는 시간성 temporality이다. 여기서 핵심은, 해결해야 할 문제의 장기적 성격과 이를 해결하는 데 필요한 조치의 상대적 긴급성 사이의 근본적인 불일치다. 지구온난화에 대해 생각하고 상상한다는 것은, 산업혁명 이래 수세기에 걸친 변화에 관여한다는 것이다. '인류세'라는 용어로 표시되는 지질학적 시간 척도를 고려할 때, 이것도 비교적 즉각적인 것이다. 지구온난화에 대한 정책적 대응을 생각하거나 상상할 때, 온실가스 배출량을 줄이는 것이 지구 평균기온에 영향을 미치기까지는 매우 오랜 시간이 걸리기 때문에 중기적 관점에서도 생각해야 한다. 하지만 대부분의 정책입안자들은 노력 대비 단기적 성과를 기대한다. 정책과 지구온난화 사이의 시간적 층위는 경제성장, 선거라는 정치적 시간 프레임, 대기오염과 도로 혼잡 같은 더 즉각적인 환경문제와는 다른 시간적 층위와 추가로 얽혀 있다. 따라서 정책 아상블라주는 또한 시간적 아상블라주이다.

아상블라주는 나타났다 사라진다. 대나무 칫솔, 알록달록한 텀블러, '100퍼센트 재생 가능한' 재료로 만든 일상용품 등과 같이 유행을 따른다. 훌륭한 아이디어는 사람들을 끌어들이고 미래 세대를 위한 '완전한 친환경' 라이프스타일 전환을 만들어 낼 수도 있다. 그러나 아상블라주는 취약하고 우연적이다. 아상블라주는 지속되는 동안 일시적 유행이나 단계로 존재하는 경향이 있다. 정책도 마찬가지다. 예컨대 한국의 스마트워크센터 정책은 대통령선거 기간 동안 환경문제와 관련된 정책에서 일과 가정 간 균형에 관한 정책으로 바뀌는 등 다양한 의제와 결합되었다. 전환 정책은 다른 새로운 아이디어가 나타나거나 새로운 기술이 방해하거나 '위기'가 끝나면 쉽게 폐기될 수 있다. 코로나19 팬데믹, 2008년 금융위기, 또는 앞서 언급했던 크라이스트처치 지진과 같은 운송매개적 순간은, (위기 시 긴축재정이 시행되는 것처럼) 정책이 매개되는 발화점 또는 접점 역할을 하거나 (지진 및 코로나19 시기 원격근무가 시행된 것처럼) 정책을 출현시킨다. 이런 사건들은 촉매 효과를 통해 지역 정책 아상블라주 및 더 넓은 글로벌 아상블라주 내에서 전환 정책을 가능케 하는 동원의 순간으로 작용한다.• 이러한 정책 아상블라주에 나타나는 시간성의 지리는 다양한 효과와 영향을 불러온다.

아상블라주는 '일종의 임시적인 사회-공간적 형성'으로 예상치 못한 상황과 여러 인간 및 비인간 요인들이 정렬된 것이다(McFarlane

---

• '운송매개적' 순간vehicular moment은 McLennan(2004)이 개념화한 '운송매개적 아이디어 vehicular idea'에서 가져온 것이다. McLennan(2004) 또는 Temenos and McCann(2012) 참조.

and Anderson 2011: 124). 토론토 공유 자전거는 이러한 다중성과 인간 및 비인간 요인이 빚어내는 시간성의 아상블라주였다. 지난 20년 동안 활발한 자전거 커뮤니티를 만들어 온 토론토는, 시 당국의 계획 담당자들이 2005년부터 공유 자전거 프로그램 구축을 위해 노력했지만 정부의 관심 부족으로 매년 자금 지원을 받지는 못했다. 그러다가 2009년 이례적으로 겨울이 따뜻한 바람에 제설 예산이 일부 남게 되어 마침내 예산을 받을 수 있었다. 예상치 못한 상황 덕에 프로그램을 시작하기는 했지만, 수요를 증명해야 정부예산을 확보할 수 있었기에 토론토시는 1천 명의 유료 구독자를 확보해야 했다. 결국 토론토시는 500만 캐나다달러를 예산으로 받았고, 2020년 도시 곳곳에 5천 대의 자전거가 설치된 465개의 자전거 스테이션을 갖게 되었다. 2010년 프로그램 시작 당시 자전거 1천 대와 80개의 스테이션이었던 것을 생각하면 극적으로 성장한 것이다. 토론토 공유 자전거는 이제 관광 명소이자 성장 중인 능동적 교통 인프라의 일부로서 도시 거주자의 정체성이 되었다.

이러한 빠른 발전은 여러 일시적 시간성 내러티브를 수반한다. 첫째, 토론토 공유 자전거는 점점 민영화되고 있으며 최근 최대 1,120만 달러의 자금도 확보했다(Zaichkowski 2020). 이는 공유 자전거 프로그램이 단기 사용자를 대상으로 빠른 수익 회수를 목표로 할 가능성이 높으며, 이 프로그램이 일반 대중교통의 일부가 되는 장기적 지속가능성을 상상하기 어렵다는 것을 잘 보여 준다. 둘째, 공유 자전거 프로그램과 기존 공공 인프라의 통합이 제한적이다. 관계자의 말에 따르면, 현재 토론토에는 자전거 이용과 관련된 '정책이 거의 없기 때문에'[12] 자전거 이용 성장은 더디게 진행될 것이다. 연방정부와 주정부의 재정적 지원이 없다면, 토론토 공유 자전거 프로그램은 자전거 스테이션을 더 늘리고 인프라를 유지하고 자전거 전용도로를 건설하는 등 당면 과제 해결에 어려움을 겪을 것이다. 이와 관련해서 아직 해결되지 않은 쟁점은 경제적 비용-편익, 토지 이용 갈등 및 도로 안전 문제다. 다른 대중교통과의 통합도 중요한 숙제인데, 자전거를 기차나 버스에 싣고 타기가 어려워서 도시 외곽이나 먼 거리를 이동하는 통근자들이 자전거를 이용하기가 힘들기 때문이다. 자동차중심주의에서 벗어나 대중교통 및 능동적 교통 모델을 늘리려는 생각은, 정책 결정 및 계획 수립에 도시 전환urban turn을 반영한다. 그러나 외부에서 보기에는 성공적으로 보이는 토론토 같은 도시도 여전히 긴축 도시주의austerity urbanism(Peck 2012)를 경험하고 있으며, 모빌리티 전환을 유지하기 위해 풀뿌리 재정 지원이나 지역사회 조직 및 단체에 의존하거나 비인간적 요인(예컨대 다시 한 번 따뜻한 겨울이 오리라는 기대)에 의존해야 한다.

  도시 아상블라주의 시간성은 예측하거나 우회하기 어려우며, 특히 신기술 도입을 생각하면 더욱 그렇다. 전기화나 청정연료 사용과 같은 탄소 배출 감소를 위한 기술혁신은, 산업 내 기존 생산-소비 패턴을 바꾸는 개별 정책 기반을 확보하지 않고서는 산업 전반의 탄소 배출을 줄이는 결과를 낳을 수 없다(Schaltegger and Wagner 2011). 우선 에너지 가격은 어떻게 될지 불확실하다. 또, 공공 보조금이 바로 뒷받침되지 않는 저탄소 기술로의 전환에는 막대한 비용이 든다. 그렇기 때문에 산업계에서 이를 전폭적으로 수용하기가 어렵다. 새로운 기술의 시간성은 제도적 기업가정신의 구조적 수용을 강조하는 혁신 및 전환 연구로 설명할 수 있다. 반면에, 아상블라주 사고는 예상치 못한 외부 효과를 풀고 정책 실패의 실제 과정을 탐구하기 위해 더욱 노력한다.

예컨대 완전한 탄소 제로 도시를 만들겠다던 아랍에미리트 마스다르 시티 사례는, 예상치 못한 상황으로 인해 정체될 수밖에 없는 기술적 관심으로 촉발됐다. 마스다르 시티 프로젝트는 2006년 아랍에미리트의 장기적 경제 다각화 계획인 '석유 부국에서 재생에너지 강국으로'의 일환으로 시작되었다(Reiche 2010: 379). 아부다비 시내에서 17킬로미터 떨어진 6제곱킬로미터 규모의 개발지대는 노먼 포스터의 건축 회사가 설계했고, 아부다비 자체 예산만으로 220억 달러가 초기에 투입되었다. 당초의 '마스다르 이니셔티브' 비전은 완벽한 탄소 제로의 복합 용도 커뮤니티를 만들고, 첨단산업에 외국인 투자를 유치하는 것이었다. 도시의 모든 건물은 폐기물 및 탄소가 전혀 배출되지 않도록 설계됐다. 도시 전체의 모빌리티는 자동차 없이 PRT Personal Rapid Transit를 통해 연결될 예정이었다. PRT는 마스다르 시티의 도로 아래에 설계된 전용 통로로 운영되는 전기동력 1인승 자동화 차량이다. 컴퓨터로 제어되고 센서를 사용해 차량을 탐색하게 된다.

하지만 건설이 시작되고 몇 년이 흐르자, 마스다르 시티는 기존

계획을 대폭 수정해야 했다. 2008년 경제위기는 국가에 부정적 영향을 미쳤고, 주택시장 침체가 이어지면서 사업 투자자 모집이나 부동산 구매자를 찾기가 어려워졌다. 정부가 원래 투자했던 자금은, 물론 아름답게 디자인되었으나 모든 것이 '너무나 비싼' 첫 번째 건물 몇 채와 첫 번째 PRT 정류장에 투입되었다. 게다가 PRT가 건설되는 동안 전기차 및 전기버스 같은 추가적 기술이 도입됐는데, 애초 계획대로 도시 전체에 PRT를 설치하는 것보다 이편이 훨씬 저렴하고 접근성도 뛰어났다(Nader 2009; Reiche 2010). 그래서 현재 이곳에 PRT 정류장은 단 하나뿐이며 도시 내 일상적 모빌리티 수단으로 사용되기보다는 관광 명소로 더 많이 활용되고 있다. 나머지는 도시 외부에 주차해야 하는 전기버스와 전기자동차로 운영되고 있다. 도시가 완전히 건설되는 데까지 얼만큼의 시간이 더 필요할지는 불분명하다. 현재는 약 40퍼센트 건설된 상태이다.

전환을 저지하고 특정 정책 아상블라주에 기여하는 더 큰 힘이 작동하고 있는 것은 분명하다(Wiig 2015; Cugurullo 2018). 특히 여러 사례 연구에서 경제 및 정치 위기가 모빌리티 전환을 저지하거나 지연시킨 경우가 많았다.* 하지만 마스다르 시티 사례는 전환 실패의 특징이 항상 국가 개입의 부재와 관련되는 것은 아님을 보여 준다. 때로는 아랍의 부흥주의(Reiche 2010)에서 나타나는 것과 같이 정치적 의지가 지나치게 과도할 때도 있다. 어떤 비전은 지나치게 미래지향적이어서

---

* 하지만 이는 복합적인 관계이다. 6장에서 더 자세히 다루겠다.

(기술적 '와우' 요소에 지나치게 의존적이어서) 실행 가능하지 않을 수도 있다. 국가의 전폭적 지원을 받는 극적인 혁신에서도, 아상블라주가 끊임없이 유동적이고 잠정적이기 때문에 모빌리티 전환이 항상 혹은 쉽게 달성될 수 있는 것은 아니다. 아상블라주는 시간과 공간을 통해 조립된다.

행위자
: 주체성과 장소만들기

정책 결정 과정에는 이동하고 상호작용하는 사람, 아이디어, 사물이 포함된다. 아상블라주의 관점에서 정책과 정책 결정을 생각한다는 것은, 특정 장소의 특정 정책이 그 외부와 맺는 관계를 인식한다는 의미다. 정책 결정은 특정 장소에 대한 정책을 생산하는 과정에서 사람, 아이디어, 사물을 모은다. 전체는 단순히 부분으로 축소될 수 없는, 독특하게 창발적인 정책 또는 정책 아상블라주를 함께 생산하는 부분들로 구성된다. 특히 그 과정에 투입되는 노동에 초점을 맞추면 이 과정을 패치워크로 볼 수도 있다. 이동하는 행위자들은 이러한 창발에 핵심적 역할을 한다. 이동 관련 정책을 연구하려면 때로는 "일상적 업무 실천에서 정책을 생산, 유통, 중재, 수정, 소비하는"(McCann and Ward 2012: 46) 전달 행위자와 함께 움직이는 문화기술지적 접근 방식이 필요하다.

정책 아상블라주를 이해하는 것은 결코 간단한 작업이 아니며, 우리의 연구는 '직접 살아 보는' 전통적 의미의 문화기술지적 연구는 분명 아니었다(Cook and Crang 1995). 우리는 베이커와 맥궈크가 아상블라주 사고의 핵심 요소로 강조했던 "연구 과정 전반에 걸친 문화기술지적 감수성"을 따른다(Baker and McGuirk 2017). 이는 연구 참여자의 주체성과 위치성에 대한 비판적 사고 '감수성'을 갖고, "정책 결정 과정의 우발적인 사회적·물질적 정렬과, 당연하게 여겨지는 노동을 적극적으로 탐구하는 것"(Baker and McGuirk 2017: 434)을 의미한다. 실제로 직간접적으로 관련된 정책입안자들은 기후변화와 도시 경관에 대한 다양한 사회적 배경, 정치적 견해, 감정 및 다양한 약속을 가진 인간이다. 이런 행위자들은 정동적 채널을 통해 정책과 장소를 형성·재형성하는 차별화된 역할을 수행한다. 문화기술지적 감수성을 활용함으로써 우리는 전환 정책을 둘러싼 문화적·사회적·정치적으로 '선택적인 동원'을 이해하기 시작할 수 있다.

아상블라주는 특정 정책 구성을 도출하는 정책 행위자들의 노동을 보여 준다. 행위자들의 노동에 초점을 맞추면 정책 모델이 어디에서 유래하는지, 그리고 어떻게 다양한 주체성을 통해 장소특정적인 것이 되는지 더 깊이 이해할 수 있다(Larner and Laurie 2010). 패치워크 전환은 '체화된 전문성' 또는 위기 상황에서 시스템이 어떻게 작동하고 어떤 선택지가 가능한지에 대한 실용적 지식을 통해 가능해진다(De Coss Corza 2020). 예컨대, 텔레워크 뉴질랜드Telework New Zealand 설립자는 미국 컨퍼런스에서 비즈니스 모델로서의 텔레워크(원격근무) 개념을 처음 접했다. 그가 설립한 회사는 원래 환경과 대중의 일반 교육에 관심을 두는 NGO에 더 가까웠다. 이처럼 정책 아상블라주에 영향을 미치는 요인에는 개인적 신념, 규범, 경력 같은 훨씬 더 복잡한 요인들이 포함된다. 기업가가 컨퍼런스에서 '우연히' 만난 일이 국가정책 변화로까지 이어질 수 있다. 물론, 우리는 이 이야기를 매력적으로 만들어 주는 이 '우연'이라는 것이 실제로는 '우연'이 아니라는 것을 알고 있다. 아이디어의 흐름과 전달을 촉진하기 위해 의도적으로 조직된 국제 컨퍼런스의 참석에는 다양한 요인과 과정이 작용한다(Cook and Ward 2012; Temenos 2016). 따라서 정책 아상블라주는 복잡한 네트워크와 흐름이 특정 모빌리티 지형에서 어떻게 결합하고, 이러한 모빌리티 지형이 차례로 다양한 정책 경관에서 사람, 자원, 아이디어의 흐름을 어떻게 형성하는지를 이해하는 방법이다.

풀뿌리 운동에서 시작된 겔프시의 자전거 마스터플랜을 생각해 보자. 겔프는 캐나다 온타리오주, 토론토 도시권 해밀턴 지역(GTHA)에 위치한 인구 10만 명이 조금 넘는 도시다. 겔프는 GTHA 성장 계획에 포함되지 않은 도시였는데, 상대적으로 작고 고립된 도시라는 점은 정부예산을 확보하고 자전거 정책을 시작하는 것을 더 어렵게 만들었다. 하지만 겔프 능동적교통연합Guelph Coalition for Active Transportation, 도로공유연합Share the Road Coalition, 전환마을 겔프Transition Town Guelph 등 시민들이 목소리를 낼 수 있는 공간을 제공한 다양한 자전거 옹호 단체 네트워크를 통해 도시의 자전거 정책이 만들어졌다. 자전거 인프라에 대한 대중적 관심은 겔프를 자전거 친화적 도시로 만들겠다는 비전이 있던 교통 분과 시의원의 지지로 이어졌다. 이 시의원은 과거 유럽에서 보낸 몇 년 동안 자전거도로를 직접 보고 경험하며 자전거 친화적 도시에 대한 지식과 열정을 키웠다. 하지만 유럽에서 얻은 지식을 현실로 구현하기까지는 여러 어려움이 따랐다. 도로 유지 보수 및 다양한 장비의 필요성, 기존 도로 인프라와의 연계 등에 대한 '사람들의 마음을 바꿔야' 했기 때문이다. 드디어 2013년에 자전거 마스터플랜이 시의회에서 최종 승인 및 시행되었고, 추가적인 자전거도로가 확충되기 시작했다. 여전히 더 많은 예산이 필요하고 그래서 느리게 바뀌고 있지만, 이 도시는 역사상 처음으로 자전거 친화적인 도시로 전환되기 시작했다. 자전거 단체의 집단적 행동으로 촉구된 시의원의 행동이 없었다면 일어나지 않았을 일이다.

저탄소 정책 모빌리티는 국제기구, 지송가능성 전문가, 순회 기술 관료 같은 다양한 엘리트 행위자를 통해 세계화된다. 그러나 특정 장소와 맥락에서 정책 아상블라주를 다르게 형성하는 정책 행위자, 중간 행위자, 활동가의 과정은 더 넓은 권력관계의 맥락에서 이해되고 고려되어야 한다(Cresswell 2010). 이와 관련해 학자들은, 특정 문제를 가정된 해결책과 연결하는 '순환하는 모델'로서 전환 아이디어의 세계화 과정을 종종 문제 삼았다(Peck 2011). 특히 북미 기업이 지속 가능한 도시주의의 표준화된 '만능' 모델로서 남부 및 동부 도시에서 '서구화'와 '마술'을 주도하는 과정에 문제를 제기했다(Roy 2011; Rapoport 2015). 또한, 비평가들은 정책 결정과 관련된 정치와 실천의 미묘한 차이를 이해하려면 이동하는 순회 기술관료들의 기술과 그 효과를 체화된 지식으로서 신중하게 고려해야 한다고 말한다(Larner and Laurie 2010). 다시 말해, '문화기술지적 감수성'이라는 아상블라주 사고의 약속을 충족시키기 위해서는 '엘리트', '서구화', 그리고 반복과 장소 없음을 특징으로 하는 글로벌 정책 모델의 동원 과정에 대한 가정에서 벗어나서 생각해야 한다(Rapoport 2015).

더욱이 일상적 행위자들의 체화된 지식과 그에 따른 노동은 패치워크 전환의 실천을 통해 이 같은 아상블라주에 관여한다(De Coss-Corzo 2020). 다양한 계획, 이행, 일상생활에 참여하는 다양한 사람들의 지지를 받는 특정 모범 정책 모델은 학습된다. 이와 마찬가지로 다양한 개인과 공동체가 특정 장소에서 체화된 행동을 통해 정책 변화를 만들고 구현하는 국정 운영의 '일상적 적절한 정치'에 참여할 수 있도록 하는 전략들도 학습된다(Temenos 2017). 이런 체현을 통해 패치워크 전환은 장소별로 조립되고 생산된다.

국제 교통계획가들은 지속 가능하지 않은 교통계획이 무엇인지 구체적인 담론을 구축하는 데 중요한 역할을 한다. 특히 모빌리티 전환 아이디어에 아직 익숙하지 않은 국가에서는 더욱 그렇다. 이 장의 앞부분에서 논의한 밴쿠버주의 모델은 사람들의 실질적인 노동 없이는 진화할 수 없었다. 아부다비에서는 저탄소 모빌리티 전환 개념이 생소하게 받아들여졌는데, 이곳 사람들은 대부분 자가용으로 이동하고 간혹 버스가 다닐 뿐 열차 시스템은 없었기 때문이다. 대중교통에 대한 본격적인 투자는 두바이가 도시 내 이동 방식을 '혁신'한 이후에야 시작되었다고 할 수 있다. 2006년에야 아부다비 교통부가 설립됐고, 이듬해 아부다비 에미리트는 캐나다의 도시계획가인 래리 비즐리Larry Beasly를 영입했다. 비즐리는 도시 교통과 토지 이용을 관리하는 도시계획위원회(UPC) 설립에 핵심적인 역할을 했다. 비즐리에 이어 많은 캐나다 교통계획가들과 전문가들도 일자리를 찾아 아랍에미리트로 건너왔다.• 단기적으로 방문한 비즐리와 달리, 장기 거주하는 전문가들도 많았다. 우리가 인터뷰한 주요 외국인 정보원 대부분은 10년 이상 거주하고 있었다.

  2010년, 아부다비 교통부와 도시계획위원회는 공동으로 지상교통 마스터플랜Surface Transport Masterplan(STMP)를 개발했다. STMP는 2030년까지 아부다비를 대중교통 중심 도시로 만들겠다는 포괄적이고 야심 찬 계획이다. 현재 구체적인 교통계획에는 1,150킬로미터 길이의 지하철 시스템, 160킬로미터 길이의 경전철, 200킬로미터 길이의 화물 및 관광철도가 포함되어 있으며, 이 모든 교통수단은 서로 연결되고 기존의 버스 시스템과도 이어진다. 교통 당국자에 따르면, 현재 아부다비에는 버스 시스템만 존재하지만, 최근 몇 년 사이에 대중교통 이용자 수를 늘려야 한다는 필요성을 인식하고 STMP 계획을 진행 중이며, 경전철 같은 일부 시설은 이미 건설하고 있다고 한다. STMP에 이어, 도시계획위원회는 걷기, 자전거 타기, 탄력

• Interview, 2016. UAE는 외국인노동자에 크게 의존하고 있는데, 전문성을 갖춘 외국인 거주자에게는 상당한 급여와 장기 비자를 제공한다.

근무제, 재택근무, 카 셰어링 등 지속 가능한 교통수단으로의 전환을 장려하고, 지역 주민들의 건강한 생활 방식을 촉진하고 환경에도 긍정적 영향을 가져올 교통모빌리티관리(TMM) 계획도 내놓았다. 이는 UAE에 몇 안 되는 포괄적인 능동적 교통정책 중 하나이다. 과거에 자동차 위주로 계획됐던 아부다비 도시계획 지도는, 전 세계 다른 도시들과 마찬가지로 대중교통 위주로 수정됐다. 캐나다의 교통 전문가들이 이 과정에서 중요한 역할을 한 것은 틀림없는 사실이다.

그러나 정책 수립 과정에서 다양한 행위자들 간의 신뢰와 헌신, 이해를 구축하여 정책을 이식하는 단계로 나아가는 데에는 오랜 시간이 걸렸다. '워크숍'이 끝난 뒤 이러한 마스터플랜이 수정되고 변형되기도 하는데, UAE의 외국인 근로자들은 장소만들기place-making 과정에 헌신적인 태도를 보였다. 이는 그들이 이곳에 오래 거주하며 여러 연결 고리를 맺었기 때문이다. 그들은 지역 정치와 지역문화의 '불문율', 그리고 정책 입안을 형성하고 재구성하는 사회적 맥락에 대한 이해를 암묵적으로 습득했고, 점차 지역에서도 신뢰를 얻었다. 한 전문가의 말에 따르면, UAE 현지 지지자들을 보행로나 자전거도로 개발에 참여시키는 것은 상당히 어려웠다고 한다. 그들은 "지역 주민들을 차에서 내리게 할 수 없을 것"이라고 굳게 믿었기 때문이다. 그러나 외국인노동자들은 현지 주민들과 긴밀히 협력하고, 지속적으로 대중 교육을 실시하고, 설문조사 결과를 활용해 능동적 교통수단에 대한 수요가 있음을 입증하고, 건강한 생활 방식이 지역사회에 절실히 필요함을 보여 줬다. UAE에는 많은 외국인노동자들이 있기 때문에 서로 네트워크를 구축해 정보를 공유하고 여러 부문 간 공동 프로젝트를 만들어 함께 일할 수 있었다. UAE 외국인노동자들의 이러한 집단적·개별적 행동에 대한 헌신은, 숙련된 외국인 노동자들이 궁극적으로 자신들이 만들어 가는 공동체의 일원이기 때문에 정책 결과에 열정적일 수 있다는 것을 보여 준다.

저는 도심에 살고 있습니다. 도심 외곽에서 일하고요. 솔직히 말해서, 여기서 버스를 타는 것은 고통입니다. 저렴하긴 하지만 도시계획위원회 사무실로 오는 버스를 타려면 꽤 먼 길을 걸어야 하거든요. 자전거를 탈 수 있다면 집까지 3킬로미터밖에 안 되는 거리라 괜찮은데, 안타깝게도 자전거를 탈 수 없습니다. 정말 위험해요. 토론토에서는 매일 훨씬 더 먼 거리를 자전거를 타고 출근했었는데 말이죠.[13]

우리의 연구는 지속 가능한 정책이 숙련된 이주민의 지역적 및 초국가적 연결을 통해 동원되고 변형된다는 점을 보여 준다. 지속가능성 전문가의 정책 아상블라주 과정을 평가할 때, 이를 '단순한 정책 복제'로만 보는 것을 넘어 '장기' 거주 정책입안자의 '살아 있는' 그리고 '경험된' 정책 입안의 진정한 잠재력을 봐야 한다. 우리가 연구하는 이동하는 주체와 이동하는 장소는 재정의될 필요가 있다. 더욱이, 국제 계획가의 움직임은 특정 장소에서 성공하지 못했을 수도 있는 정책과 프로그램을 패치워크 전환으로 아상블라주하는 데 기여한다.

결론
: '위기'의 시간 속 정책 아상블라주

이 장에서는 전환 정책의 실행가능성, 그 확장성, 성공과 실패 조건들을 검토함으로써 모빌리티 전환을 과정으로 설명하는 아상블라주 사고를 다루었다. 전환은 선형적이지 않다. 전환은 여러 의제, 아이디어, 행위자, 기술을 포함하는 공-진화co-evolutionary 과정이다. 게다가 정책은 의도치 않은 방식으로, 그리고 '위기'의 시기에 '우연히' 만들어지는 경우가 많으며, 정책을 만들고 조립하는 주체들의 의지에도 좌우된다. 탐색적 접근을 취하는 것이 비판적 사고에서 새로운 것은 아니지만, 아상블라주는 사회적-물질적, 근접-원거리, 구조-행위성의 논리적 구분을 흐릿하게 하고, 기존 이론이 내세우는 가정을 모호하게 하는 쪽으로 한 걸음 더 나아간다(McCann 2011). 때로 아상블라주 접근 방식을 취한다는 것은 당면한 정책에 초점을 맞추는 것을 넘어 특정 위기 상황에 초점을 맞추고, 개별 행위자가 실제로 어떤 과정을 거쳐 잠재적인 저탄소 정책 아상블라주를 만들어 냈는지 파악하기 위해 그들이 취한 조치를 신중히 따르는 것을 의미하기도 한다.

우리는 이러한 전환 정책의 비선형적 경로를 보여 주고자 정책 아상블라주 내에서 다중성, 시간성 및 행위자 요소를 강조했다. 이러한 접근 방식은 이미 내재된 의제들 속에 전환이 파생되는 구조를 인정해야 한다. 이런 관점에서는 때로 굉장히 모순적이고 이질적인 정치, 정책, 행위자 및 그들의 물질적 목표의 아상블라주에서 나타나는 패치워크 개념을 가지고 모빌리티 전환을 생각하는 것이 더 나을 수도 있다. 이러한 차이점과 다양한 정책들이 서로 반대되는 것처럼 보일 수 있다는 사실에도 불구하고, 정책 아상블라주는 다양한 요인들의 조합으로 유지되고 결합되는 것처럼 보인다. 예컨대 직접적이거나 미약한 관계 및 동맹, 특히 위기와 같은 정치적 편의성, 지속적인 심문 부족 등이 있다. 여기에는 다양한 행위자 또는 대안적 시간성, 다양한 시간 범위를 통해 다양한 장소, 위치 및 규모에 걸친 분포도 작용한다. 우리는 정책 아상블라주의 실제 노동에 대해 생각하고 사회 내 특정 행위자들의 현재적 고정관념을 넘어설 필요가 있음을 강조했다. 이러한 아상블라주 사고의 실천은 인류학적 질문을 결합하는 전체론적 접근 방식과 사회-공간적 아상블라주가 본질적으로 정치적이라는 이해를 필요로 한다.

또한, 이 장에서는 정책 실행에서 노동의 중요성도 다루었다. 모빌리티 정책의 아상블라주 패치워크라는 개념을 도입함으로써, 계획적이든 즉흥적이든 저탄소 모빌리티 전환을 실행하는 일은 독특한 실천의 아상블라주를 통해 구현되는 것으로 이해되어야 한다. 저탄소 모빌리티 전환의 이 같은 실천에 주목해 보면, 전환의 불안정성이 개인이나 지식, 권력, 자원의 특정 네트워크에 달려 있음을 알 수 있다. 특히 지구온난화와 기후 위기의 맥락에서 저탄소 모빌리티 전환의 성패는 전환을 둘러싼 행위자와 거버넌스 과정을 살펴야 알 수 있다. 다양한 아상블라주를 통해 제정되고 구현된 정책 패치워크가 지속 가능하고 정의로운 전환을 가능케 하는 동시에, 저탄소 모빌리티를 위한 더 혁신적 공간을 열어 줄 수 있도록 말이다.

기후 위기에 대한 대응은 코로나19 팬데믹이라는 위기와 나란히 놓고 볼 때, 정책이 동원되는 무수한 방식에서 시간성과 즉각성의 개념이 중요한 역할을 한다는 점을 잘 보여 준다. 코로나19가 계속되는 동안, 각국 정부는 다양한 모빌리티 정책을 내놓았고, 그 결과 '모범 사례'였던 것이 전 세계적 규모에서 보았을 때에는 논란의 여지가 있다는 것이 분명해졌다. 대만, 뉴질랜드, 세네갈, 한국, 그리스 등 일부 국가들은 국경 폐쇄, 엄격한 국경 내 이동 제한 등 강력한 모빌리티 제한 정책을 신속히 시행했다. 이들은 이 정책에 '과학적 접근'을 결합하여 공중보건 데이터를 기반으로 위기 인프라를 신속히 구축했다. 그러나 많은 국가들이 이 방식을 따르지 않고 다양한 기타 정책과 프로그램을 선택했다. 그 결과, 거의 1년이 지난 지금도 전 세계적으로 확인되지 않은 팬데믹이 진행되고 있다.

기후학자들은 수년 동안 비슷한 좌절감을 경험해 왔다. 훨씬 더 긴 시간 척도를 보는 데 익숙한 인류세 학자들은, 기후 위기를 해결하려면 전 세계적 규모의 자원과 정치적 의지, 그리고 잘 협의된 접근 방식과 정책 응집력이 필요하다는 데 거의 만장일치로 동의했다. 형평성과 정의 또한 기후 정책 변화에서 중요하다. 기후 위기는 이미 새로운 형태의 거버넌스를 만들어 내기 시작했지만, 기하급수적으로 증가하는 기후 위기에 대한 신속한 대응이 오히려 기존의 불평등을 더 심화시킬 위험도 있다(Millington and Scheba 2020). 7장에서는 현재 많은 곳에서 표준 정책 접근 방식으로 기능하고 있는 패치워크 전환을 넘어설 잠재력을 가진 더 혁신적인 거버넌스 실천을 검토해 보자.

6장
자유주의적 논리와 라이프스타일

신자유주의
전환 정책

전 세계 모빌리티 전환 정책과 실천을 탐구할 때 피할 수 없는 반복적인 주제가 있다. 모빌리티 전환을 지지하고 후원하고 가능케 하는 (신)자유주의적 경향이나 논리는 어디에서나 근본적으로 강조된다. 신자유주의는 오늘날 사회의 수많은 부정의에 대한 비판의 포괄적 표현이 되었기 때문에, 우리는 이 용어의 의미와 모빌리티 전환 정책 및 실천 분석에서 신자유주의가 중요한 이유에 대해 최대한 구체적으로 설명하려고 한다. 신자유주의는 자유시장 자본주의와 관련된 일련의 이념과 실천을 의미한다. 일반적으로 1980년대 피노체트 치하의 칠레에서 나타나기 시작했으며, 마거릿 대처(영국), 로널드 레이건(미국) 정부에서 지지한 것으로 알려져 있다. 일반적으로 민영화, 규제 완화, 긴축과 관련된 의제를 추구하는 정부는 신자유주의적인 것으로 간주된다. 다른 정책 및 실천들과 마찬가지로, 신자유주의는 매우 다양한 아상블라주이며 장소에 따라 달리 나타난다(Peck 2010). 모빌리티 전환과 마찬가지로, 신자유주의도 지리적 특성이 있다.

우린 광범위하게 신자유주의로 식별될 수 있는 전환 정책 및 실천에서 지속적으로 나타나는 세 가지 주제를 구분했다. 개인화, 계산 가능성, 상품화이다. 당연히 우리가 미처 주목하지 못했거나, 분석 중에 표면화되지 않은 (그러나 여전히 관련성이 있는) 다른 경향도 있을 수 있다. 그러나 이 세 가지 주제는 다양한 규모와 맥락에서 전환이 어떻게 (신)자유화되고 있는지에 대한 훌륭한 개요를 제공한다고 본다.

이런 논리는 전환 정책, 규제, 투자에 대한 국가 및 지방정부의 관계가 다소 일관성이 없음을 보여 주지만, 전환 정책에서 시장 기반 해결책이 중요하다는 점은 일관되게 강조하는 모습을 보인다. 이는 경제적 근거에 기반한 모빌리티 전환의 근본적 추세를 통해 잘 드러나며, 환경적 이득은 잘 다루지 않거나 최소한 의사결정의 주변부에 위치시키는 경향이 있다. 이는 서울시의 지역화된 계획에서부터 브라질 정부의 조치, EU의 정책 결정에 이르기까지 거의 모든 곳에서 관찰되는 바이다. 이는 수많은 국가정책, 지역화된 정책, 특정 맥락에 맞춰진 정책들을 검토했을 때 나타나는 경향이다.

아마도 가장 중요하며 우리가 가장 주의를 기울여야 하는 첫 번째 주제는 개인의 선택, 이동적 생활 방식, 그리고 개인 우선주의에 관한 것이리라. 모빌리티 전환 정책은 종종 자치의 차원에 놓여, NGO와 정부가 저탄소 생활 방식을 장려하는 것과 같이 개인을 전환의 주요 행위자로 예시한다. 두 번째는 모빌리티가 정책으로 전환되기 전에 어떻게 체계적으로 특정되고 계산 가능한 것으로 만들어지는

지에 관한 것이다. 이 관계는 종종 모빌리티가 책임지거나 측정 가능한 단위, 즉 구체적 숫자와 통계로 물질화되는 과정으로 매개된다. 여기에서 벗어나는 정책 계획은 드물다. 이는 결정을 쉽게 정당화하고 사회정치적으로 용인될 수 있는 '기술적' 절차로 변형시킨다. 마지막으로 세 번째는 모빌리티의 상품화에 초점을 맞춘다. 성공적인 정책 구현은 점점 더 많은 곳에서 잠재적 경쟁우위의 원천으로 여겨지고 있다. 이는 '쿠리치바 BRT 모델'과 싱가포르 육상교통청(LTA)을 통한 국가 컨설팅 같은, 특정한 전환 실천 및 전문 지식 모델로 실현된다. 모빌리티와 전환 정책을 만질 수 있는 유형의 것으로 만들고, 판매와 수출이 가능한 제품으로 상품화함으로써, 지역은 민간 부분과 유사한 방식으로 수익을 늘릴 수 있게 된다. 뿐만 아니라, 예컨대 밴쿠버는 '친환경 도시'로, 노르웨이는 탄소중립기술의 선두 주자로서 글로벌 브랜드 가치를 높이는 '대외지향적' 홍보(McCann 2013)에 참여할 기회를 얻는다.

이동적 라이프스타일과 개인 우선주의

(신)자유주의는 '모든 것에 대한 이론'(Mirowski 2013)의 형태를 취하는, 모든 것을 아우르고 자기충족적인 이데올로기다. 이는 미셸 푸코와 나중에 니콜라스 로즈가 생명권력의 예시와 배치로 묘사한 것처럼,

개인을 거버넌스(이상적 형태의 자기-거버넌스)의 핵심에 둔다(Rose 1990; Foucault 2008). 이러한 논리는 정부 및 지역의 광범위한 정책에서 개인을 모빌리티 전환을 위한 최적의 자원으로 간주하여, 전환의 책임을 국가로부터 개인에게 잠재적으로 '책임 전가'하거나 '넘겨주는' 전환 정책 및 실천에서 자주 발견된다. 핵심은 특정 목표와 목적 달성에서 국가의 책임 회피로, 그 대신 개인에게 그 의무를 위임하는 것으로 대체된다는 것이다. 일상생활에서 개인이 경제적 힘에 종속되는 등 금융화에 대한 이해의 폭이 넓어지면서, 여러 나라 정부에서는 관련 교육과 인식 제고 및 기타 인센티브를 장려해 왔다. 개인들이 현재의 탄소집약적 모빌리티 및 라이프스타일 대신에 저탄소 대안을 선택하게끔 유도하기 위함이다.

실제로 온실가스 배출이 어디에서 발생하는지를 생각해 봤을 때, 개인의 라이프스타일에 초점을 맞추는 것은 이상하다. 2017년 EU에서 전체 운송 부문은 온실가스 배출량의 27퍼센트를 차지했다. 이 중 72퍼센트는 도로운송에서 나왔고, 이 중 44퍼센트는 자동차에서 나왔다. 다시 말해, 온실가스 배출량의 약 8.5퍼센트가 승용차(택시, 우버 등 개인 차량 포함)에서 나온 것이다.[1] (최근 '비행 수치심' 논의가 주목받았지만) 개인의 항공 이용에서 나오는 배출량은 훨씬 더 적다. 2014년 운송 부문 전 세계 온실가스 배출량은 14퍼센트였다. 가장 크게 기여한 부문은 전력 생산(25퍼센트)과 농업, 임업 및 기타 토지 이용(24퍼센트)이었다. 산업은 여전히 온실가스 배출량의 21퍼센트를 생산한다.[2] 카본 메이저스Carbon Majors 데이터베이스에 의하면,

산업혁명 이후 100개의 화석연료 기업이 전 세계 산업 온실가스 배출량의 52퍼센트, 1988년 이후 전 세계 배출량의 71퍼센트를 차지해 왔다고 한다.[3] 이런 맥락에서 정부 또는 기업 차원(혹은 이 둘 다)의 조치가 이성적으로 더 효과적일 수 있을 텐데, 개인의 결정에만 과도하게 초점이 맞춰져 있다는 것이 이상해 보인다. 그럼에도 불구하고 '라이프스타일' 분야에서 개인의 행동에 초점을 맞춘 전환 정책은 정말 많다.

예컨대 2014년 뉴질랜드 오클랜드 시의회는 어느 초저녁에 주거단지에 있는 집집마다 '행동 변화 팀'을 파견해 주민들에게 현재 통근 방식에 대해 묻고, 버스·자전거·도보 통근 선택지에 대해 설명했다. 필요한 경우에는 체험용 대중교통 패스 및 자전거 장비도 지원했다. 이 계획의 결과는 성공적이었다. 대화를 나눈 1,431명 중 601명이 버스, 카풀, 페리로 교통수단을 변경했고, 약 10명이 도보 및 자전거 통근을 선택했다. 이른바 '개인맞춤형 이동계획 프로젝트'는 널리 알려졌고, 시의회는 오클랜드 전역에서 유사한 프로젝트를 추진해 사람들의 인식을 바꿔 자동차 의존에서 벗어나 일상적 통근 행동을 바꾸도록 도울 계획이다. 이 프로젝트는 온실가스 배출량 감소를 목표로 하는 광범위한 '저탄소 오클랜드 계획'(2014)의 일부 포함되기도 했다. 개인맞춤형 이동계획 프로젝트는 온실가스 감축 목표와 출퇴근 시간대 교통체증 감소 욕구를 결합한 것이다.

'한국기후행동네트워크'(KCEN)은 다른 NGO, 산업체 및 정부 기관을 포함해 50개 이상의 네트워크로 구성된 한국 최대의 NGO다. 이 단체는 2008년 10월, 온실가스 배출량 감소의 '비산업적 방식'에만 집중해 2020년까지 '통상적인 사업 활동'(BAU) 수준에서 30퍼센트 감축이라는 국가 목표 달성을 지원하기 위해 전국 단위 NGO로 결정됐다. 이 '비산업적' 접근 방식은 개인의 라이프스타일을 바꿔 온실가스 배출량 감소에 기여할 수 있는 방법을 말한다. 라이프스타일에 초점을 맞춘 이유는 다음의 인터뷰에서 명확하게 드러난다.

국가의 녹색성장 전략은 '녹색'이라는 이름으로 너무 많은 돈을 사용한다는 비판을 받아 왔어요. 대형 산업 규모에서 발생하는 모든 일에는 돈이 관련됩니다. … 즉, 기술적 전환을 이루는 데 돈과 시간이 듭니다. 반면에 개인 수준에서 진행되는 경우에는 돈이 필요하지 않을 수 있고, 더 빠른 속도로 간단히 변화를 만들 수도 있습니다. 예를 들어 전국에 있는 모든 사람들이 종이컵 대신에 텀블러를 사용하고 쓰레기를 줄인다면, 모든 사람이 샤워 시간을 10분이 아니라 8분으로 줄인다면, 자가용을 운전하지 않고 대중교통을 이용한다면, 우리는 조금씩 라이프스타일을 바꾸는 것만으로도 엄청난 양의 온실가스를 줄일 수 있습니다.[4]

한국기후행동네트워크는 한국이 2020년 배출량 목표를 달성하기 위해서는 국민 개개인이 연간 온실가스 배출량을 1톤씩 줄여야 한다고 말했다. 이 아이디어는 '온실가스 1인 1톤 줄이기' 캠페인으로 이어졌다. 개인이 온실가스 감축을 위해 노력할 수 있다는 아이디

그림 6.1 온실가스 1인 1톤 줄이기 (한국기후행동네트워크 2015)

어느 환경부에 전달됐고, 한국기후행동네트워크는 정부로부터 일부 예산을 지원받았다. (그림 6.1)

'온실가스 1인 1톤 줄이기'[5] 캠페인은 한국기후행동네트워크의 주요 프로젝트로, 사람들의 저탄소 라이프스타일 전환 유도를 목표로 한다. 이 캠페인은 크게 교통, 냉난방 에너지 사용, 전자제품 에너지 사용, 폐기물의 네 가지 주제로 나뉜다. 저탄소 라이프스타일 운동은 '그린카드'라는 포인트 시스템으로 관리되고 지원된다. 개인이 저탄소 생활 방식을 채택하기로 결정하면, 우선 한국기후행동네트워크 웹사이트에 가입한다. 가입하면서 17가지 라이프스타일 변화 중 어떤 부분을 선택할 것인지를 결정하고, 모두 클릭하면 1년 동안 1233.4킬로그램의 이산화탄소를 줄일 수 있다는 안내가 뜬다. 각 개인은 원하는 만큼의 라이프스타일 변화를 체크해 선택한다. 가입하고 이용약관에 동의하고 나면, 자신의 CO_2 절감량을 추적하면서 '에코 마일리지'로 적립받을 수 있다. 일정 마일리지를 적립하면 포인트는 '에코 머니'[6]로 전환되어 '그린카드'에 충전된다. 2015년에는 저탄소 라이프스타일 운동에 26만 9,682명이 가입했고, 23만 983톤의 온실가스가 절감됐다.[7] 한국기후행동네트워크의 저탄소 라이프스타일 캠페인은 하향식 접근 방식을 취하고 있으며, 지방정부 및 기관과 같은 기존 그룹과 협력한 광고 및 교육을 통해 시민들에게 저탄소 라이프스타일을 함께 홍보한다. 저탄소 라이프스타일을 위해 포인트를 적립하는 이 시스템이 모든 사람에게 적용될 수 있을지는 예측하기 어렵다. 이 시스템은 컴퓨터와 스마트폰을 사용할 수 없는 사람이나 노인을 배제할 가능성이 있기 때문이다. 한국기후행동네트워크 웹사이트에서는 에코 마일리지 포인트를 계산하는 다양한 방법, 쿠폰과 현금으로 사용하기 전에 포인트를 그린카드에 다시 충전하는 방법 등 많은 정보가 있다. 이를 학습하는 과정은 시간이 필요할 수 있고, 신규 유입자를 실망시킬 수도 있다.

전환 정책에서 개인(및 가족)의 라이프스타일에 초점을 맞추는 것은 지리적으로 정치적 세부 사항은 다를지라도 광범위하게 나타난다. 네덜란드에서는 전환운동가들이 주장하는 시장, 국가, 시민사회 간 상호작용을 위한 새로운 거버넌스 모델로의 바람직한 이동 또는 전환, 그리고 정부의 '참여사회participatiemaatschappij' 담론에서 더 광범위한 구조적 변화가 나타나고 있다. 이는 시민들이 자신과 서로를 돌보는, 다시 말해 하향식으로 통치되는 사회에서 상향식으로 주도되는 사회로의 전환을 의미하지만, 얀 로트만스에 따르면 이는 실제로는 '하향식' 개념이며 사회적 전환에서 '상향식' 운동에 권한을 주는 것과는 거리가 멀다(Rotmans 2015: 29). 풀뿌리, 상향식 집단에 권한을 부여하는 정책처럼 보이지만, 재정 긴축 전략으로 시민들에게 더 많은 책임을 떠넘기는 예산 삭감을 은폐하는 수단으로 비판받아 왔다.

오늘날 저탄소 모빌리티 전환이 모빌리티 정책 내에서 구상되는 한 가지 방법은, 사람들에게 석유 의존도가 낮고 탄소 배출량이 적은 대안적 라이프스타일, 대안적 모빌리티 실천을 유도하는 것이다. 우리가 검토한 사례 연구와 정책 문서마다 저탄소 모빌리티를 둘러싼 상상력과 유토피아적 비전 그리고 이야기에 끊임없이 등장하는 게 바로 모바일 라이프스타일이다. 연구를 진행하는 동안에도 저탄소 라이프스타일을 장려하는 여러 정책이 다양한 사회적 · 경제적·정치적 동기 아래 여러 정부 차원에서 나왔다. 저탄소 모빌리티 라이프스타일은 개인의 태도와 이동 행위를 변화시킬 수 있는 다양한 선택지(자전거도로, 대중교통 등)를 제공함으로써 작동하는 저탄소 모빌리티 정책의 이상적 결과물이다. '건강하고 새로운 스마트한' 생활 방식이 장려되고 구상된다. 라이프스타일에 대한 열망은 앞의 사례에서도 볼 수 있듯 정책에 쉽게 적용될 수 있는 '비용 없는' 추상적 개념이다.

라이프스타일은 "구조적 상황뿐만 아니라 습관적 행동 및 사회적 친밀감을 나타내는 규칙적인 행동 패턴"으로 정의된다(Ludtke 1996 quoted in Scheiner and Kasper 2003: 320). 라이프스타일 연구는 1980년대 후반부터 시작됐는데, 계층과 성별을 넘어 사람들의 삶이 점점 더 개별화되고 있다는 주장을 기본으로 한다(Scheiner and Kasper 2003). "선형적이고 예측 가능한 삶의 과정의 소멸, 교육 기회의 확대, 청소년기의 장기화, 젠더 관계의 변화, 소규모 가구, 고용의 다양화 및 유연화, 전통적 시간 체제의 해체"를 포함한 "전통적 패턴으로부터의 예상치 못한 해방"이 있었다(Scheiner and Kasper 2003: 3). 라이프스타일은 연령, 성별, 소득, 인식, 신념, 규범 및 가치와 같은 요인과 모빌리티, 기술, 문화적 영향, 정책 및 규제, 경제와 같은 구조적 요인에 따라 다르다. 라이프스타일 연구는 개인적 배경과 사회적 배경을 모두 고려하면서 주로 개인의 라이프디자인을 다룬다.

이동적 라이프스타일 또는 이동하는 삶은, 사람들의 일상적 모빌리티가 라이프스타일과 어떻게 연결되어 있는지를 정의한다. 서구 세계의 새로운 기업 모빌리티 체제는 오늘날 세계화되고 산업화된 세계의 사람들이, 이동하는 노동자가 되는 걸 정상으로 간주하는, 자연화되고 합리화되고 시공간적으로 압축된 기업 모빌리티 체제에서 살고 있다는 사실을 나타낸다(Kesselring 2015). 이동적 라이프스타일은 움직임의 기회와 선택에 관한 것이다. 일상적 모빌리티와 모빌리티는 라이프스타일과 정체성을 형성한다. 이런 맥락에서 자동차모빌리티는 개인적인 자유와 정체성 실천의 한 형태로 검토된다(Sheller and Urry 2000).

저탄소 모빌리티 전환의 맥락에서, 이동적 라이프스타일은 긴축 논리와 연관된다. 기후변화 프레임에서의 라이프스타일은 우리가 살아가는 방식을 통해 에너지를 절약하고 탄소 배출량을 줄일 수 있다는 맥락에서 자주 논의된다. 우리의 현재 이동적 삶과 생활 방식은 탄소집약적이며, 더 이상 환경적으로 지속 가능한 방식이 아니기 때문에 저탄소 체제로 전환해야 한다고 얘기된다. 저탄소 모빌리티 전환 정책은 이동하는 주체에 대한 특정 상상력을 활용하거나 수행한다. 다른 정책 형성에서와 마찬가지로 이런 상상력은 환원주의적이며(어떤 경우에는 의도적으로, 역설적으로 그러하다), 우리가 도전하고자 하는 특정한 특성을 가진 인구의 이동하는 신체를 본질화한다.

아마도 이에 대한 가장 좋은 예는, 로테르담의 한 기관에서 도시 내 피크 시간대에 교통혼잡을 줄이기 위해 일부러 병리적으로 묘사한 '이동하는 통근자' 이미지일 것이다. '혼잡 동물congestion animal'은 경멸적인 '나쁜' 습관을 사용해 이러한 통근자를 묘사하는데, 건강에 좋지 않고 비위생적인 제품, (불량해 보이는) 음식, 모빌리티 및 기타 과도한 소비, 성적 문란함, 몸에 대한 과도한 관심 등으로 그려진다(Berlant 2011).

출신 로테르담 및 주변 지역
서식지 아스팔트
먹이 패스트푸드, 연한 커피, 사탕
활동 식사, 전화 통화, 네일 케어, 코 후비기, 추파 던지기, 빤히 쳐다보기
평균연령 18~65세[8]

이 분류의 의도는 로테르담의 통근자들이 이 인물과 닮지 않도록 유도하는 게 아니라, '스마트'하지 않은 모빌리티 습관을 이를테면 자유나 독립보다는 낭비와 과잉의 의미와 연결하려는 것이다. 이는 경멸적 고정관념을 통해 이와 같은 특성을 일탈적인 것으로 만들 뿐만 아니라, 자기파괴적이고 건강하지 않으며 피상적이고 이기적으로 보이는 행동과 특성들을 이기적으로 보이는 운전자 이미지와 근본적으로 연결된 것으로 만들어 낸다.

네덜란드의 우르헨다Urgenda 재단에서는 '저탄소 다이어트' 캠페인을 통해 한 달 동안 자동차중심주의에서 탈피해 보는 라이프스타일을 제안한다. 기업들도 자발적으로 참여해, 2014년에는 환경부, 지자체, 대학, 은행 등 다양한 분야의 크고 작은 100개 기관과 기업

이 참여했다. 등록된 기업에서 관심 있는 직원들은 캠페인에 참여하여 30일 동안 자동차를 사용하지 않고 자전거를 타거나 대중교통을 이용하고, 카풀을 하거나 전기자전거 또는 전기차(재단에서 제공)를 이용한다. 이 캠페인은 경쟁 형식으로 진행된다. 30일의 기간이 끝나면 CO_2를 더 많이 절약한 기업이 우승자가 된다. 우르헨다 재단의 중기 목표는 참여 기업들이 지속 가능한 모빌리티 옵션을 제공(및 장려)하여 기업의 모빌리티 정책을 변경하도록 만드는 것이다. 이는 기업과 직원 양쪽에 비용 절감 효과를 가져다줄 것으로 기대된다. 프로젝트 시작 전에 각 기업을 대상으로 '모빌리티는 더 저렴하고, 깨끗하고, 건강할 수 있다'라는 제목의 오리엔테이션 워크숍도 열고 있으며, 캠페인 후에도 관심 있는 기업들과 후속 조치를 취하며 계속 관계를 이어 간다. 재단의 장기적 목표는 사람들이 저탄소 모빌리티를 선택할 수 있도록 재정적으로 지원하고, 사람들이 저탄소 모빌리티 라이프스타일에 필요한 인프라를 제공하는 정책을 요구하도록 만드는 것이다. 우르헨다는, 사람들이 경제적 효과를 실감하게 된다면 행동을 시작하게 된다고 말한다. 캠페인 동안 참여자들은 자전거 타기, 대중교통 이용 및 기타 저탄소 모빌리티 옵션의 장점을 (재)발견할 수 있다. 이런 선택지들이 자동차를 이용하는 것보다 확실히 더 저렴하다면 참여자들은 정부와 직장에 저탄소 라이프스타일을 위한 요구를 하게 될 것이라는 게 재단의 설명이다.

이 같은 정책 결정은 한때 속도 및 자유의 이미지로 그려졌던 자동차모빌리티를 새로운 의미로 다시 그려 낼 수 있다. 이제 자동차

모빌리티는 건강 악화, 오염, 탄소집약적 모빌리티와 관련된 의미로 변화하고 있다. 훨씬 더 예민한 상상력을 보여 주는 곳도 있다. 예컨대 싱가포르에서 자가용을 대중교통으로 전환하는 것을 둘러싼 담론의 핵심은 '라이프스타일 선택'이라는 요소이다. 여기서는 편안함과 속도가 강조된다. 싱가포르 육상교통청은 혼잡을 줄이기 위해 열차 운행 빈도를 늘렸다. 2015년 광고 캠페인에서는 서비스가 늘면서 많은 사람들이 가족과 더 많은 시간을 보낼 수 있음을 강조하며, 퇴근 후 아이들을 재울 수 있고 '느긋한 아침 식사 시간'이 가능하다고 말한다. 한층 더 눈에 띄는 다른 캠페인으로는 '가스를 태우지 말고 칼로리를 태우세요' 표지판을 예로 들 수 있다. 주차장에 주로 설치된 이 광고판은 공공 건강 문제에 호소한다(**그림 6.2**).

이러한 이성애중심적 가정생활과 개인 복지에 대한 호소는 싱가포르 모빌리티 전환의 명확한 비전을 강조하며, 이는 다른 도시개발 계획들과 함께 빠르게 발전해 왔다. 이는 동시에, 도시국가에서 모빌리티가 관리되는 방식에 불만을 표출하는 시민 기반에 대응하려는 정부의 노력을 나타내는 것이기도 하다(Lin 2012).

또 다른 사례들은 이동하며 생활하는 인구의 통근 라이프스타일을 변화시키는 데 초점을 맞추고 있는데, 이때에도 일과 가정의 관계를 강조한다. 그중에서도 한국의 스마트워크센터(SWC) 계획은 가장 흥미로운 사례 중 하나일 것이다. 행안부는 온실가스와 교통혼잡을 줄이기 위해 스마트워크센터를 시작했다. 하지만 여기에는 긴 근무시간과 평균 2시간에 달하는 긴 통근 시간이라는 열악한 한국

그림 6.2 라이프스타일 변화를 권하는 싱가포르의 광고 (Cristina Temenos 사진 2015)

적 상황에서 노동유연성과 근무시간 개선이라는 또 다른 이유가 존재한다. 스마트워크센터는 특히 한국의 문화적 맥락에서 잘 작동했다. 한국의 문화적 규범의 맥락에서 재택근무는 잘 수용되지 않았지만, 이 프로젝트는 (지정된 센터에서 함께 일하는) 집단적 업무 방식을 제공했기 때문이다.

저탄소로 이동하는 라이프스타일은 '일상적 통근자'를 쉽게 타깃으로 삼았고 일상적 움직임을 규제하고 줄이려는 시도들이 있었지만, 한국의 에코카드 같은 특정 정책은 지구를 구하기 위해서는 도덕적으로 '녹색 라이프스타일'을 따라야 한다고 느끼게 하는 환경친화적 라이프스타일로 이해됐다. '온실가스 1인 1톤 줄이기' 캠페인과 에코카드를 통한 배출량 절감 시스템은, 개인에게 일상의 모든 측면에서 에너지소비를 줄이고 탄소 배출량을 줄일 것을 권한다(예컨대 자가용 대신 대중교통 이용하기, 겨울철 난방 줄이기, 종이백 사용하기 등). 패터슨과 스트리플은 "특정 주체성(탄소 배출자로서의 개인)을 형성하고 동원하여 다양한 방식으로 자신의 배출량을 관리하도록 하는 탄소 행동에 대한 행동을 수반하는 탄소에 대한 새로운 통치성이 등장하고 있다"고 설명한다. 이러한 주체성은 계산하는 사람, 바꾸는 사람, 절제하는 사람, 공동체주의자, 시민 등 다양한 방식으로 나타날 수 있다. 이 같은 탄소 통치성carbon governmentality은 (사회적 실천과 전체 온실가스 배출량을 집계하는) 총체화와 (온실가스 실천을 적극적으로 관리하는 성찰적 주체를 생산하는) 개별화를 동시에 수행하는 계산적 실천을 통해 가능해진다[Paterson and Stripple 2010: 359].

일부 개인의 라이프스타일은 하향식 접근 방식을 통해 계산되고 집계되는 반면, 때로는 상향식 접근 방식을 통해 실행되기도 한다. 슬로시티와 전환마을 운동은 온실가스 배출량(과 그 외 여러 가지)을 해결하기 위한 풀뿌리 운동의 사례이다. 두 운동 모두 사람, 상품, 서비스의 모빌리티를 줄이는 데에 초점을 맞춘 소규모 지역적 개입이다. 두 운동은 더 느리고 지역중심적인 라이프스타일을 지향한다는 목표를 공유하지만, 서로 다른 배경에서 출발했다. 슬로시티는 1990년 중후반에 대중화된 슬로푸드 운동에서 탄생했다. 이는 인구 5만 5천 명 미만 마을에서 삶의 질 향상에 초점을 맞춘 문화운동이다. 이 책을 쓰는 현재, 전 세계 30개국에 264개의 슬로시티 공동체가 있다. 전환마을은 석유 고갈 이후 및 기후변화 문제와 관련해 삶의 속도 및 자원 사용의 속도를 늦추는 것을 명시적 목표로 하는 풀뿌리 운동이다. 전환마을 운동은 회복력에 초점을 맞추는데, 회복력은 지속가능성의 대안적 개념으로 전통적인 지속가능성 개념보다 더 큰 가변성, 유연성 및 강인함을 나타낼 때 사용된다(Hopkins 2011). 슬로시티와 전환마을은 생활 속에서의 이동 감축을 목표로 하는 비정부 저탄소 이니셔티브다. 둘 다 슬로푸드 운동에 뿌리를 두고 있는 만큼, 전반적인 삶의 질을 향상시키고 지역 경제 안정성을 개선하며 환경 다양성을 높이기 위해 로컬에서 재배되고 생산된 식품에 대한 접근성을 높이는 것을 목표로 한다. 슬로시티와 전환마을은 지역주의를 옹호하며, 개발이나 속도 및 기술적 해결책을 선호하는 지배적인 정부 정책 의제에 반대하여, 담론장에서 대안적 모빌리티 전환에 대한 대중의 이해를 끌어내고 반영한다. 하지만 이러한 전환이 변화를 가져올 수 있을지 여전히 의문이 남아 있다(Brown et al. 2012). 참여율이 낮다는 점은 이 운동들이 완전히 다른 모빌리티 전환을 가져오기는 어렵고 당분간 틈새 이니셔티브로 남게 될 것을 의미한다.

글렌 라이온스는 현재 정부는 기술 개발을 통한 개인 및 상업용 차량의 친환경화에 중점을 두고 있다고 지적한다(Lyons 2012). 이 같은 자동차모빌리티 체제의 사고방식은 기술 개선은 변화의 주요 기회로 간주하는 반면에, 행동 변화는 '있으면 좋은' 보너스 정도로 여기고 이에 대한 자원과 관심을 덜 투여한다. 실제로 이러한 상상력의 빈곤은 우리가 접한 일부 저탄소 라이프스타일 정책의 약점을 설명해 준다. 하지만 개인의 '모빌리티 스타일'에 대한 책임과 표준화는 정책적 접근 방식으로서 문제가 있다. 연구에 따르면, 탄소 배출량에 대한 '라이프스타일의 직접적 영향'은 제품이나 서비스의 준비・생산・배송 과정에서 발생하는 배출량을 의미하는 '간접적 영향력'보다 훨씬 적다(Bin and Dowlatabadi 2005; Gotz and Ohnmacht 2012). 개별화된 이동 주체를 생각할 때 사회적・경제적 맥락이 간과되는 경우가 많으며, 라이프스타일에 대한 서사는 종종 전환 정책의 목표와 불일치하며 실제로 방해가 되기도 한다. 더 정교한 정책 메커니즘을 통해 기후변화에 대한 책임을 '누구'에게 물어야 할지 판단하고, 개인의 라이프스타일 모빌리티의 변화를 목표로 하는 정책에서 구조의 역할을 더 명확히 할 수 있을 것이다. 더 중요한 것은, 사람들의 라이프스타일 변화가 지닌 진정한 가치를 뒷받침함으로써, 필요한 규모로 라이프스타일 전환이 이뤄질 수 있도록 개인맞춤형 기후변화 정책에 더 정교하고 일관된 상상력을 적용할 수 있을 것이다.

측정가능성과 계산가능성

신자유주의가 개인에 초점을 맞추고 국가의 역할을 축소하는 것은, 일반적으로 관료주의라고 간주되는 것의 축소를 예상하게 만들 수 있다. 하지만 실제로는 정반대이다. 신자유주의의 핵심 특징은 개인주의, 경쟁, 시장 작동 우위를 확보하기 위해 부분적으로 정량화되고 계산 가능한 결과를 고집한다는 것이다. 신자유주의는 점점 더 '계산 가능한 세계'와 동일시되어 왔다. 신자유주의 논리를 통해 이전에는 시장 외부에 존재했던 것들을 상품화할 수 있는 '계산 가능한 대상'의 발명으로 축적의 기회는 배가된다(Lohmann 2010).

대부분의 모빌리티 전환 정책은 시장원리뿐 아니라 모빌리티, 에너지, 자본, 노동 사이의 양적 등가성에 의존한다. 이는 실행 또는 집행 과정 이전에 정책 설계가 처음부터 모빌리티(및 모빌리티와 관련된 대상들과 실천들)를 측정 가능하고 셀 수 있는 단위로 변환하거나 경우에 따라 축소하는 것을 의미한다. 신자유주의적 계산가능성의 가장 명확한 사례가 탄소 거래와 탄소세일 것이다. 이는 각기 다른 정책이지만, 광범위하게는 탄소 배출량을 줄이기 위한 시장 기반 도구라고 할 수 있다. 탄소 배출 허용량을 경매로 거래할 수 있는 탄소시장은 1990년대에 지구온난화를 해결할 시장 기반 방안으로 등장했다. 탄소시장은 2005년 교토의정서가 체결되면서 국제적으로 박차를 가하게 됐다. 로만이 지적했듯, 국가 중심의 지구온난화 해결책을 피해 가는 과정은 역설적이다. 왜냐하면 국가(및 초국가)는 탄소 배출량을 새로운 거래 대상으로 만들기 위해 새로운 형태의 계산을 발명하고 제도화해야 했기 때문이다. 로만은 이것이 "신자유주의의 잠재적으로 가장 큰 계급 프로젝트 중 하나, 즉 기후 자체를 사유화하려는 시도"의 핵심이었다고 주장한다(Lohmann 2010: 78).

탄소세는 탄소 배출 감소를 위해 여전히 시장 기반 아이디어에 의존하는 또 다른 전략이다. 탄소세는 모든 배출량에 톤 단위로 가격을 매긴다. 기본 원칙은, '시장'이 무시할 수도 있었던 외부효과를 가격에 반영한다는 아이디어다. 따라서 탄소에 할당된 가격은 지구온난화에 대한 가격이다. 시장 논리에 외부효과를 포함시키려는 이 같은 시도에 대해 바슬라프 스밀을 비롯한 학자들은 의문을 제기했다.

아직 설명되지 않은 가장 큰 외부효과는 인위적인 화석연료 및 토지 이용 변화로 인한 (대류권 평균 온도 2°C 이상 상승) 비교적 급격한 지구온난화로 인한 막대한 비용이다(IPCC 2014). 하지만 이 경우에는 적어도 합리적인 변명이 있는데, 온실가스 농도 증가로 인한 변화의 복잡성, 상호작용, 반작용을 금전적으로 환산하기가 매우 어렵기 때문이다. 특히 일부 지역이나 일부 국가, 일부 경제 부문은 기온 상승과 물 순환의 가속화로 다양한 편익을 얻을 것이며, 이러한 영향의 대부분은 앞으로 수십 년 동안은 드러나지 않을 것이기 때문에 (따라서 오늘날의 가치평가로는 크게 할인될 것이기 때문에) 금전적으로 환산하기 어렵다.

결과적으로, 많은 환경운동가와 일부 경제학자들이 찬성하는 탄소세는 지구온난화의 전개 및 미래 영향 중 알려지지 않은 부분을 내재화하는 매우 임의적인(그리고 매우 조잡한) 형태에 불과할 것이다(Smil 2019: 403).

2008년에 탄소세를 도입해 상당한 주목을 받았던 곳 중 하나는 캐나다의 브리티시컬럼비아(BC)이다. BC주 정부는 탄소 기반 연료에 대한 세금 정책을 시행했는데, 톤당 10캐나다달러로 시작해 2012년까지 매년 5달러씩 인상되는 제도였다. 2008년과 2012년 사이에 BC의 개인 탄소 기반 연료 소비는 16퍼센트나 감소했지만, 캐나다의 나머지 지역에서는 3퍼센트 증가했다.[9] 세금 인상은 계속 되었으며 현재는 톤당 40달러로 책정돼 있다. 탄소세는 온실가스 배출량을 2007년 수준보다 33퍼센트 줄이는 것을 목표로 하는 BC의 2008년 '기후행동계획'의 핵심이었다.[10] 이후 이 제도는 2030년까지 2007년 수준 대비 40퍼센트 감소를 목표로 하는 더욱 야심 찬 '클린BC계획'으로 바뀌었다. 2019년까지 실제 온실가스 배출량 감소는 1퍼센트 미만이었다. 그럼에도 불구하고 세계은행과 같은 국제기관과 데이비드 스즈키 재단과 같은 주요 기관에서는, 온실가스 배출량 감소와 연관성이 있다는 점(BC는 2008년과 2010년 사이에 배출량을 9.9퍼센트 줄였으며 그 이후에는 감소세가 반전됨),[11] 그리고 에너지 가격에 거의 영향을 미치지 않았다는 점(부분적으로 BC가 수력발전에 의존하고 있기 때문)을 들어 탄소세를 성공적인 제도로 평가했다. BC 탄소세 정책이 성공적인 것으로 받아들여지면서, 캐나다 연방정부는 2019년에 탄소세를 전국적으로 시행했다. 초기 가격은 톤당 20캐나다달러였으며, 이후 톤당 50캐나다달러까지 인상됐다.

탄소 거래와 탄소세는 서로 다르지만, 둘 다 온실가스 배출의 영향 같은 복잡한 사안을 세금 혹은 거래 가능한 자산과 같은 단순해 보이는 것으로 전환하기 위한 정부의 인프라 구축을 포함한다. 이러한 탄소 정책은 전환 정책에서 가장 널리 논의되고 시행되는 계산 가능성 형태의 제도이지만, 이 정책들은 외부효과를 이전 가능한 수량으로 전환하는 여러 소규모 이니셔티브 또한 만들어 낸다. 모빌리티가 특정 측정 단위로 코드화되는 순간부터 계산에 기반한 결정이 내려진다는 것을 의미한다. 여러 학자들은 이를 현대 생활의 기술관료화로 규정하며, 이는 널리 퍼져 있는 과정이다(Rose 1999; Gherardi and Nicolini 2000; Larner and Le Heron 2004; McFarlane 2006; Larner and Laurie 2010; Temenos and McCann 2012, 2013).

국제적인 차원에서 보자면, 예컨대 유럽사이클연맹(ECF)이라는 NGO의 이니셔티브에서도 이러한 과정을 볼 수 있다. ECF는 '사이클링 워크Cycling Works' 보고서에서 자전거 타기 계획 및 프로그램의 실행은, 다양한 추정치와 변수를 통해 구체화했을 때 2,050억 유로의 경제적 이익을 가져올 수 있다고 추정했다. 그래서 "우리는 현재 유럽의 자전거 부문에서 약 65만 개의 정규직 일자리가 창출되었다고 추정한다(크로아티아 제외한 EU-27). 자전거 이용률이 두 배로 증가한다면, 이와 관련된 정규직 일자리의 고용 잠재력은 100만 명 이상에 달할 것"이라는 보고서를 만나게 되는 것이다.[12] 모빌리티의 측정가능성은 정부의 의사결정에만 국한되는 것이 아니라, 다양한 국가 및 비국가 행위자와 이해관계자에 걸쳐 시행되는 광범위한 수익화 및 정부 규제 완화 절차인 것이다.

네거티브 정책은 특정 영역 내 탄소 생산량을 줄이는 데 효과적이다. 하지만 개인의 탄소 생산량 감소 수치는 적절하지 않은 평가 지표일 수 있다. 소비 기반 탄소 사용량을 측정하면 최종 제품을 사용할 때 발생하는 탄소만 따지는 게 아니라 소비하는 제품 생산에 관련된 탄소 사이클을 포함시키게 되는데, 이렇게 측정해 보면 기존의 생산 기반 평가에서 추정한 것보다 훨씬 막대한 탄소발자국이 나오는 경우가 많다. 최근 영국 브리스톨의 연구에 따르면, 2035년까지 소비 기반 온실가스 배출량을 계산하는 경우에 생산 기반 배출량으로 산정할 때보다 3배나 많은 것으로 추정된다. 또한 감축 정책으로 인한 생산 기반 배출량 감소는, 소비 기반 배출량 감소를 웃돌게 된다(Millward-Hopkins et al. 2017). 아울러, 소비 기반 배출량에 초점을 맞추면, 배출량의 일부에 불과한 가구당 소비 실천뿐만 아니라 기관의 조달 정책까지 고려한 라이프스타일 변화 중심 정책을 추진하게 된다. 따라서 저탄소 전환 문제를 다룰 때는 탄소를 어떻게 계산할지, 무엇을 기준으로 평가할지에 대한 의사결정 방식을 파악하는 것이 중요하다.

　몇몇 인터뷰에 따르면, 포르투갈에서 모빌리티는 항상 외부효과를 억제하는 것과 관련이 있었다. 예컨대, 특정 교통수단의 목표 비율이나 자전거 이용률 목표를 정해 놓고 그것을 달성하려고 시행되는 정책 같은 것은 거의 없다. 대신, 극심한 오염 문제, 도로에서의 사망, 온실가스 배출 등과 같은 부정적 요인을 제한하는 정책이 추진된다. 따라서 모빌리티는 네거티브 정책이라고 부르는 것으로 추진된다. 결과가 부정적이라는 의미가 아니라, 부정적인 지표의 완화에만 신경을 쓴다는 의미다. 인터뷰 대상자 중 한 명은 이렇게 말했다.

> 포르투갈에서 모빌리티 및 교통정책을 실제로 주도한 것은 외부효과 억제라는 목표였어요. 간단합니다. 포르투갈의 의사결정권자들은 '각 교통수단의 분담 비율을 30-30-30으로 한다'라든가 '리스본 대중교통 점유율을 50퍼센트로 한다', 또는 '모빌리티 평균 소비시간을 15분 정도로 한다' 등의 긍정적인 목표를 설정하지 않습니다. 이런 건 없어요. 의사결정권자들은 정반대의 생각을 하죠. 배출량을 어떻게 줄일까, 에너지 의존도를 어떻게 줄일까, 치명적인 충돌 사고는 어떻게 줄일까 같은 생각 말입니다. 이것이 지난 30년 동안의 모든 정책이 결정된 이유입니다.[13]

이런 논리는 개인적인 차원에서도 실행되고 있다. 한국의 에코카드가 바로 그런 예이다. '그린카드'는 다른 비자카드나 마스터카드와 비슷하게 쓸 수 있지만 연회비는 없다. 에코 마일리지로 얻은 포인트는 슈퍼마켓에서 슬로푸드를 사거나 대중교통을 이용하거나 '친환경적'인 것으로 승인된 기타 활동을 할 때 쿠폰이나 현금처럼 사용할 수 있다. 이 포인트 시스템은 대중교통을 이용하는 사람들에게 포인트를 제공하는 한국 최초의 마일리지 시스템이다. 이 시스템은 대다수의 사람들에게 이미 익숙한 계산가능성 형태(행동에 대한 보상으로 포인트를 할당)를 활용해 작동한다. 이는 비행 마일리지에 따른 고객 우대 프로그램이나 결제 금액만큼 포인트를 제공하는 신용카드 적립 제도와 유사하다. 탄소 배출권 거래와 마찬가지로, 이전에는 그러한 가치가 없었던 특정 실천에 금전적 가치를 부여하고 이를 '시장'의 전체 계산에 산입한다.

네덜란드의 우르헨다 재단이 진행하는 '로우카 다이어트Low Car Diet' 캠페인에서도 비슷한 과정을 볼 수 있다. 우르헨다Urgenda라는 이름은 '긴급한urgent'과 '의제agenda'라는 단어의 조합으로 만들어졌고, 재단의 슬로건은 '함께, 더 빠르게, 지속 가능하게'이다. 웹사이트 설명에 따르면 이 재단은 '순환 경제를 갖춘 지속 가능한 사회로의 빠른 전환을 목표로 한다.'[14] 재단 활동의 주요 초점 중 하나가 전기 모빌리티로의 전환이다. 2015년에 진행된 캠페인은 모든 참가자가 30일 동안 차량을 사용하지 않는 것이었다. 기업들은 자발적으로 등록했는데, 2014년에는 100개의 기관과 기업이 참여했다. 환경부, 지자체, 대학, 은행, 다양한 분야의 대기업 및 중소기업이 포함되었다. 프로젝트를 시작하기에 앞서 참여 기업을 대상으로 한 워크숍이 진행됐다. '모빌리티는 더 저렴하고 깨끗하고 건강해질 수 있다'는 제목이었다. 기업들은 2,500유로의 정액 요금을 지불하고 여러 조언을 받고 워크숍 기간 동안 대중교통, 전기자전거 및 전기자동차를 무료로 이용하는 방법을 소개받는다. 우르헨다는 이 캠페인을 통해 기업이 재정적 '다이어트' 혜택을 누리고, CO_2 배출량을 줄이고, 가능한 후속 워크숍과 기업의 모빌리티 정책 재설계를 위한 지원을 통해 단기적으로나 장기적으로 직원 만족도를 높일 수 있다고 약속한다. 웹사이트에 따르면, 캠페인에 참여하는 기업은 모빌리티 비용이 38퍼센트 절감되고, CO_2 배출량은 30퍼센트 줄이며, 직원들의 신체 활동은 16퍼센트 증대될 수 있다고 한다.•

인터뷰에 응한 모빌리티 전문가에 따르면, 기업의 참여를 독려할 때의 핵심은, 회사의 재무 책임자에게 모빌리티 정책을 바꾸면 비용을 절감할 수 있다는 점을 확신시키는 것이다. 현재의 세금 시스템은 개인 및 임대 차량의 무제한 사용을 여전히 선호하고, 사람들이 자동차에서 대중교통이나 자전거로 전환하도록 유도하는 인센티브를 제공하지 않는다.

어떻게 하면 사람들과 기업들이 다른 방식을 택하게 할 수 있을까요? 걷거나 자전거를 타거나 대중교통을 이용하는 것이 여전히 더 저렴하다고 말하는 거죠. 이 관리되지 않는 시스템에 대해 몇 시간 동안이나 이야기할 수 있는데 … 여기서 핵심은 비용이 저렴하다는 것입니다. 그리고 저희는 기업과 직원들에게 전체 시스템에 실제로 접근하는 것이 얼마나 쉬운지, 그리고 우리 모두가 학생 때 그랬던 것처럼 20년이 지난 지금도 실제로 기차를 타고 이동하는 게 가능하다는 것을 보여 주고 싶었어요. 그러면 갑자기 전체적인 행동 변화가 일어나기 시작하고, 그들은 스스로 변화를 만들 수 있

• 등록 참가자들의 행동 변화와 관련된 이 데이터는 우르헨다가 산출한 것이다. 2016년 우르헨다는 Carbon Manager를 사용해 이를 산출했다. 참가자들은 웹사이트에 이동과 관련된 데이터를 직접 입력하고, 자신이 선택한 실천이 얼마나 깨끗하고, 저렴하며, 건강한지 확인한다. (http://www.lowcardiet.nl/ 참조).

다는 걸 실제로 알게 됩니다. 그리고 기업들은 '이것 봐, 여기에서 돈을 절약하고 있잖아'라고 말하죠. 이것은 CO_2에 관한 것이 아니라 돈을 절약하는 쉬운 일입니다. 직원들도 돈을 절약하게 되죠. 돈이 들어오고, 그것이 매우 명확하고 쉽다는 것을 알게 되면, 사람들은 움직이기 시작합니다.[15]

로우카 다이어트 접근 방식에 따르면, 기업 내 모빌리티 비용 상환 정책은 사람들이 지속 가능한 방식으로 출퇴근할 경우 재정적으로 보상을 받도록 설계되어야 하며, 자동차로 출퇴근하는 경우에는 지금보다 상환액이 더 낮아져야 한다.

로우카 다이어트 프로젝트의 언어는, 개인맞춤형 체중감량 프로그램과 마찬가지로 비판적이기보다는 의도적으로 긍정적이며, 사람들이 각자의 선호도와 필요에 따라 모빌리티 계획을 세울 수 있도록 유연성과 다양한 선택지를 제공하는 데 중점을 둔다. 더 청정한 교통수단을 이용하는 것뿐만 아니라, 집에서 혹은 집과 직장 사이의 어딘가에서 근무하거나 회의하는 등 더 유연한 근무 및 회의 방식도 여기에 포함된다. 이 프로젝트에서는 직원들끼리, 또 참여 기업끼리 서로 경쟁하도록 하는데, 작년에는 텔레그래프 미디어 그룹이 이산화탄소 배출량을 60퍼센트 줄여서 상을 받았다. 로우카 다이어트 프로젝트 웹사이트에 게시된 영상 속 '명예의 전당'에는 참여 직원들의 코멘트가 담겨 있다. 사람들은 자전거를 타고 버스와 기차를 타는 등 모빌리티 수단을 달리 선택하기 시작하면서 '계시'를 경험하고 '신세계'를 발견했다고 이야기한다. 또한, 많은 사람들이 돈 뿐만 아니라 때로는 시간도 절약하고 있다는 걸 발견했다. 출근했을 때 스트레스를 덜 받고, 대중교통에서 사람들과 대화를 나누고, 기차 안에서 업무도 처리하고, 대중교통이 생각만큼 복잡하지 않다는 것도 알게 되었다. 우르헨다의 후속 조사에 따르면, 참여자의 38퍼센트는 회사 정책이 우르헨다의 제안을 바탕으로 수정되든 그렇지 않든 상관없이 자신의 이동 방식을 바꿀 거라 답변했다.

로우카 다이어트는 본질적으로 모빌리티를 예산 문제, 즉 회사와 직원 또는 가계의 결정으로 전환하는 것이며, 이 결정은 모빌리티와 경제적 자기규율에 기반한다. 이 같은 개인화는 라이프스타일 선택을 합리적으로 정당화하게 도움으로써 그 결정을 평가 가능하게 만든다. 개인의 선택은 선택에 따르는 이점을 계산할 수 있을 때 더 쉽게 이뤄지며, 대개 경제적 인센티브나 건강상 이득의 형태를 취한다. 따라서 계산가능성은 책임을 개인에게 전가하는 전략과 접목된다.

상품으로서의 모빌리티

개인에게 책임을 전가하고 계산가능성이 작동하는 것 외에도, 우리는 모빌리티 전환 정책 자체가 시장성 있는 상품으로 변모하는 것을 관찰할 수 있었다. 이 과정은 다양한, 때로는 상충되는 형태를 취한다. 전환 대상에 논쟁의 여지가 있거나 다양한 전환 비전이 경쟁적으로 작용해서 특별히 표준화되지 않는다는 점에서 그렇다. 예컨대 특정 전환 실천이나 전문 지식 모델이 만들어지는 방식은, 새로운 전환 전문 지식 및 지식재산 시장 내에서의 경제적 교환을 목적으로 유통되도록 의도되어 있다. 전환 지식 경험을 효과적으로 수익화하고 자본화할 수 있게 되면서 저탄소 모빌리티 전환 계획에 대한 투자도 견인하게 되는 것이다.

섬으로 이루어진 도시국가인 싱가포르의 생계와 경제는 탄소 기반 연료로 돌아가지만, 탄소 기반 에너지자원은 없다. 이는 점점 증가하는 경제적·사회적 모빌리티 플랫폼과 경쟁하며 정책을 펼쳐야 하는 상황에서 싱가포르를 취약한 위치에 놓이게 한다. 하지만 이렇게 자원 기반이 부족하다 보니 서비스 기반 경제에만큼은 모든 것을 위한 시장을 만드는 데 개방적인 태도를 취하게 되어, 싱가포르는 서구 기업과 글로벌 자본 친화적인 성격을 띠게 되었고 도시 디자인의 선두 주자가 되었다(Bok and Coe 2017). 싱가포르 모델은 해당 국가, 더 광범위하게는 국가가 포함된 넓은 지역 전체에서의 모빌리티 미래에 대한 경쟁적 비전을 갖는다는 특징이 있다. 싱가포르의 역할이 글로벌 경관에서 어떻게 구상되고, 생산되고, 움직이는지는 싱가포르가 저탄소 모빌리티 전환에 대한 비전을 달성할 수 있을지, 그리고 어떻게 달성할 수 있는지에 대한 주요 지표가 된다.

싱가포르는 비즈니스 순위에서도 도시계획가들 사이에서도 세계적으로 배우고 따라가야 할 도시로 자주 꼽힌다(Pow 2014). '싱가포르 모델'은 환경친화적이면서 기업친화적인 공간을 만드는 특정한 스타일의 도시개발을 의미하게 되었다(Ibid). 싱가포르의 자동차화 정책과 공공-민간 협력 기반의 대중교통망 서비스의 성공은 기업가적 도시 정부들에게 도시 교통의 주요 두 축을 조화롭게 관리하는 독특한 균형점을 제시한다. 이러한 성공을 발판 삼아 싱가포르 육상교통청(LTA)은 자체 컨설팅 부서인 LTA 아카데미를 설립했다. 2006년에 시작된 이 아카데미의 목표는 '도시 교통의 글로벌 지식 허브' 역할을 하고, '전 세계 정부 관료, 전문가 및 실무자들이 싱가포르의 경험과 전문 지식을 활용해 도시 교통관리 및 개발에 대한 지식과 모범 사례를 교환할 수 있는 원스톱 플랫폼을 제공하는 것'이다.[16] LTA 아카데미는 스스로를 '조력자', 연구 부서, 교육자로 자처한다. 주로 남반구의 100여 개국에서 온 약 1만 4천 명의 '고위 관료' 및 전문가를 대상으로 지금까지 600개 이상의 전문 프로그램을 개최했다.[17] 자격을 갖춘 현장 감독관을 위한 건설 안전관리 과정부터 도시철도 시스템의 계획 및 개발에 이르는 전 과정이 제공된다. LTA는 다른 국가 대표단과 협력해 때로는 덴마크 같은 나라와 협력하기도 하고, 세계은행 같은 정부 간 국제기관과도 공동 프로그램을 진행한다.

싱가포르 모델이 다른 도시와 국가에도 적용 가능해 보이지만, 도시국가로서의 특수한 상황이 있기 때문에 독특한 사례이다. 도시계획 분야에서 찬사를 받고 있는 싱가포르는 다른 지역 정부를 교육하는 역할을 담당하고 있다. 한 국가가 국경 너머 다른 국가기관의 교육자 및 컨설턴트가 되는 이 신자유주의적 논리는, 이 같은 논리가 어떻게 작동하는지, 그리고 특정 국가 내에서의 모빌리티 전환을 유지하기 위해서는 어떤 작용을 하는지에 대한 통찰을 제공한다.

싱가포르 LTA 아카데미는, 더 넓은 '싱가포르 모델'에 따라, 자신들의 모빌리티 계획 노하우를 출판물, 세미나, 해외 대표단 교육, 프로젝트 자문 및 컨설팅 등으로 효과적으로 제공한다. 네덜란드 도시계획 컨설팅 역시 런던의 사우스워크에서 고객을 찾았다. 사우스워크 자전거 전략팀은, 2014년 6월 네덜란드 모델을 배우고자 덴마크 및 네덜란드 컨설턴트를 초청해 40명의 지역 관계자를 대상으로 이틀간 마스터클래스를 열었다. 우리가 만난 사우스워크 의회 관계자 두 명은 이 클래스가 자전거 정책에 거의 무관심하던 사람들을 돌려 놓는 데 도움이 된 중요한 행사였다고 말했다. 워크숍은 협력의 기반을 마련하고 빠르게 전략을 짜는 데 도움이 되었다. 전략 테스트에서는 전 세계 다른 도시의 수많은 '모범 사례'를 참조했다.

런던의 자전거 정책은 해외의 자전거 인프라 및 '자전거 문화'를 광범위하게 참고해 반영했는데, 특히 네덜란드와 덴마크 사례를 롤 모델로 삼았다. 컨설턴트와 정책입안자 모두 해외 모범 답안을 그대로 복사해 옮겨 붙이자고 말하는 사람은 없었다고 강조한다 (Consultant, Mobycon, 24 November 2014). 다만, '네덜란드 모델'과 같은 특정 개념을 강조하는 것은, 정책의 광범위한 목표를 설명하고 기술적 세부 사항을 더 매력적으로 전달하기 위해 기존의 성공적인 자전거 인프라 사례를 제시할 필요가 있기 때문으로 보인다(Member of the Cycling Joint Steering Group, 2 February 2015). 이렇게 지역적으로 구상되는 모빌리티 전환은 전문 지식과 도시 이미지의 초국가적 역학과 뒤얽혀 있다. 사우스워크 의회는 EU 프로젝트에 지원하는 경우가 거의 없지만, 램버스 시의회와 함께 EU 프로젝트인 벨로시타VeloCittà의 틀 안에서 EU 기금을 신청하려 했다. 벨로시타는 네덜란드의 다른 컨설팅 회사가 함께하는, 공유 자전거 시스템을 갖춘 유럽 5개 도시 통합 프로젝트이다. 목표는 '현재 자동차 및 대중교통을 이용하는 이동을 자전거로 전환하여 에너지 효율성을 개선하고, 자전거 공유 시스템(BSS) 이용을 늘리고, 사례 연구 지역에서 자전거 이용 비중을 높여 자전거의 가시성과 수용성을 높이는 것'이다.[18]

모빌리티 전환에 대한 상상력 자체가 이동 가능하고 공유되며 부분적으로 포괄적인 것은 분명하다. 모빌리티 컨설턴트, 비전을 가진 지자체장, 국제기구 및 초국적 엔지니어링 회사는 전 세계를 돌아다니면서 전 세계의 행위자와 사람들에게 정보를 제공하고 인프라 구축을 지원하는 상상력을 만들어 낸다(McCann 2010, 2013). '살기 좋은 도시' 혹은 '스마트 도시'와 같은 아이디어와 이야기는 모빌리티 계획의 일반적인 틀을 제공하지만, 자전거도로부터 BRT(간선급행버스체계)에 이르기까지 모빌리티 인프라를 둘러싼 구체적인 정책들은 특정한 기원과 궤적을 갖는다. 이런 정책들은 대개 상품화될 수 있는 전문 지식의 래퍼토리에 내재된 경우가 많다. 이는 유럽의 사례에서 가장 잘 드러나는데, 여러 행위자들이 전 세계 기술 수출을 위해 EU가 전환의 선구자가 되어야 한다고 주장했다. 어떤 면에서, 전환 노력은 일종의 경쟁과 같다. 누가 먼저 결승선을 통과하느냐에 따라 더 나은 경제적 수익을 보장할 수 있는 위치에 있게 될 것이다.

더 광범위한 글로벌 네트워크와 기관들은, 특히 EU 내에서 국가 및 초국가적 차원에서 전환 정책을 관리하고 독려하려 애쓰고 있으며, 이는 전환에 대한 전문 지식, 정책 및 담론의 초국가적 확산과 이동에 의존한다. 어떤 면에서 EU의 초국가적 모빌리티 관리 정책과 지식 교환 및 조화 정책은, 시장성 있는 전문 지식 분야에서 노력하는 국가 또는 도시 정부를 약화시키는 것처럼 보일 수 있다. 정책 확산 및 조화가 의무화되거나 EU 기구의 일부가 되는 경우에 그러하다. 실제로 이런 정책들은 특히 상을 받거나 인정받은 정책 네트워크 사례를 상세히 제시하며, 잠재적으로 유럽 시장 전체를 평준화할 수 있다. 그러나 이는 또 다른 규모의 시장화일 수 있다. 일부 유럽 지도자들은 이 과정을 유럽이 지속 가능한 모빌리티 정책 및 실천에서 세계 최고의 수출국이 될 수 있는 경제적 기회로 보아, 유럽이 전환 실험의 '실험실'로 보일 수 있다고 말한다.

하지만 상품으로서의 모빌리티 전환은 지식과 노하우의 교환을 넘어서는 것이다. 서비스, 인프라, 기술도 때로는 수출 잠재력을 가진 것으로 취급된다. 판매 가능하고 수출 가능한 상품으로 묶여 있는 것이다. 라투르의 용어로, 이것들의 '아상블라주'는 수익성이라는 행위능력을 갖고 있다(Latour 2005). 한국의 'G밸리'는 재정적 인센티브와 세금 감면을 활용하여 한국에서 전기차 생산과 혁신을 독려하는 행위자들의 파트너십으로 장려된 사례이다. 이는 또한 전기차 산업을 포함한 첨단산업 중심지로서 서울의 브랜드 가치와 장소 정체성에 투자된 다른 이해관계자들도 끌어들였다.

잉글랜드의 도시 밀턴 케인즈에서도 비슷한 논리를 확인할 수 있다. 운송 시스템 캐터펄트Transport Systems Catapult(TSC)의 저탄소 도시 교통구역Low-Carbon Urban Transport Zone(이하 LUTZ) 패스파인더Pathfinder는 영국에서 개발 및 시험 중인 여러 자율주행차 중 하나다. 패스파인더는 계획된 모빌리티뿐 아니라 자발적 모빌리티도 가능해 역동적인 수요에 지능적으로 대응하도록 설계됐다. 최대 시속 15마일〔24킬로미터〕인 패스파인더는 2014년 그리니치, 코번트리, 브리스톨에 기반을 둔 다른 세 가지 자율주행차와 함께 공개됐다. 밀턴 케인즈에서 LUTZ 패스파인더는 전기차 충전소, 전기차 클럽, 전기버스 서비스를 아우르는 더 광범위한 저탄소 모빌리티 시스템의 맥락 안에 위치한다. '밀턴 케인즈 지속 가능한 미래: 저탄소 전망'이라는 더 넓은 지방정부 의제도 여기에 포함된다. 패스파인더는 밀턴 케인즈가 영국 스마트시티 프로그램의 일원으로서 스스로를 홍보하는 방식을 보여 준다. 시에 제출된 보고서는 LUTZ 패스파인더를 '밀턴 케인즈를 선도적인 스마트시티 및 저탄소 경제로 자리매김하는 모범 프로젝트'로 평가했다. 패스파인더는 시의회의 '양질의 지속 가능한 대중교통 이니셔티브와 정보 제공' 약속의 일부이며, 이는 시의 기업 계획에서 핵심 우선순위를 차지한다.

2014년 6월 빈스 케이블Vince Cable〔영국 기업혁신기술부 장관〕이 밀턴 케인즈에서 출범시킨 TSC 혁신센터는 새로운 모빌리티 기술과 인프라를 개발하려는 정부 및 자동차 산업 전략을 보여 준다. 기업

혁신기술부(BIS)의 지원을 받는 센터 중 하나인 캐터펄트는 경쟁적 지식제품 시장을 통해 가능해지는 모빌리티 전환을 구상한다. 영국 정부는 이 센터를 통해 2025년까지 9천억 파운드 규모로 추정되는 시장을 활용해, 영국을 전 세계에 혁신적이고 통합된 교통 솔루션을 제공하는 선도적 공급업체로 자리매김시켜 해당 분야에서 경쟁 우위를 확보하려고 한다. 캐터펄트의 최고기술책임자가 인터뷰에서 설명했듯이, 저탄소 모빌리티 및 지능형 모빌리티 시스템의 광범위한 개발은 의도된 결과가 아니라 캐터펄트의 부산물이다. 목표는 오히려 모빌리티 기술, 교육 및 전문 지식, 지식재산권 및 시장을 유지하고 주도할 수 있는 능력을 영국 내에 구축하는 것이다. 글로벌 시장을 확보하는 것이 목표였다. 서울의 사례와 마찬가지로, 이 계획은 저탄소 기술의 모델이 되기 위해 도시(이 경우 밀턴 케인즈)와 결합했다. 이런 모델링이 본질적으로 완전히 신자유주의적인 것은 아니지만(Söderström and Geertman 2013; Bunnell 2015; Cohen 2015), 신자유주의 논리의 관점에서 검토하면 정부가 자체 예산을 삭감하고 세금을 낮게 유지해야 하는 상황에 직면했을 때, 어떻게 거버넌스의 이름으로 자본을 유치하고 창출할 수 있는지를 이해하는 데 도움이 된다(Krueger and Gibbs 2007; Temenos and McCann 2012).

결론

 모빌리티 전환 영역 내에서 작동하는 (신)자유주의적 논리를 보여 주는 다른 사례들도 있지만, 우리는 개인에게 책임을 전가하는 것, 모빌리티의 계산가능성, 전환 정책의 상품화라는 이 세 가지가 시장 기반 해법의 맥락에서 모빌리티 전환 정책 및 이니셔티브를 배치하는 광범위한 프레임워크의 참조점으로 활용될 수 있다고 믿는다. 분명히 이 세 가지 논리는 우리가 현재 신자유주의로 알고 있는 것을 능가한다.

 실제로 신자유주의 자체는 수세기 동안 이어져 온 정치철학 및 전통인 자유주의가 강화되고 가속화된 버전이다. 하지만 전 세계의 모빌리티 전환 접근 방식을 살펴보면, 현재 상황에서 저탄소 미래를 위한 새로운 모빌리티 구성을 어떻게 얻을 수 있을지 구상할 때 놀라울 정도로 제한적인 상상력만을 보여 준다. 대부분 이러한 상상력은 주류 시장 기반 경제의 경계로 제한된다. 다른 모빌리티 미래로의 전환은 우리(모빌리티의 소비자이자 실천자)가 우리 삶의 다른 영역에서 인식하는 것처럼 보이는 상식적인 논리에 억지로 끼워 맞춰진다. 우리는 저금하듯 녹색 포인트를 모으고, 걸음 수나 칼로리로 이동을 측정하는 걷기 앱을 통해 우리의 모빌리티를 모니터링한다. 모빌리티 전환(더 넓은 저탄소 전환과 마찬가지로)은 경쟁, 개인주의, 계산가능성, 교환의 논리 안에서 구성된다(Bulkeley 2013).

 쉽게 말해, 우리는 경제가 승리하고 성장하고 확장될 때 전환이 일어날 수 있다고 말한다. 적절하게 행동하는 법을 배울 때 전환이 일어날 수 있다고 말한다. 전환은 모든 사람이 승자가 되고 패자가 없는 곳에서, 모두에게 똑같이 필요한 것으로 간주되며 탈-정치적(Swyngedouw 2010; North, Nurse and Barker 2017)으로 구성된다.

시장 논리 내에서 전환 정책을 (신)자유주의적으로 구성하는 것은 분명하고 자연스럽고 상식적인 게 아니다. 모빌리티 전환 생산에 대한 다른 논리도 있다. 예를 들어 한 가지 모델은, 단순히 지구온난화에 대한 요구가 경제성장에 대한 요구보다 우선한다는 것을 인식하고, 화석연료 산업과 같은 패자가 발생하더라도 온실가스 배출 감소를 우선시하는 정부 차원의 정책을 수립하는 것이다. 이런 논리는 종종 조롱당하거나 단순히 무시되는데, '경제'적 요구가 다른 어떤 것보다 명백히 우선한다고 간주되기 때문이다.

우리가 이 책을 쓰는 동안, 이 같은 논리는 전 세계적으로 코로나19 팬데믹에 대한 정부의 대응에서 상당히 극적으로 드러났다. 우리가 모빌리티 전환 정책을 검토한 모든 국가에서 각국 정부는 질병 퇴치의 필요성이 경제의 즉각적 필요보다 더 중요하다는 것을 인식한 정책과 조치를 도입했다. 이런 조치가 있었기에 기록상 가장 큰 연간 탄소 배출량 감소(5퍼센트 이상)가 가능했다. 분명 지구온난화도 비상사태다. 단지 더 긴 시간 프레임에서 발생하기 때문에 '비상사태'로 구성되지 않을 뿐이다. 지구온난화는 확실히 코로나19보다 훨씬 더 큰 인명 피해를 불러올 것이다. 아이러니하게도, 중국 우한의 산업 폐쇄 및 여행 금지 조치에 따른 대기오염 감소로 바이러스로 인한 사망자보다 더 많은 생명을 구했을 것으로 추정된다. 코로나19가 우리에게 가르쳐 준 것이 있다면, 경제에 부정적 영향이 있더라도 정부가 비상사태에 대처하기 위해 과감한 조치를 취할 수 있다는 것이다. 이는 선택의 문제이다.

7장
공유화 모빌리티 전환

앞 장에서는 저탄소 모빌리티 미래로의 전환 노력이 어떻게 넓은 의미의 (신)자유주의 논리로 구성되는지를 검토했다. 대부분의 경우에 저탄소 모빌리티 정책을 시행하려는 시도는 시장경제 논리에 제약을 받기 때문에, 저탄소 미래라는 목표는 기껏해야 2순위가 된다. 이 (신)자유주의 논리는 고탄소 모빌리티를 뒷받침하는 인프라 및 문화적 '고착'(Urry 2009)에서 가장 중요한 부분일 것이다. '고착'은 지속가능성으로의 전환에 대한 문화적·정치적·경제적 논의와 분리될 수 없다. 다시 말해, 현재의 고탄소 생활을 뒷받침하는 이데올로기와 그에 상응하는 정치적·경제적 조직 형태에 대한 질문과 떼려야 뗄 수 없다(Schwanen, Banister and Anable 2011; Gössling and Cohen 2014). 이런 질문을 던지지 않으면, 저탄소 모빌리티 전환을 꿈꾸는 것처럼 보이더라도 실제로는 개인의 권리이자 경제성장의 전조로서의 모빌리티 담론을 중심으로 하는 기존의 모빌리티 체제를 단순히 재생산하게 될 수 있다.[1]

이 장에서는 모빌리티 전환 정책의 배후에 있는 지배적인 논리가 무엇인지 드러내고, 아직은 미미하지만 근본적으로 더욱 공정하고 포용적이며 살기 좋은 모빌리티 미래를 구상하는 데 도움이 될 수 있는 공유화 모빌리티commoning mobility[•] 논리를 강조하고자 한다. 여기에서 우리는 전 세계에서 확인한 주도적 계획들에 대한 분석을 바탕으로, 정의로운 전환, 모빌리티 정의, 그리고 환경 및 인종정의에 대한 오랜 지적 연구사로부터 통찰을 얻을 것이다(Bullard and Johnson 1997; Swilling and Annecke 2012; Agyeman et al. 2016; Sheller 2018).

우리는 모빌리티 전환 프로젝트와 관련 정책, 이니셔티브, 프로젝트의 배후 논리를 검토하면서 교통, 건강, 업무, 환경, 무역, 경제, 도시 및 지역개발 정책을 포함해 모빌리티 전환 정책 및 프로젝트의 광범위한 맥락을 분석했다. 이를 통해 모빌리티 전환의 세 가지 상호연결된 '논리'를 확인할 수 있다. 이는 모빌리티 전환 정책과 실천을 뒷받침하는 합리성, 수사, 이데올로기, 담론의 일관되고 구조화된, 심지어 연합된 형태이다. (푸코가 그의 저작에서 생명정치 내의 내부 기능적 일관성을 가지고 '정상화' 논리를 식별한 것과 같은 방식이다.) 우리가 검토한 국가 전반에 걸쳐 두 가지 지배적인 논리가 나타났고, 이는 모두 점점 신자유주의적이고 자본주의적인 성격을 띠는 글

• (역주) '공유화'는 commoning의 번역어이다. 이 책에서는 〈모빌리티인문학 총서〉의 번역 용례를 따라 commons를 '공유재' 혹은 '공유지'로, commoning을 '공유화' 혹은 '공유적'으로 옮겼다. '공유'라는 표현을 사용하면 자칫 commons와 commoning을 소유하고 사용하는 대상과 관련된 문제만으로 좁힐 수 있고, 그리하여 commons에 깃든 실천의 의미를 가릴 위험도 있다. 그래서 최근에는 이 단어를 '커먼즈', '커머닝'으로 그대로 옮겨 적거나 '공통체', '공통하기' 등으로 옮기기도 한다. 이 책에서는 시리즈 번역의 일관성을 위하여 commoning mobility를 '공유화 모빌리티'로 옮겼으나, 이것이 반드시 소유 자원으로서의 모빌리티만을 이르는 것이 아님을 밝혀 둔다. 이 책의 저자들은 commons와 commoning에 내재된 운동과 실천, 정치이자 관계로서의 의미를 담아 '공유화 모빌리티 전환commoning moblity transition'을 제안하고 있다. 문맥상 강조할 필요가 있을 때에는 commons와 commoning을 병기한다.

로벌 경제 하에서 작동한다.

첫 번째 논리는 모빌리티 전환 계획의 근간이 되는 '결핍'이고, 두 번째는 결핍에 대한 대응으로서의 '긴축'이다. 세 번째 논리는 최근 부상하고 있는 '공유화commoning' 논리다. 이 개념은 글로벌 노스와 사우스 전반에 걸쳐 대안과 잠재적 변화의 공간이 건재하고 있음을 보여 주는, 결핍과 긴축의 지배적 논리에 저항하는 논리다. 공유화 개념은 지배적 논리는 아니기 때문에 대부분의 사례 연구에서 나타나진 않는다. 실제 사례는 규모가 작고 불완전했으며 현재의 거버넌스 구조와의 긴장 속에서 나타났다. 우리는 3장에서 설명한 공유화 관련 연구들을 참고하여 모빌리티를 움직임, 의미, 실천 개념으로 활용하고자 한다. 이로써 대안적인 정치, 대안적인 프로그램, 대안적 정책의 가능성을 강조하고, 공유화 논리가 거버넌스 공간과 모빌리티 실천을 어떻게 변화시키는지, 모빌리티의 의미에 대한 한 사회의 지배적 서사에 어떻게 도전할 수 있는지 살펴본다.

모빌리티 정치학과 모빌리티 정의

지리학자 및 기타 연구자들은 주로 2장에서 자세히 논의했던 MLP(다층적 관점)에 기반한 분석을 활용해 전환 연구에 참여해 왔다. 요약하자면, MLP 접근 방식은 해당 전환이 탄소 배출량 감소에만 초점을 맞춘 채 주로 기술-사회적 해결책을 가지고 있다는 전제에서 시작하는 경우가 많다. 일반적으로 MLP 접근 방식에서는 정의 문제가 핵심적으로 다뤄지는 경우가 없으며, 최근 일부 참여가 있었지만 그래도 여전히 기존의 권력 역학과 정치를 제대로 설명하지 못하는 경우가 많다(Sheller 2012; Geels 2014; Affolderbach and Schulz 2016). 지속가능성 전환의 정치학을 일반적인 측면에서 고려한 연구들도 있지만(Avelino et al. 2016; Chatterton 2016), 모빌리티 전환에 대한 연구는 대부분 기술 변화를 탐구의 출발점으로 삼는 경우가 많다. (전기자전거부터 배달용 드론에 이르기까지) 기술에 기반한 지속 가능한 모빌리티 해법이 많이 있긴 하지만, 교통 학자들은 기술에만 초점을 맞추는 것은 충분치 않으며 역효과를 낼 수 있다는 의견에 동의한다(Banister et al. 2013; Ferreira, Bertolini and Næss 2017; Temenos et al. 2017).

사회적 정의에 대한 관심에서 출발해 모빌리티 전환 이론을 다룬 예는 거의 혹은 전혀 없었다. 환경정의 및 정의로운 지속가능성 학자들이 오랫동안 주장해 온 것처럼, 탄소 배출량에만 초점을 맞추는 것은 권력의 구조적 비대칭을 해결하지 못하는 전환으로 이어질 수 있다. 이에 마크 스윌링과 이브 아네케는 형평성 논의를 전 지구적 차원에 도입한다.

쟁점은 단순히 자원 고갈과 환경 악화를 막기 위해 생산방식과 소비 방식을 전환하는 데 있는 게 아니다. 우리에게 중요한 과제는, 빈곤선 이하에 살고 있는 약 10억 명의 사람들과 소비지출의 80퍼센트 이상을 책임지는 약 10억 명 사이에서 심화되고 있는 불평등을 해결하고자 하는 정의로운 전환이라는 문제이다(Swilling and Annecke 2012: xiii).

건축 표준(Affolderbach and Schulz 2016)에서나 에너지 분야(Bouzarovski and Simcock 2017; Petrova 2018)에서는 저탄소 전환의 정치적 의미를 고찰하는 작업들이 시작됐지만, 모빌리티 전환의 정치, 특히 정의에 관한 근본적인 질문들은 아직 탐구되지 않았다. 모빌리티를 핵심 장소이자 중요하게 고려해야 할 과정으로 보지는 못한 것이다.

저탄소 모빌리티 미래로의 전환을 이론화하기 전부터, 모빌리티 정의에 대한 연구는 이미 진행되고 있었다. 2장에서 살펴보았듯, 예컨대 이반 일리치는 어떤 형태든 에너지를 많이 사용하는 것이 사회적 관계를 부식시키고 경관을 황폐화시킨다고 주장한 바 있다. "참여민주주의에서 필요로 하는 기술은 저에너지 기술이며, 자유로운 사람들은 자전거의 속도에 맞춰 생산적인 사회관계의 길을 가야 한다"(Illich 1974: 8).

자전거 속도로 이동한다는 것은 환경위기를 해결하려면 근대화의 속도 집착에서 벗어나서 구조적 변화가 필요함을 뜻하는 표현이다. 비판적 인종 연구 학자들도 주로 미국에서의 모빌리티 형평성 문제에 주목했다. '정의로운 교통' 이론가들은 모빌리티에 대한 불평등한 접근과 인종차별 사이에 오랜 역사적 연결 고리가 있음을 탐구했다. 그리하여 대중교통 제공 문제나 흑인 운전자에 대한 인종 프로파일

링 등을 둘러싼 논쟁들을 짐크로법〔19세기 후반부터 20세기 중반까지 미국 남부에서 흑인들의 시민권과 인권을 박탈하고 차별적 대우를 강요했던 인종차별 법률을 통칭하는 말〕과 버스 보이콧 관련 운동을 포함하여 인종과 모빌리티를 연결하는 심층적인 역사적 궤적들과 연결했다(Bullard and Johnson 1997; Bullard, Johnson and Torres 2004). 교통 관련 논의에서 인종과 계급을 연결짓는 것 외에도, 불라드는 환경 인종차별 분석을 통해 사회 정의 문제를 환경문제와 자주 연결했다(Bullard 2007).

초기 교통정의 연구에 기반한 '새로운 모빌리티 패러다임'(Sheller and Urry 2006)은 시스템적으로 비대칭적인 권력관계 속에서 모빌리티의 역할을 생각하는 틀을 제공하고자 했다. 모빌리티의 세 가지 요소, 즉 움직임과 의미와 실천은 항상 기존의 거버넌스 구조, 역사, 권력관계, 체화된 경험에 의해 제한된다. 모빌리티는 그 자체로 관계적이다. 모빌리티가 어떻게, 왜 발생하는지는 공간 전반에 걸쳐 법률이 구성되고 정치가 전개되는 방식에 자체적인 힘을 발휘해 정치적이고 실제적인 결과 및 공간 형성에 영향을 미친다(Cresswell 2006; Adey 2009; Temenos and McCann 2012). 따라서 모빌리티는 항상 공간적이며 정치적이다. 그렇기 때문에 전환 문제는 반드시 모빌리티 전환 정치에 대한 고려와 함께 다뤄야 한다. 여기에는 개인화된 '이동할 권리'(Cresswell 2006) 문제와, 집단적인 사회적 요구가 모빌리티를 통해 어떻게 매개되는지의 문제, 이 둘 사이의 관계에 대한 질문이 포함된다.

예컨대 크레스웰은 로스엔젤레스 버스라이더연합이 자동차모빌리티가 지배하는 도시에서 대중교통 이용 권리를 위해 어떻게 싸웠는지 보여 주는데, 이는 인종정의를 위한 오랜 도시 활동의 역사를 바탕에 두고 있다(Cresswell 2006). 이런 사례들에서, 이동하는 방식과 그 표현에 대한 투쟁은 도시 공간에 대한 투쟁, 자원 분배의 정치, 의사결정 참여 문제 등과 불가분의 관계를 맺고 있다.

이와 마찬가지로, 셀러는 필라델피아 사례를 통해, 시민들을 공유자전거(와 공유 자동차) 및 능동적 교통수단으로 이동시키려는 시도가 인종차별적 젠트리피케이션 프로젝트로 여겨져 저항에 부딪히는 과정을 보여 준다. 또한 빈곤층과 소수민족은 불평등, 빈곤, 분리 정책 등을 역사적으로 경험했기 때문에 안전과 지위의 신호로서 자동차를 소유하려는 강한 욕구가 있음을 설명한다(Sheller 2015). 이런 경우, 모빌리티 전환을 달성하려면 인종정의의 문화적 논리를 고려하지 않을 수 없다. 셀러는 《모빌리티 정의》에서 모빌리티 연구를 넘어 교통정의 논쟁에 참여하며, 특히 카렐 마르텐스(Martens 2017)의 중요한 연구를 자세히 다룬다. 더 평등한 접근성에 대한 마르텐스의 강조는, '불균등한 모빌리티의 근본적인 광범위한 정치'를 인식하지 못하기 때문에 모빌리티 시스템의 급격한 변화를 불러일으키지 못한다는 것이다. 이는 의사결정에 모두가 동등하게 참여할 것이라 생각하고 공간을 중립적인 '그릇'으로 취급하는 것과 같다고 지적한다(Sheller 2018).

지난 10년 동안 교통정의와 모빌리티 정의에 대한 이론이 급증했고(Mullen and Marsden 2016; Martens 2017; Pereira, Schwanen and Banister 2017; Banister 2018; Sheller 2018; Cook and Butz 2019; Davidson 2020), 이 풍부한 논쟁을 여기에서 다 개

괄할 수는 없다. 여기에서 우리의 목표는 공유화 개념을 통해 권력, 참여, 정의, 저탄소 모빌리티로의 전환 문제를 함께 묶는 새로운 모빌리티 전환 정치학을 제안하는 것이다. 이를 강조하기 위해 다음 절에서는 최근의 모빌리티 공공정책을 지배하고 있는 결핍 및 긴축 논리를 검토한다.

경쟁적 결핍과 긴축 모빌리티

21세기 모빌리티와 사회를 둘러싼 논쟁에서 시간, 돈, 공간, 석유와 같은 자원을 절약하는 어떤 형태의 긴축을 요구하는 논리와 결핍의 논리는 어디에나 존재한다. 결핍은 특정한 역사적·지리적 맥락에서 벗어나 지속적으로 자연화되고 일반화된다. 우리가 검토한 사례들에서 결핍은 전환을 가속화하는 동기로 사용되거나 변화를 방해하는 핑계로 활용된다. 국가 차원(예컨대 칠레, 네덜란드, 노르웨이, 싱가포르)에서부터 도시 거리 공간(예컨대 상파울루, 알마티, 산티아고, 밴쿠버) 수준에 이르기까지 말이다. 대부분의 맥락에서 결핍과 긴축 논리는, 그것이 굉장히 모순적인 방식으로 작동하는 경우에도, 다원주의적 또는 신맬서스주의적 경쟁, 효율성, 개인주의의 명령에 기반한 경제 논리로서 신자유주의의 정치경제적 경향을 차용한다. 부르디외가 말했듯, 이는 '공정성 규칙에 따르는 사회적 논리'(Bourdieu

1998)에서 분리되어 제도적·사회적 집단 구조의 최대 적이 된다.

흔히 결핍은 당연하게 받아들여지는 '사실'로 보이지만, '결핍된' 자원, 즉 '물적 재화의 공급 부족'(Schaefer 1983: 279)으로 정의되는 자원은 소외되거나 무시된 다른 자원과 관련하여 존재하는 경우가 더 많다. 특정한 한계나 유한성을 지닌 어떤 것(공간, 시간, 에너지 등)의 정의definition는 적절한 대응 방안을 정의하는 데 적극적인 역할을 한다. 매우 다른 맥락이지만 데니어는 의료서비스를 얘기하면서, 경제적이고 합리적이고 기계적인 방식으로 결핍 개념에 접근하는 것은 제한된 자원을 분배하거나 제한하기 위한 배급 메커니즘으로 이어지는 경향이 있음을 지적한다(Denier 2007). 예컨대, 네덜란드 정책 전문가들은 네덜란드가 상대적으로 국토가 좁고 도로 공간이 부족하다는 사실을 자주 언급한다. "우리는 도시 공간이 부족하고, 도로 공간이 부족하며, 공간이 부족합니다. … 이상한 비유이지만, 하늘 공간도 부족하죠"(Expert, Urgenda, 24 July 2015).

이런 맥락에서 결핍은 공간 부족 문제로 언급된다. 걷기에도 자전거를 타기에도 차를 타기에도 공간이 부족하고, 도시 안에 사람들이 거주하고 건물이 들어설 자리가 부족하고, 심지어 원치 않는 탄소와 배기가스로 가득 찬 것으로 상상되는 하늘 공간까지 부족하다고 언급되는 것이다. 따라서 자전거 정책의 선두 주자라는 명성에도 불구하고, 도로 혼잡 문제는 국가의 '바로 그 모빌리티 문제'로서 제시된다(TFMM, n.d.).[2] 그래서 5장에서 자세히 논의한 국가 프로젝트인 '베터 베누텐'(사용 최적화) 프로그램을 통해, 붐비지 않는 시간에 운전하거나 원격근무나 재택근무를 하거나, 전기자전거를 타거나, 카풀을 도입하여 결핍 자원을 배급하는 인센티브를 통해 행동 변화를 이끌어 낸다. 이 경우 환경 영향이나 (붐비지 않는 시간대의) 운전 자체의 합리성 같은 것에는 의문을 제기하지 않는다. 고탄소 모빌리티를 시스템적 변화보다는 개인 행동의 작은 조절로 관리하는 것이다.

싱가포르에서는 시간기반 전자 도로 통행료(ERP), 즉 장소와 시간대에 따라 달라지는 사용량에 기반한 통행료 시스템과 도로 위 차량 수를 제한하고 이에 따라 과세하는 차량 할당 시스템(VQS) 같은 정책을 도입할 때 명시적 근거가 된 것이 결핍 담론이다. 이 두 정책은 5장에서 자세히 설명한 바 있다(Government of Singapore, 2013). ERP의 첫 번째 버전이 1975년에 시작됐고 VQS가 1990년에 도입되었으니, 두 정책 모두 새로운 것이 아니며, 개인 행동 변화에 대한 담론적 강조 또한 새로운 것이 아니다. ERP와 VQS 정책은 개인 차량으로 인한 도로 혼잡을 억제하는 데에는 성공했지만, 모빌리티 전환 내에서 최근 논쟁이 된 전제된 '모빌리티 권리'에는 의문을 제기하지 않는다. ERP 제도 하에서 피크 시간대에 운전하는 사람에게 더 많은 세금을 부과하고, VQS 제도 하에서 비싼 권리증명서 때문에 자동차모빌리티가 금융화되고 있는 실정이다. 이는 이동할 재정적 수단이 없는 사람들이 이동의 자유시장에 참여하는 것 자체를 암묵적으로 배제하는 상황을 낳는다. 운전 증명서에 대한 수요가 높아지면 그 가격은 더 높아진다. 따라서 이 경우 모빌리티는 '자유'시장에서 거래되는 것이다.

네덜란드와 싱가포르 정책 목표에서 두드러지게 나타나는 결핍은 상대적인 것인데, 두 나라 모두 도로망이 세계에서 가장 조밀한 축에 속하기 때문이다.[3] 이러한 결핍 문제는 일반적으로 일상적 통근 시간을 줄이려는 논의 안에서 구성되는데, 이는 인프라 부족 문제가 아니라 특정 모빌리티의 가치를 다른 모빌리티보다 더 높게 평가하고 이러한 결핍의 특정 비율에 대한 명백한 권리를 주장하기 때문에 나온 결과이다. 2015년 상파울루에서 새로운 자전거도로에 반대하며 일어난 시위에서 이 모순이 두드러지게 나타났다. 여기에서도 '결핍된' 도로 공간의 재분배 문제가 핵심이었는데, 자전거도로는 훨씬 더 적은 도시 공간을 사용했음에도 불구하고 택시 운전사와 자동차 운전자에게 일종의 '도둑질'로 받아들여졌다.

실제로 상파울루시 당국은 지난 몇 년 동안 굉장히 많은 자전거도로를 확충했다. 2011년 35킬로미터였던[4] 자전거도로가 2016년에는 400킬로미터라는 놀라운 수치로 증가했는데,[5] 이는 미국 내 자전거도로 상위 10위 도시 안에 드는 것과 같은 수치다.[6] 자전거 통근자 수는 여전히 약 1퍼센트에 머물고 있지만,[7] 지방정부는 시클로시다지Ciclocidade와 같은 여러 협회의 도움을 받아 자전거 통근자 수를 늘리기 위해 노력하고 있다.[8] 하지만 이런 조치는 논란을 불러일으켰다. 일반 대중은 유익한 조치라고 생각하지만, 이에 반대하는 사람들도 있는 것이다. 자전거도로 건설을 알리는 지방정부의 표지판에는 '축소는 도둑질'(자전거를 위해 자동차도로를 축소시키는 것을 의미)이라고 적힌 종이가 붙었다(**그림 7.1**).

그림 7.1 '축소는 도둑질' (Photo by André Nóvoa 사진)

　이 예시들은 모빌리티 정책 논쟁에서, 결핍이 구성되고 경쟁적인 성격을 띤다는 점을 잘 보여 준다. 또한, 결핍 담론은 모빌리티에 대한 사고와 더 공정하고 청정한 모빌리티 미래에 대한 상상력을 계속해서 형성한다. 우리가 검토한 대부분의 국가 및 초국가적 정책들은 결핍의 압박에도 불구하고 사회적 수준에서 모빌리티의 역할이 비판적으로 재평가되지 않았음을 보여 준다. 상품과 사람의 모빌리티를 줄이는 것은 신자유주의적 성장 패러다임과 생태적 근대화 접근 방식에서 여전히 '금기' 주제로 남아 있다(Schwanen, Banister and Anable 2011; Gössling and Cohen 2014). 결핍의 맥락에서 모빌리티는 도로 공간의 제곱미터, 고속도로망의 킬로미터, 수백만 유로, 오염의 한계치, 혹은 절약된 이동 시간(분)으로 표현된다. 모빌리티는 다양한 자원을 아껴서 관리하는 대리 수단으로 합리화되며, 우리가 충분히 확보할 수 없는 유일한 것이다. 이 책의 연구가 보여 주는 바와 같이, 이런 논리는 대부분 상향식 지역사회 프로젝트나 하향식 국가 및 지방 정책을 통해 자원을 절약하는 형태를 지지하는 논리로 이어진다.

예컨대 정책입안자와 정치인들이 사람과 상품을 이동시키면서 환경문제도 해결해야 하는 이중 압박에 대응하는 방법은, 지속 가능한 모빌리티 미래를 위해 개입하기보다는 국가 서비스를 축소하는 쪽이었다. 그 결과가 우리가 긴축 모빌리티라고 부르는 것, 즉 더 적은 자원을 필요로 하는 모빌리티 창출이다. 이를테면 (국가 입장에서) 더 저렴하거나 더 적은 공간을 차지하는 모빌리티 말이다. 재정 긴축 시대에 긴축 모빌리티는 가장 기본적인 수준의 인프라만 제공되는 공간을 만들고, 대중교통 같은 기존 서비스를 점점 민간기업에 외주화하려는 경향이 있다. 2008년 경제위기 시기 포르투갈의 경우가 그랬다.

포르투갈 정부는 대중교통을 개선하거나 국가 주도의 지속 가능한 해결 방안을 내놓기보다는, IMF와 EU 당국('트로이카')으로 구성된 공동감독위원회의 압력 하에, 국가지출을 줄이는 엄격한 경제적 논리에 기반한 일련의 신자유주의적 정책을 채택했다. 이는 민간기업이 모빌리티를 제공하고 교통 부분을 한층 더 자유화하는 것을 의미했다. 예컨대 공기업을 민영화하고 우버 같은 새로운 민영화된 교통 서비스를 수용하는 법률을 제정하려는 시도 등을 들 수 있다. 재정긴축정책과 긴축 모빌리티 사이의 뒤얽힘은 시민들에게 전환 책임을 위임하는 저탄소 모빌리티 프로젝트로 이어진다. 암스테르담에서는 대중교통 의존도가 높은 지역의 버스 노선을 폐지한 후, 주민들이 적절한 대체 수단으로 인식하지 못해 중단된 호출형 전기 택시 시범 운영이 뒤따랐다(Moran Figueroa 2015 참조).

긴축 모빌리티는 소비 제한으로 넓게 이해되는 긴축 논리로 뒷받침된다. 긴축 주장은 '결핍된' 것으로 정의된 것에 대한 확립된 정의, 혹은 지배적인 정의와 불가피하게 연결되어 있다. 따라서 이는 옛날부터 끊임없이 변화하며 나타난 아이디어의 현재적 표현일 뿐인 재정긴축정책과 반드시 연결되는 것은 아니며(Schui 2014 참조), 또한 임모빌리티를 초래할 수도 있다. 사람들이 아예 통근을 하지 않게 해서 교통혼잡과 배출량을 줄이자고 홍보하는 회사인 텔레워크 뉴질랜드의 사례가 이를 잘 보여 준다. 이 회사는 기업들이 임모빌리티를 통해 돈, 도로 공간, 이동 시간을 절약할 수 있는 방법을 제안하여 결핍 논리에 대응하고, 6장에서 논의했던 전환의 계산 원리를 적용해 고객의 절감액을 계산하는 '혜택 계산기'를 도입해 이러한 긴축 논리를 작동시킨다(Bevis England, personal communication, 11 March 2015).

비슷한 논리와 도구를 6장에서 논의한 네덜란드 환경재단 우르헨다의 '로우카 다이어트' 캠페인에서도 볼 수 있다. 이 캠페인은 참여 기업들이 제한된 기간 동안 '로우카low-car' 다이어트를 하게 하고 참가자들과 함께 그 결과를 도출해 낸다. 환경적 주장을 경제적 주장으로 전환함으로써, 사람들이 자전거를 타거나 재택근무하거나 집에서 가까운 전용 장소에서 근무하도록 독려하고 기업에는 전환의 이점을 보여 준다. "(기업들은) 이것은 … CO_2에 관한 것이 아니다. 우린 비용을 절감하고 있다"(Expert, Urgenda, 24 July 2015)고 말한다. 운전을 덜 함으로써 얻는 건강상의 혜택이나 삶의 질 문제도 강조되지만, 그들의 관점에서 경제적인 호소가 가장 강력하다.

긴축 모빌리티 분야의 또 다른 주자는, 특정 지역 내에서의 소규모 실천에 초점을 맞추는 전환마을 운동이다(Mason and Whitehead 2012; Jarvis 2015). 모빌리티가 이 운동의 주요 관심사는 아니지만, 이들의 전반적인 철학적 방향은 지역화를 지향한다. 실제로 이는 로컬 유기농 농업과 식단 강조, 지역 내 자재를 사용한 건축, 지역 합의 민주주의 형태의 실천, 지역화폐(LETS) 개발, 넓게는 글로벌 네트워크 편입에 반대하는 행동을 의미한다. 이 운동은 식량, 에너지, 자본, 자재, 사람의 모빌리티를 극적으로 줄이는 것을 지향한다. 전환의 행위자는 국가가 아니라 공동체다. 정부는 너무 늦고 개인은 너무 비효율적이라고 주장한다(Hopkins 2011). 지역주의를 옹호하는 전환마을 운동은 개발, 속도, 기술적 해결책을 선호하는 지배적 정책 의제에 담론적으로 반대하는 대안적 모빌리티 전환에 대한 대중적 이해를 얻고 이를 반영한다. 그러나 중상류층에 지지 기반을 두고 있다는 점과 낮은 참여율은(Aiken 2012), 전환마을 운동이 광범위하게 다른 모빌리티 전환을 불러오기보다는 틈새 이니셔티브로 남을 수 있음을 시사한다.

이런 예들은 대규모 사회적 위기에 대한 대응으로 개인의 행동을 억제하는 데 초점을 맞추고 있다. 재정 긴축 정치와 결합되진 않았지만, 현재의 사회경제적 시스템 안에서 해결책을 제공하기 위해 국가 서비스에 대한 의존도를 줄이고 개인의 추진력과 창의력에 의존하는 신자유주의화의 지배적 논리를 따를 수 있다. 긴축이라는 맥락에서 모빌리티를 바라보면, 이런 담론과 프로젝트가 불러올 수 있는 특정 문제와 역설에 주의를 기울이게 된다. 재정 긴축과 마찬가지로, 긴축 모빌리티 논리는 '도덕적·정치적 고려 사항'(Schui 2014: 6)에 따라 주도되는 심오한 이데올로기적 모순으로 가득 차 있다. 재정긴축정책은 반소비주의 이데올로기와 관련될 수 있고 역사적으로도 그래 왔지만, 현대의 재정긴축정책은 경제의 주요 동인으로 간주되는 개인 소비를 타깃으로 하지 않는다(Bramall 2013; Schui 2014). 그 대신, 정부지출, 특히 의료 및 대중교통 같은 서비스의 축소, 그리고 노동 비용 절감에 초점을 맞추고 있다. 긴축 모빌리티의 논리는 종종 역설에 기반하는데, 일부 이동 주체는 스스로 알아서 이동하게 하면서 다른 이들의 모빌리티는 지원한다. 즉, 이데올로기적 선택을 반영하는 역설인 것이다. 따라서 앞 장에서 다뤘듯이, 전 세계적으로 사람들은 걷기와 자전거 타기를 통해 더 건강한 라이프스타일을 선택하도록 권장된다.(인프라 투자를 지원하는 게 아니므로 정부는 아무런 비용도 들지 않는다.) 그러면서 정부는 도로 건설, 자동차 사용을 촉진하는 기업 정책에 경제적 인센티브를 주고, 석유 수출 등을 통해 (자동차)모빌리티 소비를 유지하고 촉진하는 정책을 시행하고 있다(Spinney 2016).

더욱이, 재정긴축정책이 지출을 줄여 부채를 짊어질 책임을 분산시키는 것과 마찬가지로(Blyth 2015), 긴축 모빌리티는 부채 자체를 발생시킨 주요 책임 당사자를 적절히 반영하지 않았다. 예컨대 UN의 '도약' 담론은 글로벌 사우스 국가들이 OECD 국가들의 발전에서 나타났던 탄소 배출에 대한 정치적 부주의 단계를 건너뛰어 저탄소 모빌리티 체제로 전환할 것이라는 희망을 담고 있는데, 이 담론은 배출의 기원과 긴축 논리가 적용될 수 있는 장소 사이의 단절을 잘 보여 준다. 죄책감 없이 자동차를 마음껏 타던 것은 과거의 일로 여겨진다. 하지만 전 세계 인구의 약 10퍼센트가 '승객당 총 자동차 운행거리(p-km)의 80퍼센트를 차지하며, 세계 인구의 상당수는 거의 이동하지 않는다'는 점에서, 모빌리티는 여전히 많은 사람들에게 부족하며 제한된 자원이다(IPCC 2014: 606).

따라서 모빌리티는 여전히 바람직하고 정당한 행위로 남아 있으며, 이를 억제하려는 요구는 국가정책에 포함되지 않는다. 하지만 긴축의 관점으로 모빌리티를 이해하면, 고탄소 모빌리티의 부정적 결과에 대한 책임이 문제적으로 분배되고 있음을 파악할 수 있다. 또한, 접근성에 대한 기존의 불평등도 포착할 수 있다. 긴축 모빌리티는 결핍 담론에 대한 대응이다. 우리는 결핍 담론과 그에 대한 대응 모두에 도전할 수 있고 도전해야 한다고 생각한다. 다음 절에서는 더 공정하고 지속 가능한 미래를 위한 변혁적 실천으로서 모빌리티를 다시 생각해 볼 수 있는 대안적 가능성을 제시하고자 한다.

공유화 모빌리티

결핍 문제와 기후변화에 대한 대응으로서의 긴축 논리와는 별개로, 우리는 단순히 이동량, 이산화탄소 배출량, 투자량에 의문을 제기하는 차원을 넘어 결핍 논리 자체에 도전하는 일부 계획들을 관찰했다. 정치학에 기반한 이 계획들은 모빌리티의 가치와 가능한 모빌리티 거버넌스 형태를 다시 생각해 보게 한다. 우리는 이를 공유재commons에 대한 지리학적 논쟁과 연결해 봄으로써, 이 같은 계획들이 공유적 모빌리티의 사례임을 확인하고 모빌리티를 공유재로 이론화하여 모빌리티 전환의 새로운 정치를 명료히 하고자 한다.

공유재산과 공통체commonwealth는 홉스(1651[1966])부터 마르크스(1867[1977])에 이르기까지 경제학자들과 철학자들의 관심을 끌어 왔다. 20세기에 들어, 개릿 하딘의 '공유지의 비극'[지하자원이나 초원, 공기 등 공동으로 이용할 수 있는 자원이 개인의 이기적 사용으로 결국 고갈되거나 파괴되는 현상]에 대한 이해(앞서 언급한 긴축 모빌리티 논리에서 찾아볼 수 있음)는 이러한 논쟁의 불씨가 되었다(Hardin 1968). 이 논문은 국가 소유 대 민영화 논쟁에 상당한 영향을 미쳤지만, 오스트롬은 자치기관이 공유자원common pool resources(CPR)을 규제하는 것을 대안적 거버넌스 방식으로 설득력 있게 주장했다(Ostrom 1990). 여기서는 단순히 공유 공간뿐만 아니라 공유화 과정, 즉 논리와 인식의 변화, 그리고 모빌리티 접근 관리에 대한 거버넌스 및 관리 실천에 초점을 맞추고자 한다.

공유재commons와 비교했을 때 공유화commoning라는 개념은 공유재를 만드는 능동적이고 집단적인 과정을 강조한다(Bresnihan 2013; Linebaugh 2014). 지리학에서 공유화 개념은 주로 두 가지 논쟁, 즉 국가와 시장을 넘어선 CPR(공유자원) 관리 논의와 대안적인 탈자본주의 정치를 구상하고 실행할 도구로서의 논의, 공유재 개념을 탐색하는 논의에서 주로 다뤄진다(Huron 2015). 지리학자들은 여전히 공유재(공유지)의 실제 물리적 속성에 초점을 맞추는 경우가 많지만, 이를 "특정한 사회공간적 실천, 사회적 관계 및 공유재를 생산하고 재생산하는 토대를 뒷받침하는 거버넌스 형태를 구체화하는 복잡한 사회적·정치적 생태계"로 이해하는 방향으로 나아가고 있다(Brown 2007; Chatterton 2010: 626 참조). 이처럼 공유화로 초점이 이동하면서 공유재의 과정적·공간적·관계적 차원이 부각되고(Chatterton 2010; Williams 2018), "더 포용적이고 정의롭고 지속 가능한 공간을 구축하는" 전략과 실천이 부각되어(Jeffrey, McFarlane and Vasudevan 2012: 2) 우리가 주장하는 것처럼 모빌리티가 부각된다.

더욱이, 공유화가 어떤 것이 공유재가 되는 과정에서 발생하는 일련의 과정적 관계를 설명한다면, 이는 공유재로부터 어떤 것을 빼앗는 구획 과정과 관련해 이해되어야 한다. 제프리, 맥팔레인, 바수데반이 쓴 것처럼, "공유재의 강탈은 다공성이고 사회물질적이며 거리가 떨어진 형태의 포획을 통해, 즉 안정과 유동, 고정과 움직임의 관계를 통해 능동적으로 구성된다"(Jeffrey, McFarlane and Vasudevan 2012: 2). 이런 실천들은 공유화 실천들과 변증법적으로 관련되어 있으며, 다양한 공간성, 다양한 규모, 심지어 다양한 형태의 주체성 생산을 통해 이러한 포획을 전복하거나 약화시키거나 재사용하려고 할 수 있다.

인클로저enclosure법은 문자 그대로 그리고 비유적으로도 (부)정의 문제와 연결된다. 공간적 구획 행위는 자원의 재분배를 실행하며, 많은 사람들에게서 자원을 제거하고 일부에만 할당한다. 이런 자원 중 하나가 모빌리티다. 17세기 초 영국의 인클로저법은 많은 사람들에게 '자유로운 통행권'의 제한으로 경험됐다. 여기에는 사람뿐 아니라 공유지에서 방목하고자 했던 가축도 포함됐다. 이 권리는 2000년에 시골통행권법Countryside and Rights of Way Act에 명시되어, 잉글랜드와 웨일스에서 모든 공유지뿐 아니라 사유지를 통과하는 경로에서도 자유롭게 통행할 권리가 확증됐다. 블롬리에 따르면, 울타리는 영국에서 구획의 주요 물질성 중 하나를 나타내며, '공유화 경제와 관련된 물리적 움직임 형태를 방지'하기 위한 '토지 및 재산권에 대한 새로운 논쟁적 담론들'을 구체화했다(Blomley 2007: 5). 구획 실천은 임모빌리티화뿐만 아니라 본질적으로 대체를 야기했으며, 이로써 노동자와 소작농들은 다른 곳에서 생계를 찾아야 했기 때문에 박탈과 퇴거로 인한 절박한 모빌리티를 낳았다. 최근에는 자동차 중심적 계획이 공공공간의 구획 및 결핍 생산 체제로 이론화되었다 (Illich 1983; Hoeschele 2010).

이런 역사를 고려할 때, 공유화와 모빌리티에 대한 문헌이 없다는 것은 놀라운 일이다. 교통과 관련해 공유재 개념을 다루는 연구는 거의 없다. 베를링히에리와 벤투리니는 모빌리티에 대한 권리를 논의하는 맥락에서 모빌리티를 공유재로 생각해 볼 가능성을 언급하지만, 자세한 의미를 설명하지는 않았다(Verlinghieri and Venturini 2018). 도로 인프라는 반복적으로 공유지(커먼즈)로 규정되었고, 교통체증은 '공유지의 비극'으로 간주되었다(Iaione 2010; Frischmann 2012). 오보일은 더 넓은 접근 방식을 취해서 모빌리티를 '인프라 공유재 형태'로 보았고, '모빌리티 공유재'를 "최소한의 방해나 불편함 없이 지역사회를 안전하고 자유롭게 이동할 수 있는 수단의 가용성"이라고 정의했다(O'Boyle 2010: 59). 하지만 이 논의는 기존의 인프라 접근 불평등 문제나 특정 이동 '계층'이 책임지는 유해한 환경발자국을 생산하는 모빌리티의 의미와 특정 모빌리티 정치보다는, 인프라 관리에 초점을 맞추고 있다.

'모빌리티 공유재' 개념에 대한 더 철저한 접근은, 지역사회 소유의 교통 및 대규모 운송 서비스를 운영하는 사회적기업과 같은 소규모의 지역화된 노력을, 잠재적으로 더 큰 운송 시스템에 통합될 수 있는 공유 인프라로서 다룬다(Glover 2017). 글로버는 공유자원으로서의 교통 서비스 및 인프라에 대한 통찰을 발전시키면서, 경계가 정해진 영토로서의 전통적인 공유지 개념보다 더 넓은 접근 방식을 제시한다. 이로써 물질적 인프라 사용에 대해 다시 생각해 보게 하고 모빌리티 거버넌스 참여에 대한 질문을 제기한다. 하지만 이 버전은 여전히 결핍 담론에 의존하고 있으며, 움직임을 억제하거나 그 가치를 재고할 잠재력은 간과한다.

하트와 네그리는 공유재로서의 재산 개념을 넘어, 지적 자원과 문화적 자원을 사고한다. 이들은 문화적 공유재 개념을 "노동의 산물과 미래 생산수단을 모두 포함하는 역동적인 것"이라고 정의한다. 이때의 공유재는 우리가 공유하는 지구뿐만 아니라 우리가 창조하는 언어, 우리가 확립하는 사회적 실천, 우리의 관계를 정의하는 사회성 양식 등을 모두 포함한다(Hardt and Negri 2009: 350). 흥미롭게도, 이주 및 시민권 연구자들은 '이동하는 공유재' 개념을 이주민들이 공유하고 기여하는 "지식, 정보, 생존 기술, 상호돌봄, 사회적 관계, 서비스 교환, 연대, 사회성의 세계"를 지칭하는 데 사용한다(Papadopoulos and Tsianos 2013: 190). 그러나 그들은 모빌리티와 취약성 상황에서의 사회성을 강조한 반면, 우리는 공유화될 과정으로서 모빌리티 자체에 초점을 맞춘다. 미미 셸러는 이 두 관점을 다음과 같이 연결한다.

공유재 혹은 공유화에 대한 더 이동적인 상상력. 이는 비정치적 행동이며 동시대의 운동이 요청하는 것이다. 만약 커먼즈가 단순히 영토, 공간, 자원, 제품에 대한 공유가 아니라, 이동, 여행, 집합, 아상블라주, 그리고 멈춤과 현존을 실천할 능력과 기회까지 의미할 수 있다면 어떨까? 만약 우리가 모빌리티를 커먼즈로, 커먼즈를 이동적인 것으로 생각한다면 어떨까? (Sheller 2018: 161)

모빌리티를 공유재로 이론화하는 것은 이러한 광범위한 정의를 따르며, 공동 의사결정 실천, 모빌리티 권리뿐만 아니라 임모빌리티 권리(대체되지 않을 권리)에 대한 새로운 형태의 인식에 대한 개방성, 모빌리티의 사회적 생산과 그에 내재된 권력관계에 대한 인식, 그리고 공공의 이익을 위해 형평성을 창출하고 노력하겠다는 약속과 같은 공유화의 논리를 활용하는 모빌리티에 대한 사고와 조직화 형태를 모두 포괄한다. 이 같은 공유화 개념은 사회정의를 핵심에 둔 정의로운 지속가능성 및 정의로운 전환 연구와도 연속성을 갖는다. 공유재의 정확한 의미가 널리 탐구되지 않았을 수도 있지만, 교통정의를 지지하는 사람들은 우리에게 지속적인 배제 도구로서, 그리고 더 희망적으로는 공평한 공동선을 확립하는 핵심 자원으로서, 광범위한 시민권으로서 모빌리티에 초점을 맞출 것을 요청해 왔다(Bullard and Johnson 1997; Browne 2015; Sharpe 2016). 셸러에게 이는 일종의 '마음운동', 즉 "타인과 공유되고 연대, 호혜, 돌봄, 신뢰, 관대함, 관리의 형태에 기반한" 모빌리티를 의미한다(Sheller 2018: 169).

따라서 공유화 모빌리티는 소규모나 틈새 개입, 그리고 프로젝트 같은 것을 넘어 공동체적이고 민주적인 형태로의 거버넌스 전환을 포괄하는 과정으로 이해될 수 있다. '공유재'는 항상 논쟁의 여지가 있으며, 그 이면의 이데올로기도 그러하다는 점을 기억하는 게 중요하다. 글로버(Glover 2017)는 모빌리티 공유재를 소유권 체제로 설명하고, 이아이오네(Iaione 2010)와 프리쉬만(Frischmann 2012)은 인프라에 초점을 맞추지만, 우리의 강조점은 더 공평하고 환경적으로 지속 가능한 방식으로 사회적 모빌리티 체제를 재구성하는 단계로서 모빌리티의 가치, 의미, 실천을 재고하는 데 있다. 즉, 이는 새로운 모빌리티 전환의 정치학이다.

모빌리티 전환의
새로운 정치학을 향해

이 절에서는 3장에서 소개했던 모빌리티 정치의 세 가지 필수 요소인 움직임, 의미, 실천을 가지고 공유화 모빌리티에 대해 생각하는 방법을 설명할 것이다. 연구에서 얻은 두 가지 사례를 활용해 모빌리티 전환의 새로운 정치학이 어떤 모습일지를, 공유적 움직임commoning movement, 공유적 의미commoning meaning, 공유적 실천commoning practice에 초점을 맞춰 보여 주려 한다. **공유적 움직임**은 공간을 가로지르는 이동량과 유형에 대한 집단적 참여를 의미한다. **공유적 의미**는 모빌리티의 사회적 가치를 집단적으로 재고하는 것으로 정의된다. **공유적 실천**은 특히 후자에 중심을 두고 모빌리티가 수행되고 관리되는 방식을 집단적으로 다시 생각해 보는 것을 의미한다.

이러한 모빌리티 요소들은 서로 얽혀 있으며, 공유화 모빌리티의 요소들도 마찬가지다. 물리적 움직임은 '모빌리티 생산을 위한 원자재'(Cresswell 2010: 19)이므로, 공유적 움직임은 종종 공간적 규모와 공간적 거버넌스 수준에 걸쳐 펼쳐지는 공유적 의미 및 공유적 실천과 함께 발생한다. 의미, 움직임, 실천의 공유화 요소는 전환마을 운동이나 재택근무 정책에도 존재하지만, 자동차중심 계획에 따른 공공공간 구획에 맞서는 뉴질랜드 청년 주도 운동인 '제로세대' 또는 카자흐스탄의 소규모 자전거 커뮤니티 그룹인 '벨로-알마티'와 같이 모빌리티 생산과 전환의 집단적 성격을 강조하는 상향식 운동에서 더 강력하게 나타난다. '벨로-알마티'는 자전거 활동에 참여하는 것은 다른 사람들, 즉 '가장 가까운 동맹'인 운전자 및 보행자와 교류한다는 것을 의미한다며, 커뮤니티를 만들고 '도시 문화'를 육성한다는 의미라고 강조한다.[9]

네덜란드에서는 자전거와 스마트 기술 분야에서 공유재 개념을 명시적으로 활용하거나, 공유적인 의미와 움직임, 실천에 관여하는 소규모 계획을 여럿 찾아볼 수 있다. 그중 하나가 자전거 한 대만 있는 사람이든 기업이든 누구나 참여할 수 있는 분산형 오픈소스 자전거 공유 시스템을 구축하려는 커먼바이크CommonBike 프로젝트이다. 공유재 수사를 활용하는 프로젝트의 또 다른 사례는, 암스테르담에 기반을 둔 바그Waag 재단이 2019년에 주최한 일련의 워크숍인 '사이클링 데이터 커먼즈Fietsdatacommons 랩'이다. 이 워크숍은 자전거 데이터의 수집, 저장, 사용과 관련된 여러 가능성과 과제를 탐구하고자 열렸다. 이 두 사례에서 모빌리티 정치에 대한 초점은, 급속도로 스마트화되는 모빌리티 부문에서 공유화 모빌리티와 데이터 정치학을 교차시켜, 빅테크가 아니라 커뮤니티가 주도하는 데이터 수집 및 관리 형태를 모색하는 것이다. 이제부터 자세히 살펴볼 두 사례 중 하나는 명시적으로 공유화 프로젝트로 구성되지는 않았다. 하지만 모빌리티의 의미를 재고하고 공유적 자원을 강조하는 데 초점을 맞추고 있기 때문에, 모빌리티 공유재 논리에 접근하는 프로젝트를 잘 설명해 주는 예시가 될 것이다.

이런 사례들은 공유화가 소규모 활동 '버블' 안에서만 효과가 있는 게 아니냐는 생각을 불러일으킬 수도 있다. 또는 공유화는 시스템 전체에 도전하지 않으며, 다양한 형태의 모빌리티, 의사결정권, 모빌리티에 대한 주류 담론에 기여할 수 있는 권력에 대한 접근의 엄청난 불균형에 대처하지 않는다고 생각할 수도 있다. (이에 대해 더 많은 연구가 필요하지만) 반드시 그런 것은 아니다. 공유화가 더 큰 규모로 일어날 수도 있음을 보여 주는 사례도 있다. 니크 마우터, 파울 코스터, 티스 데커(Mouter Koster and Dekker 2019)가 비용편익분석의 대안으로 개발한 '참여적 가치평가participatory value evaluation'(PVE)가 바로 그것이다.

이 연구자들은 암스테르담 주민들을 대상으로 주민들이 직접 암스테르담 교통국의 한정된 예산을 분배해 보는 실험을 진행했다. 비용편익분석에서 사람들은 개인의 이익을 추구하는 소비자로 취급된다. 그러나 PVE에서 사람들은 시민으로서 공동의 이익을 추구하는 의사결정자의 입장이 되어 본다. 연구자들은 사람들이 시민으로서 결정에 참여할 때에는 자신에게 이익이 되지 않더라도 더 공정하고 친환경적인 모빌리티 수단으로의 전환에 기여할 준비가 되어 있음을 발견했다. 물론 이러한 잠재적 참여 방식은 포용성과 의사결정에 미치는 실제 영향의 측면에서 비판적으로 검토되어야 한다. 그러나 이러한 실험은 모빌리티 공유화를 고려할 수 있는 잠재적 기회를 제공한다. 특히 이동하는 주체를 모빌리티 소비자라는 틀에만 가두는 것은 큰 문제다. '서비스로서의 모빌리티' 개념, 그리고 바람직한 모빌리티의 고도로 개별화된 특성을 강조하는 관련 개념들을 통해 거대 기술 기업들이 모빌리티 담론을 형성하고 발전시키고 있기 때문이다(Verkade and te Brömmelstroet 2020 참조).

앞으로 논의할 두 가지 짧은 이야기에서 우리는 공유적 운동, 의미, 실천이 어떻게 다양한 장소, 즉 글로벌 노스와 사우스에서 발견될 수 있는지 설명하며, 모빌리티 전환의 변혁적 정치 가능성을 열고자 한다. 이미 언급했듯이, 우리는 이러한 사례들이 현재 지배적인 신자유주의적 실천의 예외라는 점에 주목한다. 두 경우 모두에서 공유화 모빌리티는 총체적인 것도 아니고 분리된 개별 과정도 아니다. 오히려 기존의 물질적 환경 내에서 급진적인 민주적 참여를 재정향하고 재구성할 무대를 마련하는 거버넌스와 실천에서의 변혁을 보여 주는 과정이다. 두 사례 모두 공유화의 '저항적 지도그리기'(Katz 1996)를 생성해 냄으로써, 대안적인 모빌리티 실천이 가능하다는 점을 보여 준다.

모빌리티 동원하기
: 자전거 타기를 통한 공동체 연결 강화

모빌리티 의미의 공유화는 사회적 행위자 또는 행위자들이 움직임의 사회적 영향이나 그것의 재현, 또는 이동 중 관계에 대한 의미를 재고하기 위해 적극적으로 노력할 때 발생한다. 예를 들어, 2011년 암스테르담의 에이뷔르흐 지역에서 지역사회 연결과 활동을 통해 자전거 타기를 늘리는 상향식 동네 시민운동이 시작되었다. 링링Ring-Ring®은 스마트폰 애플리케이션을 사용해 더 많은 사람들이 자전거를 타도록 유도하는데, 다른 애플리케이션과 차별점이 있다. 바로 이 앱에 기록되는 자전거 주행거리(네덜란드어로 fietskilometers, 또는 Fkm)에 따라 지역 상점에서 할인으로 '교환'된다는 점이다. 이 애플리케이션의 가장 핵심적인 차별점은, 모빌리티의 의미를 변화시키고 정치화하는 데 초점을 맞춘 것이다. 즉, 사회적 목표를 위해 '모빌리티를 동원'할 수 있는 가능성을 보여 준다. 공공기관, 민간기업 또는 시민단체는 애플리케이션에서 '그룹'을 시작하고, 자전거 타기 목표(예를 들어, 월 1000Fkm 달성)를 설정한 뒤, 일정 금액의 돈을 할당하고, 목표가 달성되면 해당 금액이 특정 사회적 목표에 사용되는 것을 확인하게 된다. 링링은 기부자들에게 돈을 모으고 교환을 중개하여, 해당 그룹이 선택한 특정 지역 이니셔티브에 그 돈을 전달한다. 지역 도서관, 지역 자전거도로의 예술 설치물, 동네 기념물, 장애 아동을 위한 조랑말 농장 여행, 장애인을 위한 자전거 구매, 나무 심기 같은 여러 프로젝트가 이런 방식으로 공동 자금 지원을 받았다.

비-시장 기반 개입인 링링은, 사회에 공동의 기여를 할 수 있는 잠재력이 모빌리티의 의미에 있다는 것을 생각해 보게 한다. 이 프로그램의 근거는 자전거가 환경친화적 모빌리티 방식일 뿐만 아니라 집단적으로 수행될 때 장소의 삶의 질, 사회성, 번영을 지원하는 활동으로서 동네와 도시에 기여한다는 점이다. 자전거 이용자들은 자전거의 느린 속도와 개방성으로 인해 지역 경제를 이루는 소규모 가게를 자주 방문하게 되고, 주변 지역사회 및 장소에 더 깊이 참여하게 되기 때문이다. 링링의 창립자의 말에 따르면, 자전거 타기는 자신과 사회에 대한 '선물', 즉 이동함으로써 변화를 일으키고 지역 사회의 관계를 재구성하는 것이 된다(Janine Hogendoorn, Ring-Ring®, 30 August 2017). 애플리케이션의 인터페이스는 개인 사용자가 주행한 Fkm 수, 모든 사용자가 주행한 총 Fkm 수, 공동의 사회적 목표를 향해 노력하는 개별 그룹들이 주행한 Fkm 수를 보여 줌으로써 공유적 운동과 의미를 중재한다.

링링의 핵심 목표는 자전거 이용률을 높이는 것, 그리고 사람들이 자가용 운전에서 자전거 타기로 전환하도록 장려하는 것이지만, 더 넓은 사회적 목표는 효용가치를 넘어 모빌리티를 재평가하고, 상향식 계획과 지역 공유적 프로젝트에 대한 투자를 촉진하는 민주적 방식으로 이를 수행하는 데 있다. 이런 생각은 자전거 타기의 효과를 금전적으로 환산해, 자전거 타기가 여러 사회적 이익을 가져올 것으로 예상되기 때문에, 자전거 타기에 대한 투자를 뒷받침하는 현재의 자전거 경제학적 사고와 공감대를 형성하는 것으로 보인다(Blue 2016). 하지만 링링 창립자에 따르면, 링링의 아이디어는 자전거 타기로 수익을 창출하는 것이 아니라(그녀는 이를 다소 '슬픈' 발전으로 여긴다), 자전거 타기 옹호 활동을 '자신들의 이야기를 알리는' 방식으로 변형하는 것이다. 이상적으로는, 사회에서 가치를 부여하는 과정을 분산화하고 민주화하는 것이다(Janine Hogendoorn, Ring-Ring®, 30 August 2017).

그래서 링링에서는 애플리케이션을 통해 수집된 데이터 사용을 '민주화'하는 방법을 생각하고 있다. 예컨대 데이터 구독(사용자 동의와 데이터 익명화 조건)을 통해 연구자나 정책입안자와 데이터를 공유할 수 있다. 따라서 링링이 설정한 목표의 핵심은 모빌리티의 의미를 공유하는 것이지만, 움직임과 실천의 공유화도 함께 발전시키는 것이다. 이는 모빌리티의 가치를 제고하고 그 집단적 영향에 대한 인식을 높이며, 하향식 사회 변화를 위해 지역 행위자 및 네트워크를 동원하는 상향식 전환을 목표로 한다. 그러나 이를 일관되게 유지하는 데에는 몇 가지 어려움이 있다. 예를 들어, 링링의 플랫폼은 매우 개방적이다. 이는 이 플랫폼의 환경주의 철학과 상충되는 활동을 하는 기업을 포함해 어떤 조직이든 참여할 수 있음을 의미한다. 예를 들어, 링링과 협업을 시작한 앤트워프시에서는 쉘과 몬산토 같은 기업도 참여하게 됐다. 창립자의 말에 따르면, 이것은 더 많은 사람들이 자전거를 타고 환경을 생각하게 한다는 링링의 목표와 반드시 상충되는 것은 아니다. 무엇보다 애플리케이션 사용자들이 어떤 계획과 조직을 지원할지는 자유롭게 선택할 수 있다. 또한, 한 사람의 특정 철학으로 주도되는 애플리케이션 형태의 플랫폼 설정 자체가 자체적인 한계를 만든다. 이런 방식은 부분적으로만 분산되고 특정 계층에게만 어필하기 때문에, 잠재적으로 노인이나 인터넷이나 데이터 플랫폼에 접근할 여유가 없는 사람들을 배제할 수 있다.

칠레 산티아고의
변혁적 모빌리티 거버넌스

공유화 모빌리티 실천은 모빌리티가 어떻게 구상되고 관리되는지에 대한 태도와 기대를 변화시키는 핵심 단계다. 사회적 모빌리티 체제를 더 공평하고 환경적으로 지속 가능한 방식으로 재구성하려면 계획 단계에서부터 이를 수행해야 한다. 모빌리티 실천은 일반적으로 자동차 운전과 같은 이동 사례들로 정의되지만, 모빌리티가 어떻게 관리되는지에 대한 실천도 포함한다. 모빌리티 실천의 공유화는 모빌리티 실천의 영향이 집단적으로 관리되는 더 참여적인 의사결정 모델로의 전환을 가져올 수 있다. 칠레의 수도 산티아고에서 유료 고속도로 건설을 둘러싼 활동은 이런 종류의 변혁적 정치의 한 예이다. 모순과 긴장이 없지는 않지만(어떤 지역에서는 캠페인이 성공적이었지만 그렇지 않은 지역도 있었다), 공식적인 거버넌스 실천에 변화를 가져온 급진적인 민주적 의사결정 구조와 활동의 잠재력을 도출할 수 있다.

1996년 칠레 정부는 세계 최고 수준에 이른 대기오염을 해결하기 위해 수도 산티아고와 그 주변에 유료 고속도로 건설을 발표했다. 여러 이해관계자들이 이 계획에 지속적으로 항의했지만, 궁극적으로는 거버넌스 계획에서 시민참여의 역할을 변화시켜 국가 전반으로 참여민주주의 역할을 확대한 새로운 모빌리티 거버넌스 실천을 확립했다(Sagaris 2012, 2014). 이 항의 활동은 특히 모빌리티 정의 문제에 초점을 맞추어, 누가 고속도로를 따라 도시에서 자유롭게 이동할 수 있는지, 그리고 동네 전체가 쫓겨나는 상황에서 누가 이동하도록 강요받을 수 있고 또 그래야 하는지 물었다. 현재의 교통체증 수준을 줄이지 않고 유지하면서 도시로 통근하는 사람들의 속도와 편의성을 높이기 위해 설계된 고속도로 계획에는, 도시 중심부의 가장 큰 공원과 여러 역사적 지역을 관통하는 33킬로미터의 도로가 포함되어 있었다. 고속도로는 한때 공유지commons였던 곳을 강탈하는 모빌리티 인프라 시설이었다. 이 시설은 자동차와 부유한 주민들의 자유로운 통행을 위한 일종의 울타리였다.

당초 계획은 산티아고 북부 10개의 유서 깊은 지역에 영향을 미쳤는데, 그중 벨라비스타(산티아고의 역사적 문화 및 예술 중심지), 라 베가(칠레 전역의 식품 유통 시스템을 지탱하는 시장의 본거지), 비타쿠라(전통적으로 정치적으로 보수적인 고소득 동네), 레콜레타(도심에 가까운 저소득 노동자층 동네) 등 네 곳이 주요 반대 지역으로 부상했다. 1997년, 사회경제적으로나 문화적으로 다양한 이 지역들은 반대 입장을 모아 25개 단체와 소수의 개인들로 구성된 북부고속도로반대협의회Coordinadora No a la Costanera Norte(이하 '코르디나도라Coordinadora')를 결성했다. 사회적·환경적 지속가능성에 강력한 초점을 맞춘 코르디나도라는 합의 기반 의사결정 및 비계층적 조직 구조를 포함하는 급진적인 민주적 거버넌스 구조로 유명했다(Ducci 2000, 2004; Sagaris 2012, 2014). 이 연합은 공무원들이 지역사회와 협의하도록 책임을 묻는 데 성공했고, 정부가 기업과 관계를 맺듯 시민사회 단체 및 지역사회와

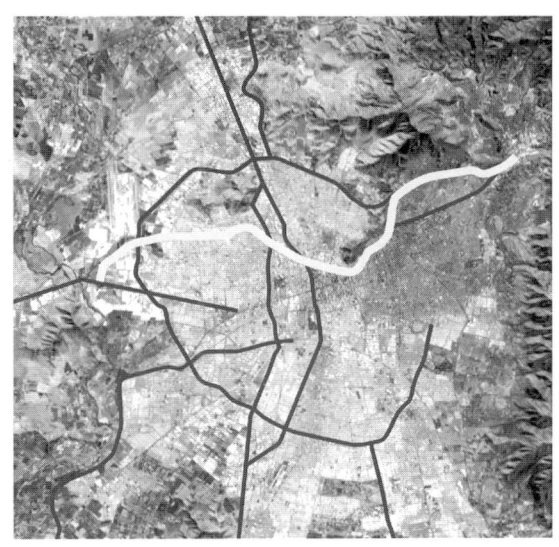

그림 7.2 산티아고 지역, 중앙을 관통하는 흰색 선이 문제의 북부 고속도로 (구글 지도 수정)

도 관계맺는 방식을 재정립하고자 노력했다. 코르디나도라는 충분한 감독과 반대를 일으켰고, 여기에 불확실한 수익률 문제가 맞물리면서 1999~2003년에 이 프로젝트는 일시적으로 중단되었다(**그림 7.2**).

2003년 코르디나도라는 다시 친기업적 정부의 불투명한 계획 결정에 맞서 싸워야 했다(Posner 2003; Sagaris 2012; Huerta 2015). 당시 동부 교외 지역의 자동차 보급률이 크게 늘어 수익성 있는 사업 모델을 확보할 정도가 되자, 이 프로젝트는 다시 공개입찰에 부쳐졌다(Engel, Fischer and Galetovic 1999). 코르디나도라는 다시 친기업 정부에 맞서야 했고, 정부는 북부 고속도로 건설을 위한 기업 컨소시엄을 구성했다.

> 우리가 제일 먼저 한 일은 고속도로 찬반 논쟁을 벌이는 것이었어요! 우리는 고속도로와 도시, 그리고 사람들에게 미치는 영향 등에 대한 전반적 논쟁을 제기했습니다. 하지만 일부 사람들은 '그럼 고속도로가 아니면 뭘 할 건데?'라고 즉시 되물었어요. 그래서 캠페인 도중에, 즉 우리가 시민과 조직으로 형성되었을 때 곧장 '그래 뭘 할까?'라고 생각했습니다. 그래서 걷기, 자전거 타기, 대중교통 등에 대해 곧바로 생각했죠. 매우 빠르게요. 사람들은 우리를 일종의 님비NIMBY 유형으로 규정하려 했지만, 우리의 전환은 정말 명확했다고 생각합니다. 우리는 우리 조직, 우리 공동체뿐만 아니라 도시를 위해서도 싸웠어요.[10]

칠레의 거버넌스 시스템은 중앙집권화되어 있지만, 계획 결정은 다양한 부처로 나뉘어 있어 지역에서 시행된다. 17년간의 독재는 거버넌스 인프라를 더 불투명하고 고객 중심적으로 변화시켰다 (Huerta 2000; Posner 2009; Sagaris 2012).

코르디나도라는 정부 및 기업 이해관계들과의 회의를 끈질기게 요구했다. 이 조직 특유의 비위계적 구조는 때로 예상을 뛰어넘는 모습을 연출하기도 했다. 공청회에 참석했던 30명의 회원들이 발언 예정이던 정책 담당자를 밀어내고 돌아가며 발언하는 바람에, 인터뷰에 따르면 모든 회원이 발언을 마칠 때까지 3시간 동안 회의가 지속됐다고 한다(Activists, personal communication, 21 January 2015). 이런 끈기 있는 행동들은 시민들로 하여금 산티아고 모빌리티 인프라의 미래에서 자신이 무슨 역할을 해야 하는지 이해하게 만들었다.

공간적으로, 오늘날 이 네 개 지역은 칠레에서 비교적 젊은 시민사회의 촉매제로 여겨진다. 산티아고의 많은 시민단체가 이 네 개 지역에 있다. 코르디나도라 회원 중 많은 수가 시민사회에서 일하거나 도시계획자가 되거나 자전거 및 대중교통 문제에 초점을 맞춘 모빌리티 전환을 강조하는 지역사회 운동가로 남았다(Sagaris 2014). 참여했던 한 활동가는 다음과 같이 말했다.

> 우리가 승리라고 생각한 것은, 도시 공동체로서 살아남았다는 점과, 우리가 배우고 구축한 것, 그리고 우리가 축적한 모든 네트워크, 지식, 경험이 투쟁이 끝난 뒤 시민 주도 도시계획에 투입될 수 있었다는 것입니다. … 우리가 환경문제만을 볼 때에도 결국 모든 것은 사회정의와 사람들의 권리 같은 것들을 중심으로 구성됩니다
> (Interview, activist, 15 January 2015).

따라서 1990년대 중반의 교통 배치 및 방식을 둘러싼 투쟁은 시민들이 지속 가능한 모빌리티 전환 안에서 자신들의 주체성을 어떻게 실현할지를 형성하는 데까지 확대되었다. 북부 고속도로 건설은 칠레에서 자동차모빌리티를 증가시켜 근대성의 이데올로기적 비전은 그대로 둔 채 대기오염 같은 환경적 외부효과만을 완화하려는 조치

로 의도되었다. 이는 결국 역효과를 낳았고 시민권, 소속감, 참여적 거버넌스에 대한 근본적 견해를 둘러싼 중요한 투쟁을 촉발했다. 이는 산티아고뿐만 아니라 국가 전체의 계획에 지속적인 영향을 미치게 됐다(그림 7.3).

코르디나도라의 행동은 실질적 결과를 불러왔다. 고속도로 경로는 대폭 수정되어 위험에 처했던 네 개 지역 중 세 개를 구했고, 기업들은 이주민 보상을 포함해 5억 칠레페소의 비용을 지출하게 됐다. 또한, 이 캠페인은 칠레 전역에서 계획 과정에서의 공공 참여와 협의를 민주적 권리로 확립했다. 그러나 칠레는 지속 가능한 모빌리티 전환을 달성하는 데 어려움을 겪고 있다. 특히 그 비전이 자본주의 논리와 충돌하는 경우에 더욱 그렇다. 이러한 논리는 신자유주의의 초기 실험장이었던 칠레에서 특히 심각하다. 신자유주의는 피노체트의 군사독재 정권에서 제정된 국가 헌법에 명시되어, 1970년대 아옌데의 사회민주주의 운동의 흐름에서 명백히 이탈했다.

독재의 유산은 칠레 사람들의 시민참여 의식을 짓밟는 동시에 토지와 사람들을 착취했다(Camargo 2013). 여전히 동일한 헌법의 지배를 받는 칠레에서 자본주의 논리에 반하는 지속 가능한 모빌리티 전환을 실현하기는 쉽지 않다. 따라서 코르디나도라의 성공은 단순한 고속도로 경로 변경(일부는 상대적으로 사소하다고 주장하는 성공) 사례를 넘어, 도시계획 및 미래 모빌리티 논의에 대한 시민참여의 선례를 확립한 것이다. 시민참여 확대는 토지영향평가에 대한 시민 발언권 확대에도 기여했다. 또한, 고속도로에 대한 계층 간 반대와

그림 7.3 코스타네라 노르테(북부 고속도로). Mariordo 사진 (Mario Roberto Durán Ortiz) /CC BY-SA 3.0)

비계층적 리더십에 대한 헌신을 유지함으로써, 코르디나도라는 사회적 지속가능성 문제가 환경문제와 동등하게 다뤄지는 선례를 남겼다. 또, 환경적 관심이 농촌의 농민과 원주민만의 문제가 아니며, 따라서 세계주의적 관점에서 타당한 관심사로 고려될 수 있고 고려되어야 함을 더욱 강조했다.

코르디나도라의 성공은, 설사 어려움에 직면할지라도, 집단적 거버넌스 과정을 통해 모빌리티 실천을 공유화하는 방식을 생각하게 한다. 탈독재 환경 속에서 거둔 승리는 참여민주주의의 분수령이 되는 순간이었으며, 이는 장기적 변화로 나타날 수 있었다. 도시계획과 모빌리티 미래에 대한 논의에서 시민참여의 선례를 확립했다는 점에서 성공을 거둔 것이다. 포용적 거버넌스로의 전환은 노동계급과 원주민의 소외됐던 목소리를 거버넌스 과정에 잠정적으로 포함시키는 동시에, 공공영역에서의 활발한 토론이 가능할 수 있는 정치적 환경을 조성해 더 많은 사람이 모이게 함으로써 더 정의로운 의사결정 무대를 만들었다.

  이 사례에서 강조된 교차적 연대는 장기적 영향을 미쳐, 2018년 칠레에서 벌어진 대규모 시위에까지 영향을 미쳤다. 계속되는 불평등 증가와 급격한 물가상승으로 불만이 고조되는 상황에서, 시위를 촉발한 것은 말 그대로 모빌리티 정의 문제였다. 지하철 요금 30페소(4퍼센트) 인상은 학생 주도의 시위, 도시의 주요 지하철 및 기차역 점거, 조직적 요금 회피 캠페인으로 이어졌다. 시위대가 경찰과 대치하면서 17개 지하철역에서 화재가 일어났고, 81개 역이 피해를 입었다. 코르디나도라는 고속도로 건설을 막는 다양한 공간 전략을 사용했지만, 2018년 10월에 시작되어 이 책을 쓰는 시점까지 진행 중인 시위는 전통적인 거리 전술처럼 보인다. 그러나 칠레 시민들은 탈독재 이후의 초기 활동주의로 거슬러 올라가는 참여민주주의에 대한 이해와 연결되어 있다. "30페소가 아니라 30년It's not 30 pesos, its 30 years"이라는 구호가 거리에서 계속 들려왔다(Cortès 2020). 대중교통 요금의 4퍼센트 인상은 월 최저임금의 13.8퍼센트에 해당하고, 라틴아메리카에서 두 번째로 높은 수준이다. 이 구호는 칠레의 신자유주의 실험, 특히 독재 이후 시기의 실험과 관련이 있다. 비판자들은 불투명성과 고객 중심주의가 군복에서 양복으로 바뀌었을 뿐 탈독재 이후에도 변한 것이 없다고 주장한다.

하지만 모빌리티 정의 없는 모빌리티 전환은 이 같은 많은 투쟁들이 결코 끝나지 않는다는 것을 의미한다. 일부 물질적 이익이 발생하기도 했지만 코르디나도라의 승리는 부분적이었고, 이 승리의 가치는 거버넌스 과정에 남았다. 이 경우 공유화 실천은 거버넌스에 초점을 맞추고 있다. 중대한 구조적 변화 없이, 신자유주의적 민영화를 통해 심화된 칠레의 불평등은 독재정권이 종식되고 민주주의가 복원된 지 30년이 지나도 여전히 문제로 남아 있다. 모빌리티는 사회불안의 주요 발화점으로 남아 있었다. 아만다 후론(Huron 2015, p 965)이 주장하듯이, "공유재 회복 정치와 공유재의 장기적 유지라는 일상 관행 사이의 괴리는 시급히 채워져야 할 것"이다. 이 주장에 따라, 우리는 공유재 모빌리티의 초점이 사회적 재생산을 반영하는 장기적인 사회적 과정과 저탄소 모빌리티 전환을 재고하는 정치적인 방식을 명확히 밝히는 데 맞춰져야 한다고 생각한다.

이 사례는 공유화 모빌리티 실천이 어떻게 거버넌스와 실천의 성공적 전환을 가져올 수 있는지를 고려할 때, 아래로부터의 민주적인 정치 형태에 주목해야 함을 강조한다. 새로운 도로 인프라 건설 등 주요 모빌리티 연결에 대한 공유화 의사결정 실천은 의사결정 과정에서 정치적 거점을 확보할 수 있었다. 여기에는 긴장이 존재한다. 고속도로는 결국 건설됐고, 주요 모빌리티 인프라를 둘러싸고 현재의 신자유주의 자본주의경제에서 선호하는 자동차모빌리티 패턴을 강화했다. 그러나 여러 지역사회는 임모빌리티 권리, 즉 이주되지 않을 권리를 얻었다. 우리가 지금까지 확인한 공유화의 의미와 실천은 간단치 않으며 완전한 변혁으로 이어지지도 않는다. 중요한 것은 앞으로의 가능성과 적용을 전망하기 위해 현재의 정치적 아상블라주 내부뿐만 아니라 그 너머에서도 이를 추구할 수 있다는 것을 기억하는 것이다.

결론

공유화 모빌리티는 사회와 공동체에 모빌리티가 미치는 영향에 대한 공동의 책임을 강조하는 프로젝트를 말한다. 이는 지속가능성 및 접근성과 관련된 의제를 추진하는 계획 형태이든, 지속 가능한 삶의 비전을 공유하는 공동체 주도의 집단적 모빌리티 거버넌스 협정을 개발하는 프로젝트 형태이든 마찬가지다. 공유화 모빌리티 개념은 여러 저탄소 전환 계획들의 논리와 모빌리티를 둘러싼 변증법적으로 관련된 과정을 포착한다.

공유화 모빌리티는 교통 문제를 공유적으로 관리한다는 의미 외에도 모빌리티의 가치와 그 집단적 영향에 대한 재고를 제안한다. 이는 공동체를 연결하고 다양하게 유지하는 모빌리티의 역할을 다시 생각해 보는 것이다. 모빌리티는 우리가 서로, 그리고 우리 주변의 환경과 상호작용하는 수단일 수 있다(te Brömmelstroet et al. 2017). 또한 이는 우리가 공유하고 집단적으로 관리할 수 있는 것이지, 금융 등

가물이나 제곱킬로미터나 통근 시간으로 환산될 때에만 가치가 부여되는 게 아니다. 즉, 모빌리티를 물신화하는 게 아니다. 모빌리티에 적용되는 공유재 개념에 대한 초기 연구에서는 모빌리티의 의미를 공유화하는(집단적으로 재고하는) 것에 대한 강조가 빠져 있다. 이는 기술적 해결책을 넘어선 모빌리티 전환과 공유화가 실현되는 데 도움이 될 현실 기반 정치에 대한 요구를 결합한다.

둘째로, 공유재 논리에 기반한 모빌리티 전환의 새로운 정치는, 모빌리티와 관련된 결핍 담론과 그 구획망을 되묻게 한다. 예컨대, 보행자를 위한 공간 부족보다 교통체증을 우선시하는 것처럼 특정 결핍을 다른 결핍보다 우선시하는 것이다. 긴축 모빌리티는 공유재의 관점에서 모빌리티, 의미, 실천을 둘러싼 집합체로서 비판적으로 검토될 수 있다. 모빌리티에 대한 결핍 관점의 대안은, 사회적으로 중재된 평가 관점을 도입해 모빌리티를 바라보는 것이다. 이 경우에는 단순히 긴축 모빌리티가 아니라 사회 다양한 부문의 요구와 이 요구들 사이에 작동하는 권력관계를 계산에 넣어 모빌리티를 생각하는 것이다. 따라서 고모빌리티 특권층에게는 어떤 종류의 긴축이 작동할 수도 있고, 하위층에게는 새로운 모빌리티(및 임모빌리티) 기회가 제공될 수도 있다.

마지막으로, 다울링, 말센, 켄트(Dowling, Maalsen and Kent 2018)가 최근 카셰어링 맥락에서 사회-물질적 뒤얽힘으로 설명한 공유 실천은, '공유화'를 경험적으로 사용하여 비판적으로 재평가될 수 있다. 공유 자전거를 예로 들어 보자. 이는 지속 가능하고 공평한 모빌리티의 선구자로 칭송받지만, 공유 자전거 개발을 둘러싼 정치적 논쟁은 여전히 남아 있다. 연구에 따르면, 이러한 서비스는 대개 부유한 지역에 더 많은 자전거 스테이션을 설치하게 마련이고(Clark and Curl 2016; Gavin et al. 2016), 교통 불평등을 해소하기보다는 또 다른 장벽이 되어(Goodman and Cheshire 2014) 불평등을 강화할 수도 있다. 참여 문제 또한 샌프란스시코에서 암스테르담에 이르기까지 똑같이 중요했다. 공유 자전거는 도시 공간뿐만 아니라 의사결정 권리를 주장하는 지역 주민들에 의해 파손되어 왔다. 더 나아가, 자전거 공유 기업의 공공공간 사용은 '공유지의 비극' 개념으로 해석되었다(Rushe 2017). 하지만 우리는 공유 공간의 과도한 사용 이상의 문제가 있다고 주장한다. 이러한 논쟁은 모빌리티 전환의 논쟁적 성격과, 전환에서 '도시에 대한 권리'만큼이나 '모빌리티에 대한 권리'라는 문제의 핵심적 역할을 지적한다(Lefebvre 1996; Verlinghieri and Venturini 2018).

실제로 의미와 움직임과 실천의 공유화로서 공유화 모빌리티는, 모빌리티 공유재를 인프라로 한정하는 좁은 이해에서 벗어나 더 공정하고 살기 좋은 도시계획에 대한 정치적 논쟁을 재구성할 다양한 가능성을 모색하는 방향으로 우리의 관심을 전환한다. 이러한 전환은 필연적으로 다양한 형태의 '전환', 특히 탄소 감축에 초점을 맞춘 전환과 모빌리티 정의에 대한 오랜 연구에 뿌리를 둔 전환을 함께 불러온다. 공유화 모빌리티에 대한 앞으로의 연구는 최근 도시 공유재 및 도시 구획에 대한 관심이 다시 커지는 현상을 설명하는 데 도움이 될 수 있다(Leitner 2017 참조). 이러한 가능성은 도시 모빌리티 정책의 이면에 있는 의사결정 과정과, 전 세계적으로 사회적·환경적 악영향을 가져오는 방식으로 결핍을 배분하는 광범위한 이데올로기적 체제에 이러한 결정이 얼마나 깊이 뿌리내리고 있는지 의문을 제기하는 것에서 시작된다.

8장
결론
정의로운 모빌리티 전환을 향해

우리는 지금까지 전 세계 14개국과 UN, EU와 같은 국제기구에서 모빌리티 전환 정책을 연구하는 대규모 국제 연구 프로그램에서 제기된 여러 가지 횡단적 주제를 살펴보았다. 정부 간 정책 및 국가적 정책 프레임워크 외에도 비국가 주체의 이니셔티브를 포함해 각 국가 내의 지역 정책도 검토해 보았다. 정책의 규모는 UN의 '회피, 변화, 개선' 접근 방식에서부터 일상생활 속 다양한 모빌리티 수단을 '소비'하도록 개인을 유도하는 보상 체계에 이르기까지 다양했다. 그 사이에는 탄소세, BRT 시스템, 공유 자전거 제도, 더 일반적인 능동적 교통수단 홍보를 포함해 전 세계적으로 채택된 친숙한 제도들이 있었다. 이를 통해 우리는 사회과학 및 인문학 분야에서 '모빌리티 전회mobilities turn'의 통찰력을 바탕으로(Urry 2000; Sheller and Urry 2006; Adey et al. 2013), 모빌리티가 삶의 완전한 사회적 측면이라는 개념을 중심으로, 종종 맥락에 따라 달라지는 일련의 정치학과 함께 나타난다는 것을 알게 되었다(Cresswell 2006, 2010; Sheller 2018). 이 책의 핵심 주장은, 이러한 방식으로 모빌리티에 대해 생각하는 것이야말로 우리가 다른 미래로의 전환을 생각하는 방식을 변화시킨다는 것이다.

마지막 결론 장에서는, 코로나19 위기와 같은 또 다른 글로벌 비상사태에 직면한 모빌리티 전환에 대해 생각해 보고자 한다. 또한,

그런 비상사태가 어떻게 이전에 상상했던 것보다 훨씬 빠르게 날카로운 전환의 가능성을 새로이 열어 주고 있는지도 확인해 본다. 앞에서 언급한 내용을 다시 한 번 강조하면서, 정책입안자들이 앞으로 저탄소 및 사회적으로 공정한 모빌리티를 실현하기 위해 실행할 수 있는 몇 가지 핵심 사항들을 개괄하고 지금까지 접한 전환 정책의 유형을 정리한다.

코로나19,
저탄소 전환과 모빌리티 정의

이 책의 서론에서는 코로나19 위기로 인해 열린 전환의 기회에 대해 고찰했다. 갑작스럽게, 거의 하룻밤 사이에 탄소 배출량을 극적으로 줄이는 결정들이 가능해졌던 것이다. 이는 경제적인 것을 먼저 고려한 결정도 아니었다. 비행편이 취소되고, 사람들은 재택근무를 시작했으며, 도로가 텅 비고, 전 세계 주요 도시의 공기가 깨끗해졌다. 이는 보호된 틈새 차원에서의 기술혁신이 느리게 넓은 세계로 나오는 것과는 무관한 것이었다. 오히려 세계보건기구의 지침에 따른 각국 정부의 단호한 결정에서 나온 것이었다. 특정 형태의 모빌리티가 분명 문제를 일으켰고, 그 문제는 모빌리티를 변화시킴으로써 해결될 수 있었다. 특히 국경을 넘는 이동의 전면적 금지 또는 억제, 대도시부터 동네까지 지역 내 이동 '락다운' 정책이 그러했다.

지구온난화 해결에도 유사한 논리가 사용될 수 있다. 화석연료에 의존하는 특정 형태의 모빌리티는 지구온난화 문제의 주요 원인이며, 이 문제는 이미 코로나19보다 더 많은 사람들을 죽음으로 내몰았다. 앞으로도 훨씬 더 많은 피해자를 낳을 것이다. 코로나19와 마찬가지로, 이 문제는 우리가 이동하는 방식에서 발생하는 온실가스 배출량을 제한하는 정부의 행동으로 해결될 수 있다. 두 문제 간의 차이점은, 사망자 수, 감염재생산지수, 그리고 광범위한 언론 보도가 모빌리티와 바이러스 확산 사이의 직접적 연관성을 보여 줬다는 점이다. 이는 또한 모빌리티를 병리학적으로 이해하는 문화적 방식과 어느 정도는 중국혐오에 기댄 현상이었다. 그러나 더 넓게는 '이주자 위기'(Heller 2021)와 같은 다른 모빌리티 비상사태로 발생한 민족주의의 재확인과 국경 보호에도 의존한 것이었다. 반면에 기후변화와 지구온난화는 모빌리티와의 단순하고 직접적인 선형적 인과관계에서 쉽게 분리될 수 있었다.

우리는 연구를 통해 사람들의 이동 방식을 변화시키려고 국가 및 지방정부에서 시도한 수많은 방법들을 만났다. 여기에는 탄소 가격 책정 및 과세, 차량 전기화 지원, 자전거 대여 제도, 자전거 인프라 개발, BRT 시스템, 재택근무 형태, 녹색 구매 포인트 제도 같은 행동 유도 등이 모두 포함된다. 이런 조치들을 정부가 단독으로 시행하는 경우는 드물었다. 대부분 정부, 기업, 사회적기업이 연합하여 시행했다. 분명 모빌리티 전환을 시행하려는 노력이 진행되고 있지만, 코로나19에 대응하며 우리가 목도했던 규모의 조치는 전혀 이뤄지지 않고 있다.

코로나19와 관련해 온실가스 감축 조치가 시행된 것은 인상적이지만, 이런 조치들이 또 다른 부정적 결과도 가져왔다는 것이 빠르게 드러나고 있다. 예컨대 재택근무를 살펴보자. 우리는 재택근무가 출퇴근 필요성을 줄이는 방법으로 제안되고 어느 정도 시행된 여러 사례를 찾아볼 수 있었다. 특히 2011년 지진 이후 뉴질랜드 크라이스트처치에서 두드러지게 나타났다. 이와 비슷하게 전 세계 많은 국가에서 코로나19 기간 동안 가능한 경우 재택근무를 고수했다. 영국도 그랬다. 재택근무 팁과 재택근무에 대한 사람들의 반응, 그리고 코로나19 위기가 끝나면 근무 형태가 어떻게 될 것인지에 대한 이야기가 신문지상에 가득했다. 2020년 6월 14일 영국 통계청(ONS)에 따르면, 근로자의 49퍼센트가 적어도 일부 시간 동안 집에서 근무하고 있다고 보고했다. 이는 표면적으로는 업무 방식에 일어난 놀라운 변화이며, 영구적으로 이어지면 온실가스 배출량의 상당한 감소로 이어질 수 있다. 그러나 다른 많은 것들과 마찬가지로, 이렇게 드러나는 주요 수치는 뚜렷한 불평등을 감추어 버린다. 2020년 3월 28일부터 4월 26일 동안 조사한 또 다른 ONS 보고서에는 다음과 같이 되어 있다.

락다운 동안 최저 가계소득 인구는 유급 노동시간을 늘렸으며, 2014~2015년과 비슷한 시간을 집 밖에서 일한 것으로 조사됐다. 이는 저소득가구에 속한 사람들이 집에서 수행할 수 없는 직업에 종사하고 있음을 의미한다.

최고 가계소득 인구는 평균적으로 동일한 시간을 일했으며, 재택근무 시간으로의 전환이 더 컸다.

2014~2015년과 비교했을 때 이동에 소비하는 시간이 상당히 감소했다. 이는 저소득가구의 사람들에게는 덜 두드러졌으며, 고소득가구와 비교했을 때 다양한 여가 활동에 소비하는 시간의 증가 폭도 더 작았다.[1]

정부의 조치로 모빌리티와 관련된 온실가스 배출량이 빠르게 큰 폭으로 감소한 것은 사실이지만, 이러한 조치가 인구 내 다양한 집단별로 각기 다른 결과를 가져온 것도 사실이다. 일반적으로 부유한 사람들은 집에서 일할 가능성이 더 높으며, 락다운 동안 기차 요금이나 휘발유 비용을 쓰지 않으니 돈도 절약할 수 있었다. 그러나 집에서 병원을 운영하고 환자를 돌볼 수는 없으며, 집에서 식료품이나 택배를 배달할 수도 없다. 절실히 필요한 보호 장비나 인공호흡기를 집에서 제조할 수도 없다. 재택근무가 가능하다 하더라도, 집과 정원을 가진 부유한 사람들이 재택근무를 하는 것과 혼잡한 주택에 사는 가난한 사람들이 경험하는 바는 매우 다르다. 그리고 학교에 갈 수 없는 어린 자녀를 둔 사람들에게는 또 다른 부담이 있다. 특히 여성이 그러하다. 그리고 이러한 조치의 영향을 차등화하는 것은 단지 부나 성별만이 아니다. 정부의 조치는 바이러스 자체와 함께 BAME Black, Asian, Minority Ethnic에게 특히 불리한 방식으로 영향을 미쳤다는 점이 분명해졌다. BAME 사람들은 빈곤하게 살고, 과밀한 생활 환경에 놓여 있으며, 집에서 할 수 없는 직업(보건 서비스 및 서비스 부문 직업의 최전선 포함)에 종사할 가능성이 더 높다.

앞서 열거한 코로나19 방역 조치의 다양한 결과는, 비교적 부유한 선진국에 속하는 영국에서도 분명하게 드러났다. 다른 곳을 보면 이러한 차이는 훨씬 더 극명해진다. 예컨대, 인도 정부는 2020년 3월 30일 일반적인 락다운과 사회적 거리두기를 포함해 유럽 여러 지역과 유사한 조치를 발표했다. '재택근무'와 사회적 거리두기는, 노동자의 80퍼센트가 일용직 부문에서 일하고 대부분의 사람이 공동으로 사용하는 단칸방에 거주하는 국가에서는 매우 다른 의미를 갖는다. 일용직 노동자들은 하룻밤 사이에 일자리를 잃고 이용 가능한 교통수단 없이 방치되었고, 많은 사람들이 시골집까지 100킬로미터 이상을 걸어야 했다. 영국 등을 위해 설계된 조치가 완전히 다른 맥락에 적용되자, 그 결과는 재앙적이었다. 사실상 부유층을 보호하면서 가난한 사람들에게는 더 큰 고통을 안겨 준 셈이다.

그들이 보호할 수 없는 사람들은 더 큰 일상적 건강 위협, 다시 말해 굶주림과 노숙, 더 위험한 질병 위험에 노출된 사람들이다. 락다운은 굶주림이나 가정폭력, 퇴거와 같은 더 심각하고 즉각적인 문제에 비해 신종 코로나바이러스가 더 작은 문제로 느껴지는 대다수 사람들에게 오히려 불리한 영향을 미친다. 그리고 '집'이 공동화장

실을 사용해야 하는 빈민가의 쪽방일 때, 락다운 난민들이 버스로 이송돼 임시 숙소에 수용될 때, 그들은 야외에 있는 것보다 분명 더 큰 혼잡을 경험하게 된다. 락다운이 이 사이에서 바이러스 확산을 악화시켰을 수도 있다.[2]

인도에서 발생한 문제들은 다른 곳에서도 일어났다. 예컨대, 그리스 레스보스와 같은 지역에 있는 난민 및 망명 신청자 캠프는 재택근무나 2미터 거리두기 같은 것이 거의 의미가 없는 곳이다. 7장에서 논의한 2019년 10월 칠레 시위는 모빌리티 정의 및 기타 사회적 불평등을 해결하도록 정부에 강요할 수 있다는 시민들의 희망을 보여 주었다. 그러나 코로나19로 인해 이 희망은 두려움과 불확실성으로 대체되었다.

사람들은 바이러스에 감염될까 봐 걱정했지만, 일자리나 소득, 지위를 잃을까 봐 걱정하기도 했다. 상대적으로 형편이 어려운 노동자들은 '식량과 가족 부양비를 지불'할 수 있는 돈을 벌어야 한다는 갑작스러운 걱정에 직면해 가장 큰 영향을 받았다. 사람들은 일하러 나갈 필요성과 집 밖에 나가는 것에 대한 두려움을 저울질해야 했고, 이전에는 일상적이던 행동이 매일의 난제가 되었다.[3]

코로나19 락다운으로 인해 일상적 모빌리티가 제한되면서, 2020년 5월 산티아고의 엘 보스케 지역에서는 식량 부족으로 인해 더 많은 시위가 발생했다. 경제적으로 빈곤한 지역이었는데, 사람들이 실직하고 사회안전망이 약화되고 팬데믹 초기에 식량 부족으로 이미 빈곤을 경험한 사람들이 굶주림에 내몰려 긴장이 빠르게 고조되었다. 이웃과 도시를 자유롭게 돌아다닐 수 있는 자유와 바이러스 감염에 대한 불안감이 결국 경찰의 폭력적 진압으로 이어졌다.

이런 사례들이 보여 주는 것은, 일련의 행동들이 온실가스 배출량을 극적으로 감소시키는 결과를 가져온다 하더라도, 모든 결과를 다 환영할 수 있는 것은 아니라는 점이다. 이동을 멈추는 것은 불균형적 취약성과 구조적 형태의 불의를 드러냈다. 저탄소 미래로의 전환은 정의로운 전환이어야 하며, 이는 정책 변화와 그에 따른 행동이 낳을 다양한 경로에 주의를 기울여야 함을 의미한다. 이런 태도는 우리가 검토한 다양한 전환 접근 방식에서는 거의 찾아볼 수 없다. (부)정의 문제는 모빌리티에 내재된 정치학을 이해하고, 다양한 맥락에서 정책 의제와 결과를 형성하는 데 핵심적인 요소이다. 무인자동차에 대한 기술적 과대 광고에서든, 느림에 대한 향수어린 꿈에서든, 모빌리티를 향한 사회적 열망의 파노라마를 평가하는 데에도 핵심적인 요소이다. 모빌리티 전환은 '정의로운 전환'인지 여부를 평가해야 한다. 특히 이런 논쟁이 정책 형성 및 상대적 성공이나 실패에 대한 평가에서 종종 누락된다는 점을 염두에 두어야 한다.

우리는 최근 부상한 모빌리티 정의(Montegary and White 2015, Sheller 2018), 모빌리티 윤리(Bergmann and Sager 2008), 환경정의 및 사회적 배제(Mitchell and Dorling 2003; Walker 2012), 교통 불이익 및 교통정의(Lucas 2012; Schwanen et al. 2015) 연구들을 검토했다. 이 연구들은 특히 저탄소 전환, 모빌리티 정치, 모빌리티 정의의 교차점에 대한 초기 논의와 맞닿아 있다.

이 논의는 밴쿠버의 지속가능성-밀도 접근 방식의 '계급 기반 차원' 논의(Quastel, Moos and Lynch 2012), 필라델피아의 '인종화된 모빌리티 전환'(Sheller 2015), 그리고 교통 부문 탄소 감축 정책이 형평성에 미치는 영향(Lucas and Pangbourne 2014) 등 다양한 주제를 다룬다. 이 책 전체에서 우리는 온실가스 배출량 감축을 목표로 하는 정책의 실제 결과 및 잠재적 결과 외에도, 현재의 모빌리티 체제에 내포된 모빌리티 접근성의 비대칭성을 지적했다. 우리는 전환에 대한 모빌리티 접근 방식이 더욱 정의로운 모빌리티 미래를 보장하는 데 도움이 되리라 믿는다.

일부 전환 정책은 사회정의라는 명분에 편승하거나 사회적·경제적 근거에 또 다른 다리를 제공하지만, 대부분의 전환 정책은 계급과 모빌리티 접근성에 따라 이미 분리된 기존 사람과 지역 분리를 강화함으로써 불평등한 양상을 보인다. 아마도 가장 구체적인 사례 중 하나는 칠레 산티아고의 트랜산티아고Transantiago일 것이다. 이 정책은 칠레의 공공 버스 시스템을 개혁하고 접근성을 확대하려는 시도이자, 악명 높은 대기오염 문제 해결에 기여하고자 시작된 매우 논란 많은 정책이었다. 정부는 규제되지 않는 대중교통 시스템에 대한 책임을 지고자 했다. 처음에는 보조금 없이 운영되도록 설계된 이 시스템은 민간 부문 자금을 기반으로 민간에서 운영했다. 그런데 정책이 시행되자 엄청난 혼란이 야기됐다. 버스를 타려고 엄청난 줄을 늘어서야 했고, 4시간이나 기다려야 했고, 전자티켓 시스템은 오작동했다. 장애인 활동가들은 버스와 정류장 설계에 대해 계속 항의하고 있다(Muñoz and Gschwender 2008). 또한 7장에서 이미 논의한 바와 같이, 트랜산티아고의 실패와 공공 인프라의 민영화에서 부분적으로 야기된 지속적인 모빌리티 정의 문제는, 현재 칠레 전역에서 일고 있는 시위의 촉매제가 되었다.

기후변화에 효과적으로 대처하는 방법으로 여겨지는 '탄소세' 역시 접근성과 효능을 둘러싼 유사한 갈등으로 인해 어려움을 겪고 있다. 탄소에 세금을 부과하는 것은 탄소 배출량을 줄이는 가장 성공적인 방법 중 하나이다. 예컨대 캐나다 브리티시컬럼비아와 노르웨이에서는 성공적이었다. 이는 지역, 국가, 국제 규모에서 시행할 수 있는 가장 간단하고 광범위한 메커니즘 중 하나다. 그러나 탄소세 비용을 할당하는 방식을 보면 전혀 진보적이지 않은 무딘 도구인 것도 사실이다. 따라서 이러한 제도는 적응력이 가장 떨어지는 계층, 즉 빈곤층과 농촌 및 외딴 지역에 사는 사람들에게 불균형적 영향을 미친다.

농촌 및 외딴 지역을 위한 저탄소 모빌리티 정책은 아직 충분하지 않다. 그래서 UN 모빌리티 전환 분야의 주요 관련 기구 중 하나인 '지속 가능한 저탄소 운송 파트너십'(SLoCaT)이 농촌 모빌리티에 주목하고, 2030년까지 전 세계 인구의 30퍼센트가 여전히 농촌 지역에 거주할 것이라고 주장한다. 그러나 카자흐스탄의 누르술탄시처럼 원격성, 저탄소 모빌리티, 정의에 대한 또 다른 논의를 제시하는 사례도 있다. 누르술탄은 국가 전쳉에 불균등하게 분배된 석유 자금을 사용해 친환경적인 야망을 담은 '오아시스'로 건설되었다. 저탄소 정책의 선두 주자이자 석유 의존 국가인 노르웨이는 모빌리티 정의와 역설적 관계를 맺고 있다. 오슬로는 도시계획가들에게 '가장 친환경적인 도시'로 손꼽히지만, 오슬로의 교통 시스템은 국영 석유 산업의 보조금으로 운영된다. 죄책감은 수출된다. UAE의 마스다르 시는 문제적 '저탄소' 해결 방안의 또 다른 변형을 보여 준다. 세계 최대의 100퍼센트 탄소 제로 도시를 목표로 했지만, 건설 비용이 너무 많이 들어 탄소 제로 지위를 유지할 수 없게 되었다. 탄소세 부과부터 대중교통 설계 및 구현, 초대형 친환경 프로젝트 건설에 이르기까지, 전환을 향해 나아갈 때 정의의 문제는 지속적으로 모빌리티와 연결되어야 함은 분명하다. 모빌리티를 삶의 완전한 사회적 측면으로 진지하게 받아들이는 것이 도움이 될 수 있다.

논의의 요약

이 책에서 우리는 '모빌리티 전환'에서 '모빌리티' 문제를 더 신중하게 생각해야 한다고 말했다. 그렇게 함으로써 지리적 이동(또는 비이동)의 형태, 유형, 패턴, 그에 부여된 의미, 그리고 한 장소에서 다른 장소로 가는 데 사용되고 체현되는 다양한 실천에 대해 생각해야 한다고 주장했다. 이 모든 것은 모빌리티를 생산하고 모빌리티에 의해 생산되는 권력과 관련지어 생각해야 한다.

2장에서는 전환 개념을 다루고, 여러 학자들이 모든 종류의 전환,

특히 모빌리티 전환을 구상해 온 다양한 방식을 검토했다. 젤린스키의 모빌리티 전환 가설(Zelinsky 1971)과 같은 전 세계적 모빌리티 전환에 대한 거대이론에서부터 전환에 대한 중간 단계의 경험적 접근 방식, 그리고 저탄소 미래로의 전환을 개념화하는 지배적 방식이 된 사회기술적 전환에 대한 다층적 관점(MLP) 접근 방식에 이르기까지 다양했다. 마지막으로, 신경제재단과 전환마을 운동과 같은 정치적 긴급성에서 비롯된 전환 접근법들을 개괄적으로 살펴보았다. 전환에 대한 접근 방식을 검토하는 이 여정의 이유는, 모빌리티가 전환될 수 있는 방식 또는 실제로 전환된 방식에 대해 생각하는 것과 관련된 다양한 요소들을 명확히 밝히는 것이었다. 이 같은 다양한 접근 방식에 작용하는 다양한 요인들은 기술이나 사회기술적 체제의 변화에 초점을 맞추는 것보다 훨씬 더 중요하다. 이는 3장에서 모빌리티 이론에서 도출된 접근 방식이 전환 연구에 어떤 영향을 미칠 수 있는지를 개괄적으로 설명하는 것으로 이어졌다.

  모빌리티 전회mobilities turn 연구는 이론화 과정에서 모빌리티를 개념이자 연구 대상으로 삼는다. 이는 모빌리티가 사회의 다른 더 중요한 측면들의 단순한 부산물이 아니라는 점을 인식하게 한다. 또한, 모빌리티는 불완전환 시스템에서 나타나는 비효율성도 아니다. 기술관료적으로 관리될 수 있는 것도 아니다. 모빌리티는 물질적 형태를 띠고, 의미를 담고 생산하며, 일상생활에서 반복적으로 실천된다. 모빌리티는 체계적으로 비대칭적인 권력관계에 의해 생성되고, 동시에 그 관계를 생산한다. 모빌리티는 지구상에서 우리의 존재, 특히 초연결되어 있으면서도 불균등하게 연결된 21세기 우리 존재에 핵심적이다. 따라서 모빌리티 전환에 대한 설명이 모빌리티의 의미를 진지하게 고려해야 하는 것은 당연하다. 단순히 기술적 해결책이 필요한 문제가 아니라, 모든 형태의 모빌리티가 다른 모빌리티 및 임모빌리티와 관련해 존재하는, 인간 이상의 삶의 완전한 차원으로서 모빌리티를 받아들여야 한다. 코로나19에 대한 반응이 충분히 보여 주듯이 말이다.

4장에서는 모빌리티 전환의 주요 복합성 중 하나인 전환으로 이어질 수 있는 다양하고 상호연결된 메커니즘을 알아보았다. 저탄소 미래로의 전환 정책을 수립하려는 시도는 UN이나 EU 같은 정부 간 국제기구는 물론이고, 종종 서로 대립하는 국가 및 지방정부, 비정부기구, 상향식 사회운동, 기업가적 사업 등을 포함하는 맥락 안에서 이뤄진다. 전환 정책은 풀뿌리 활동이나 하향식 정부 정책의 결과일 수 있으며, 종종 이 둘 모두의 결과이기도 하다. 이러한 전환 정책은 거의 항상 파리협정과 같은 국제협약, UN의 지속가능성 목표 같은 글로벌 이니셔티브, IPCC(기후변화에 관한 정부간 협의체)의 과학적 자문을 기반으로 한다. 이러한 모든 행위자는 상호연결된 방식으로 움직임, 의미, 실천에 다양하게 초점을 맞춘 전환 메커니즘에서 역할을 수행한다.

5장에서는 정책을 아상블라주로 고려함으로써 전환 메커니즘의 복잡성에서 한 단계 더 나아갔다. 전환 정책은 항상 경제성장에 대한 일반적 담론부터 대기오염 및 토지 부족과 같은 다른 환경문제에 대한 더 구체적인 우려에 이르기까지, 저탄소 미래 전환에 대한 즉각적 관심사 외의 다른 영역 및 의제와 연결된다. 또한, 중요한 것은 저탄소 전환은 항상 사회정의에 대한 요청, 그리고 정의로운 전환에 대한 생각과 관련해 존재한다는 점이다. 정책 자체도 움직이며, 한 곳에서 생성한 아이디어와 실천은 종종 이동해서 다른 곳의 아상블라주의 일부가 된다. 3장에서는 명확하고 선형적인 메커니즘을 통해 모빌리티 전환을 복잡하게 만들었다면, 여기에서는 아상블라주에 초점을 맞춤으로써 온실가스 배출량 감소라는 명확한 목적에서 시작한 선형적 경로를 따르는 전환을 한층 더 복잡하게 만든다.

5장에서는 정책 아상블라주에서 결합하는 경쟁적 이해관계의 다양성에 초점을 맞춘 반면, 6장에서는 모빌리티 전환 정책의 성공을 제한하는 가장 큰 요인일 수 있는 주류, 시장기반, (신)자유주의 논리의 경계에 초점을 맞추었다. 대규모 탄소 거래 제도 및 탄소세 개발에서부터 소비자로서 우리의 행동을 유도하는 미시적 제도에 이르기까지, 우리는 모빌리티 전환 정책이 일상의 다른 영역에서 이미 친숙한 시스템이자 정책으로 보이도록 만들어지는 방식을 관찰했다. 이는 다른 상상력을 보여 준 코로나19에 대한 반응을 다시 생각하게 한다. 즉, 정부가 시장경제를 보호하거나 확장하지 않는 변화도 시행할 수 있음을 보여 주는 상상력 말이다. 영국 총리 보리스 존슨은 병원에서 퇴원하면서, 사회라는 것이 존재한다고 말해야 함을 느꼈다고 했다. 이 말은 즉각적으로, 그리고 아마 의도적으로, 마거릿 대처의 신자유주의 프로젝트를 떠올리게 했다. 확실히 복잡한 문제다. 위기가 계속됨에 따라 신자유주의적 사고가 확대되고, (영국에서는) 영국 시민의 '상식'이 정부가 명령한 의무를 대체할 수 있다고 말하기 때문이다. 그럼에도 불구하고 불과 몇 년만 해도 상상도 할 수 없었던 방식으로, 즉 정부를 중심에 두는 방식으로 문제를 해결하는 전 세계적인 협력적 행동을 보았다. 전환 정책이 성공하려면 이와 비슷한 상상력의 도약이 필요하다.

7장에서는 모빌리티에서 정의로운 저탄소 전환을 가져올 수 있는 대안적 논리 형태, 즉 공유재commons 논리를 검토했다. 우리가 접한 대부분의 전환 정책은 (신)자유주의 논리에 주도됐지만, 다른 그리고 더 정의로운 가능성이 돌파구를 마련한 경우도 있었다. (신)자유주의 정책이 종종 결핍과 긴축 논리에 기반을 둔 반면, 공유재는 소규모 방식의 움직임, 의미, 실천에 적용되는 다른 접근 방식에 기반한다. 공유화commoning 접근 방식은 자동차 중심, 화석연료 중심의 모빌리티가 지배적인 세계 내부와 그 주변에서 이미 함께 작동하고 있는 다른 모빌리티가 있음을 보여 준다. 공유화 논리는 모빌리티가 사회에서 작동하는 방식에 대해 우리가 공유하는 책임감에 주목하며, 다양한 공동체를 연결하는 능력과 관련해 모빌리티를 평가하는 새로운 방식을 만든다. 이는 지배적인 이동 형태, 모빌리티 서사, 이동 실천에 대해 살아 있는 대안을 제공한다. 이는 사회정의를 진지하게 받아들이는 경향이 내재된 논리다.

이 책의 배경이 된 연구는 주로 정책에 초점을 맞추었다. 우리는 전 세계 다양한 맥락에서 정책들이 성공했는지 여부를 평가하고자 했다. 이 책의 각 장에서 그 평가를 제시했다. 이것이 미래의 모빌리티 전환 정책 개발에 어떤 의미를 가질 수 있을까? 공유화 논리 내에서 모빌리티를 진지하게 받아들이는 전환 정책은 어떤 모습일까?

정책 시론

이 연구에서 다루는 정보의 주요 원천은 정책이었다. 우리 연구가 가져올 수 있는 결과 중 하나는, 이 책이 저탄소 또는 무탄소 모빌리티 전환을 위해 참고할 만한 정책 자료가 되는 것이다. 정책 설계는 우리의 이동 방식에서 화석연료, 특히 현재의 석유 의존도와 같은 "주요 사회구조를 근본적으로 변화시키려는 정책 전략의 개발 및 구현"(Voß, Smith and Grin 2009: 278)을 포함한다. 그러나 우리가 연구에서 도출한 한 가지 결론은, 소위 '이상적인' 전환 정책이라고 할 만한 것을 제안하는 것이 지혜롭지 않거나 심지어 불가능하다 점이다. 우리가 살펴본 모든 정책에는 긍정적 측면과 부정적 측면이 모두 있었으며, 이마저 지리적으로 가변적이었다. 정책들은 맥락에 따라 달라졌는데, 이는 해당 정책이 더 넓은 다른 정책 및 프로그램과 어떻게 조화를 이루는지를 고려해야 한다는 의미일 수 있으며, 앞서 언급했듯 문화적 맥락의 의미와 실천도 고려해야 한다. 다음은 정책 입안자들이 전환 정책에 대해 구상할 때 고려해야 할 몇 가지 문제와 주제이다.

첫째, 정책입안자들은 무엇이 전환되고 있는지에 주의를 기울여야 한다. 모빌리티 전환은 단순히 운송 기술의 전환이 아니다. 완전히 실현된 모빌리티 전환이란 권력의 맥락에서 움직임, 의미, 실천의 동시적 전환을 포함한다. 이 중 하나(일반적으로 움직임)에만 초점을 맞추고 다른 것을 희생시키면, 부분적인 혹은 완전한 실패에 봉착할 가능성이 크다. 교통계획가(및 이론가)들이 우리가 이동하는 방식을 주로 기술관료적인 방식으로 해결해야 할 기술적 문제로 취급하는 오랜 역사가 있다. 거시적 수준에서 운송으로 인한 탄소 배출량을 줄이는 가장 간단한 접근 방식은 다음과 같다. ① (가령 정보통신기술을 사용해) 이동할 필요성을 줄이거나 제거하고, ② 이동 길이를 줄이는 것이다(따라서 대중교통이 더 실용적 옵션이 된다). 이는 사회적·문화적·정치적 문제가 종종 무시되거나 소외된다는 것을 의미한다. 모빌리티는 항상 계획가들이 지도에 그리는 선 이상의 무엇이다. 모빌리티는 공유되고, 개인적 의미를 담고 있고, 비대칭적 권력관계의 맥락에서 생산적인 동시에 그 속에서 생산된다. 우리는 새로운 모빌리티 패러다임 연구를 바탕으로, 지역 및 국가적 맥락에 민감한 모빌리티 전환 접근법이 가능한 한 많은 이해관계자를 포함해야 성공 가능성을 높일 수 있다고 본다. 다음 제안들은 모두 이 첫 번째 관찰에 뿌리를 두고 있다.

둘째, 정책입안자들은 다양한 목표에 대해 형식적인 말만 해서는 안 되며 다양한 규모에서 전환 정책의 전략적 정렬을 고려해야 한다. 정책입안자는 종종 모순되는 규모와 시간 안에서 정책을 수립해야 할 때, 전환 정책이 어떻게 더 또는 덜 실패할 가능성이 있는지 자문해야 한다. 다양한 규모와 정책 수립 시기에 정책의 가장 중요한 불일치는, 중장기적인 환경 전환 우려가 성장과 수익성이라는 단기적 경제 목표와 모순될 때 발생했다. 탄소세(캐나다), 도로 요금(싱가포르), 에코카드(한국)를 포함해 (신)자유주의 경제 내에서 모빌리티 전환을 경제성장 서사로 접목하려는 시도가 많았다. EU라는 더 넓은 맥락에서, 경제적 목적의 자유로운 모빌리티 정책은 저탄소 미래로의 전환에 대한 열망과 항상 상충되는 양상을 보였다. 이 이야기의 교훈은 모빌리티 전환 정책이 하나의 영역에만 국한되면 실패할 운명에 처한다는 점이다. 전환은 모든 정책 영역에서 주류화되어야 한다. 전환 정책은 잠재적 불일치와 가능한 조정을 확립하기 위해 인접한 정책, 심지어 멀리 떨어진 정책과의 배열 내에서, 그리고 여러 규모에서 평가되어야 한다. 전환 정책들을 수집하고 비교한 이 책은 이러한 사례를 제공할 수 있다.

셋째, 좋은 전환 정책은 사회적 차이(계층, 연령, 젠더, 인종 및 민족)와 지리적 범주를 넘어서 시행되기 전에, 전환 정책의 공정성에 대한 평가가 있어야 한다. 정책은 누구를 위해 존재하는가? 예를 들어 탄소세 정책이 탄소 배출량을 감소시킬 가능성이 있다고 말할 수 있지만, 이 정책이 사회적으로 역행적이며 빈곤층, 소외계층, 특히 농촌 지역사회에 불균형적 영향을 미칠 가능성이 있는 것도 분명하다. 마찬가지로, 트랜산티아고 같은 BRT 시스템 도입은 도시의 탄소 배출량을 줄일 수는 있겠지만, 거동이 불편한 사람들이 이용할 수 없는 시스템이라면 이상적이라 할 수 없다. 더구나, 접근성이 낮다는 것은 사실상 장애를 만들어 낸다. 이 문제를 해결하는 한 가지 방법은 전환 정책을 묶음으로 만들어 내는 것이다. 예컨대 탄소세는 비용 부담이 불균형적으로 큰 빈곤층과 소외계층을 적극 지원하는 정책과 결합될 수 있다. 여기에는 가령 빈곤층에게 전기차 구매 보조금을 지원하는 제도 같은 것이 포함될 수 있다. 이러한 묶음 제도는 우리가 보았듯 저탄소에서 사회정의에 이르기까지 여러 의무와 목적을 동시에 해결할 수 있게 해 주며, 정책이 성공할 수 있고 장기적으로 채택할 만하다는 확신을 심어 준다.

넷째, 효과적으로 보이는 정책일지라도 입안자들은 정책 결정의 '하류'에서 어떤 결과가 나오는지를 탐색하고 설명하며, 성패에 대한 더 정확한 측정 기준을 정해야 한다. 이는 일자리, 복지, 건강, 여가, 가족관계, 사회구조, 경관, 대기, 자연에 대한, 훨씬 더 넓은 사회적·문화적·경제적·인프라적·환경적 맥락 안에서 모빌리티를 상상하는 것을 의미한다. 비선형 관계와 예측할 수 없는 영향이 이것들을 연결한다. 탄소 배출량의 절대적 감소는 중요한 측정 기준이지만, 앞서 언급했던 사회적 영향 같은 다른 잠재적 영향을 고려하지 않을 수 없다. 예컨대 자동화된 전기차를 광범위하게 채택하는 것은 지속 불가능한 전력 생산 증가를 초래할 수 있다. 마찬가지로, 무인 자동차가 갑자기 등장하게 되면 운전자나 승객이 없이도 자동차가 운행되기 때문에 더욱 심각한 교통체증을 유발할 수도 있다. 도심 지역에 정류장이 적은 경전철 시스템을 만드는 것은 열차가 정차하지 않는 노선을 따라 지역사회를 운행하는 버스의 수를 줄여, 대중교통에 의존하는 계층(가장 흔하게는 빈곤층, 여성, 장애인, 유색인종)의 필수 서비스 접근성을 낮출 수 있다.

다섯째, 정책입안자들은 이동하는 신체와 주체에 대해 지나치게 단순하고 축소적이거나 보편주의적으로 이해해서는 안 된다. 전통적으로 교통계획은 보편적인 인간을 전형적인 이동 주체로 가정해 왔다. 통근자는 성별이 없는 것처럼 상상되었고('중성 통근자'(Law 1999)), 승객은 겉보기에 보편적인 PAX(셈할 수 있는 승객 수)(Cresswell 2006)로서 흐름 모델에 입력되었으며, 칠레의 트랜산티아고 사례처럼 장애 및 접근성 문제는 전환 정책 고려 사항에 포함되지 않았다. 인종적으로 구별되는 신체에 대한 관심은 거의, 혹은 전혀 작동되지 않았다(Sheller 2015). 실제로 모든 전환 정책은 인간 신체와 주체의 다양성 및 그들의 다양한 요구를 고려해야 한다.

여섯째, 모빌리티 전환 정책의 이해관계자 범위를 최대한 넓혀야 한다(Banister 2008). 전문가와 정부 관료(또는 기업)가 시민들에게 어떻게 이동해야 하는지, 그리고 우리가 어떻게 살아야 하는지에 대해 미리 정형화되고 보편화된 생각을 주입할 위험이 있다. 심지어 사용되는 언어에서도 일상생활의 필요와 욕구에 부합하지 않는 모빌리티의 의미를 만들어 잠재적인 동맹을 소외시킬 수 있다(Avelino 2009). 정책입안자들은 모빌리티 전환을 위한 민주화된 공동체 참여에서 지역 조직, 연합, 개인을 독려하고 자극하는 정책 지원자가 되어야 한다. 더욱 성공적인 전환을 위해서는, 모빌리티가 경제성장이라는 지배적인 담론이 아니라 시민권과 공익 개념에 맞춰져야 한다.

일곱째, 정책입안자들은 경제성장을 모빌리티 증가와 필연적으로 연결짓는 지배적인 담론에 의문을 제기해야 한다. 우리가 확인한 전환 실패 사례에서 이 문제가 제일 빈번하게 나타났다. 모빌리티와 경제성장이 개념적으로나 문화적으로 연결되어 있는 한, 전환 정책은 결코 그 잠재력을 다 발휘할 수 없다. 모빌리티 전환은 이러한 변화로 인해 경제적 혜택을 받지 못하는 일부 '패자'를 필연적으로 낳게 될 것이다. 저탄소 모빌리티 전환은 종종 경제적 목적에 대한 사후적 고려사항으로 추가된다. 예컨대 남아프리카공화국의 전기자동차 생산은 주로 경제개발 전략으로 간주된다. 로테르담의 출퇴근 패턴을 변경하려는 계획조차도 탄소 배출량 감소보다는 근무시간과 도로 혼잡의 효율적인 관리를 위한 것이었다.

전환 정책의 유형

모빌리티 전환 정책 수립을 위한 이 7가지 고려 사항은 우리가 이미 확립한 저탄소 모빌리티를 실현하는 데 도움이 될 수 있는 정책 유형 전체에 적용될 수 있다. 이러한 각 유형은 서로 다른 논리와 기회를 나타내며 상호연결되어 운영된다.

- **기술 전환**Technological transitions 전환에 대한 많은 연구는 기술 전환, 특히 MLP 전환 연구(Geels and Kemp 2012) 문헌에서 두드러지게 나타났다. 미디어에서도 저탄소 미래에 대한 이야기는 전기차, 수소 전지 또는 핵융합 같은 새로운 기술이 제공하는 가능성에 집중되는 경향이 있다. 기술적 변혁은 우리 삶의 나머지 부분에 제한적인 영향을 미치는 것처럼 보이고, 현재의 지배적인 경제·정치 시스템에서도 상상할 수 있기 때문에 가장 상상하기 쉬운 유형의 전환이다. 모빌리티의 필요성, 패턴, 또는 모빌리티 실천에 내포된 차이는 거의 없다. 새로운 기술적 모빌리티는 일반적인 비즈니스 모델에 쉽게 미끄러져 들어가고 현대 자본주의경제에 대한 (신)자유주의적 기대에 부합하는 것처럼 보인다. 이런 비판에도 불구하고, 기술과 기술 변화가 저탄소 미래로의 전환에 중요한 역할을 할 것임은 분명하다.

- **인프라 전환**Infrastructural transitions 우리가 검토한 많은 전환 정책은 기술 자체보다는 도시 인프라의 변화에 초점을 맞추었다. 이런 정책 중 가장 일반적인 정책은, 도시 내 분리된 공간을 건설해 더 친환경적인 이동 수단을 장려하고 활성화하는 것이다. 브라질과 네덜란드의 분리된 자전거도로, 포르투갈과 노르웨이의 전기자동차 충전소, BRT 인프라, 칠레의 유료 고속도로, 한국과 네덜란드의 (집에서 가까운) 대체 근무 공간 제공 등이 여기에 포함된다. 더 일반적인 수준에서는 대중교통과 가정/직장 배

치가 체계적으로 재구성되는 고밀도 복합 도시로의 전환 과정에서 더 중요한 인프라 변화 사례를 보았다. 아랍에미리트의 유토피아적이지만 배타적인 공간은 이에 대한 한 가지 사례를 보여 주며, 한국의 지속 가능한 산업단지도 또 다른 사례이다. 이러한 배치는 캐나다와 한국을 비롯한 기타 지역의 전환마을과 슬로시티에서 상향식으로 상상되고 실행되기도 한다. 여기에는 자전거도로나 버스전용차선보다 더 넓은 공간의 재구상이 포함되며, 본질적으로 더 총체적이다. 그러나 우리는 자동차를 위해 건설된 기존의 도시 인프라가 이 같은 전체적 구상을 실제로 구현하기 어렵게 만들고, 인프라에 완고함이나 고집스러움을 부여하는 방식을 보았다.

- **규제 및 입법 전환**Regulatory and legislative transitions 몇몇 전환 정책은 주로 모빌리티를 통제하고 규제하려는 하향식 시도이다. 가장 분명한 사례는 브리티시컬럼비아(이후에는 캐나다 전체)에 도입된 탄소세이다. 탄소세와 마찬가지로 이런 시도들은 대개 재정적 성격을 띠며, 벌금 및/또는 보상 시스템을 활용해 사람들을 저탄소 미래로 이동시킨다. 다른 형태의 규제 및 입법은 여기에서 논의된 다른 유형의 전환 정책과 결합된다. 예를 들어, 노르웨이는 전기차 관련 인프라 지원에 정부가 적극적인 역할을 하고 있다. 실제로 전기자동차는 직접 지원금이나 일종의 세액공제 형태로 정부 보조금을 받는 경우가 많다. 작은 도시국가인 싱가포르는

도로 통행료 부과와 같은 전환 정책을 권위주의적 하향식 방식으로 시행할 수 있었다. 규제 및 입법적 전환의 경관도 지리적으로 다양하다. 이러한 정책은 국가 차원보다는 주, 시 또는 지방자치단체 차원에서 더 잘 나타난다. 지역 정책은 경제성장에 더 중점을 둔 국가정책과 정반대되는 경우가 많다. 예컨대 캐나다의 경우, 하퍼 정부가 연방정부 정책에서 기후변화 문제를 배제하려 할 때 벤쿠버는 '가장 친환경적인 도시'가 되려고 했다.

- **라이프스타일 전환**Lifestyle transitions 라이프스타일 전환 정책은 하향식으로 나타날 수도 있고, 상향식으로 나타날 수도 있다. 하향식 라이프스타일 전환 시도는 신자유주의적 '책임화' 전환 형태로, 전환이 정부나 기업의 행동이 아니라 개인의 결정에 따른 결과로 여겨진다. 한국의 에코카드는 쇼핑과 보상이라는 상품 문화에 라이프스타일 선택을 접목시킨 경우이다. 싱가포르의 대중교통 활성화 사업은 기차 시스템을 가족과 함께 보내는 시간의 중요성과 연결시켰다. 걷기와 자전거 타기를 장려하는 능동적 교통정책은 탄소 배출이 없는 모빌리티 수단을 건강 및 웰빙 담론과 연결시킨다. 라이프스타일 전환 정책은 특히 로테르담처럼 카 셰어링과 유연근무를 장려하려는 다양한 시도를 중심으로 널리 퍼져 있다. 이런 정책들은 대개 그런 라이프스타일 선택을 수익성 시스템에 가두면서, 전환의 책임을 개인이나 가족에게 전가하는 담론을 제시한다. 그러나 상향식으로 진행되는 일부 라

이프스타일 전환 운동은 자본주의 논리에 덜 초점을 맞춘 것처럼 보인다. 여기에는 브라질(Aldred 2010)의 자전거 운동가들과 뉴질랜드 텔레워크Telework New Zealand와 같은 일부 재택근무 단체들이 포함된다. 전환마을 같은 운동은 지배적인 신자유주의 논리에 더 비판적이며, 진정한 대안으로서 라이프스타일 선택을 옹호한다(Mason and Whitehead 2012).

마무리

이 책을 마무리하는 지금, 코로나19 위기가 탄소 배출량 감축에 미친 영향을 확언하기는 어렵다. 위기에 대한 엄중한 대응이 단기적으로 탄소 배출량의 상당한 감축을 불러왔다면, 최근 모니카 뷔셔Monika Büscher가 주장했듯이, 이는 이 정도 수준의 감축을 유지하는 것이 얼마나 중요한 과제인지를 의미하는 것이기도 하다. 경제와 모빌리티가 불균형적으로 재개되고 일부는 봉쇄와 유사한 제한으로 다시 주춤하는 가운데, 온실가스 배출량은 코로나19 이전 수준으로 다시 증가하고 있다(Le Quéré et al. 2020).

정부가 지금까지 경제적 자해라는 믿기 힘든 결정을 내릴 수 있었던 것은, 경제적 이익이 사회적·환경적 복지에 대한 우려보다 우선할 수 있는 가능성을 보여 준다. 이와 동시에 코로나19에 대한 대응은 글로벌 협력의 취약성과 국가 간 불신을 보여 주기도 했다. 주요 경제국과 무역블록은 서로 비난하고, 글로벌 협력이나 협업보다는 (치료제 비축이든 경쟁 우위를 위한 스파이 활동이든) 자국의 이익을 우선시했다. 우리는 최선의 모습이나 공동 행동 능력을 보여 주지 못했다. 경제성장 촉진과 일자리 유지를 주요 목표로 하는 팬데믹 이후의 회복 계획은 고탄소 구조에서 벗어나기보다는 오히려 고탄소 구조로 기울어질 수 있으며, 심지어 친환경 또는 저탄소 모빌리티라는 명목으로 사회적 부정의와 모빌리티 불평등을 반복하거나 영속화할 수도 있다(Sheller 2020).

영국에서는 즉각적인 징후가 모순적으로 또 나타나고 있다. 도심에 보도를 넓히고 자전거도로를 다시 확충하는 등 장기적으로 더 활발하고 능동적인 이동을 장려하기 위해 공공 도로의 사용을 재분배하는 대규모 투자 계획이 시작되었다.[4] 런던에서는 스트릿스페이스 Streetspace 프로젝트에 20억 파운드가 투자됐다. 도시와 직장으로의 이동은 상황이 더 좋지 않다. 이제 더 많은 사람들이 운전을 하고 있다. 자동차가 안전하고 편안한 개인 공간으로서 강조되고, 오염물질이나 원치 않는 타인들로부터의 보호막으로 받아들여졌기 때문이다. 공유 공간인 대중교통에서는 공기 중 감염이 일어날 수 있지만, 자동차는 우리를 보호해 준다는 생각 때문에 직접 운전하여 통근하는 것을 고려하게 된 것이다.

하지만 코로나19 사태가 저탄소 모빌리티 전환과 같은 것을 통해 탄소 배출량을 줄이는 구조적 해답을 제시하지 못한다면, 우리가 보아 왔듯이 중요하고 일관된 전환을 방해하는 일부 지배 논리를 약화시킬 급진적인 정치적·정책적 조치의 가능성을 열어 줄 수도 있다. 더욱이, 마찬가지로 유용하게도, 코로나19가 사회와 환경에 미치는 영향과 이를 야기한 뿌리 깊은 구조적 불평등에 대해 다양하게 짚어 보면서 일종의 발견적 학습을 했을 수도 있다. 이 같은 학습을 어떻게 모빌리티적 사고에 생산적으로 활용하여 이 위기를 극복할 수 있을까?

어쩌면 지금이 우리가 '공유화commoning' 모빌리티를 시작할 기회가 아닐까? 전 세계적으로 시행되는 거리 공간을 공유화하려는 상향식 계획들은, 글로벌 팬데믹이 자동차 중심 도시의 공간 분배에 존재하는 불평등과 부조리를 어떻게 드러내는지를 보여 주는 하나의 사례일 뿐이다. 자동차 통행량이 줄어들었음에도 불구하고, 보행자들은 여전히 좁은 인도에 갇혀 있다. 봉쇄 기간 동안 더욱 중요해진 녹지 및 놀이 공간은 기이할 정도로 텅 빈 도로와 그 어느 때보다 꽉 들어찬 노상주차 공간으로 인해 도시에서는 여전히 '결핍'되어 있다. 네덜란드 자전거이용자연합에서는 '거리를 돌려주세요!Give the street back!'라는 운동을 시작했다.[5] 사람들이 청원과 크라우드소싱으로 만들어진 '거리 책streetbook'을 활용해 자전거 타기, 걷기, 놀이, 주거 등을 위해 공간을 재분배해야 할 거리로 자신의 거리를 등록하도록 하는 운동이다. '사람들을 위한 더 많은 공간'을 확보하는 것이 목표이다.

하지만 7장에서 논의했듯이, 공유화 모빌리티는 단순한 공간 재분배 이상이다. 모빌리티의 의미와 실천 그리고 거버넌스를 공유화하는 것이기도 하기 때문이다. 매일 수백만 명이 출퇴근을 중단한 코로나19라는 예외적인 상황에서, 우리는 공동체를 위한 모빌리티의 의미를 재고해 볼 수 있게 되었다. 다양한 사람들이 일상생활에서 이동한다는 것이 어떤 의미인지, 그리고 이것이 그들과 공동체에 어떤 영향을 미치는지 숙고할 수 있게 되었다. 우리가 무엇을 그리워하는지(혹은 아무것도 그리워하지 않는지), 그리고 무엇 없이도 지낼 수 있는지를 생각하게 되었다. 최근 연구에 따르면, 자동차 통근자들은 출퇴근을 가장 덜 그리워한 반면에, 자전거를 타거나 걸어서 출퇴근한 사람들은 이동하면서 경험한 사회성과 이동이 그들에게 제공한 모든 의미들 때문에 출퇴근을 가장 그리워하는 것으로 나타났다(Rubin et al. 2020). 모빌리티는, 모빌리티 연구에서 오랫동안 다뤄 왔던 것처럼 죽은 시간이 아니다. 이제는 수백만 명의 사람들이 모빌리티의 의미를 생각해 보게 되었다. 문제는 도시가 무엇인지, 일상의 리듬이 무엇인지, 또는 무엇이 될 수 있는지, 그리고 모빌리티가 어떻게 우리의 삶을 가치 있게 또는 비참하게 만드는지, 그리고 어떻게 서로를 더 연결하거나 고립시키는지에 대한 재발견의 모멘텀을 어떻게 구축할지다.

최근 '삶의 질을 위한 교통Transport for Quality of Life'이라는 단체에서 2페이지 분량의 문서를 발표했다. 이 문서는 권리에 기반한 그리고 기후 비상사태에 기초한 교통정책이면 충분하다면서, 팬데믹 비유와 대중교통 투자 주장을 결합시켰다.

우리는 기후를 지키고, 도시와 마을의 공기를 깨끗하게 만들고, 도시 지역 교통 소음을 없애고, 모든 사람이 경제와 사회를 지탱하는 이동을 안전하고 건강하게 할 수 있도록 하기 위해 요청되는 미래 비전을 부분적으로 보고 있다. 어떻게 하면 대중교통을 코로나 19 집중치료실에서 퇴원시켜 자가용 이용을 줄이고 탄소 배출을 막는 필수적인 역할을 수행하도록 하면서도, 이 비전을 붙잡아서 영구적으로 유지할 수 있을까?[6]

이들은 탄소 예산이 지출 예산을 좌우한다는 것을 보여 주기 위해 논리-지도를 만든다. 한편으로는 '모든 사람이 자동차 없이도 잘 살 수 있도록' 모빌리티에 보편적 권리 개념을 적용하는 스위스적 방식이 강조되는데, 이는 대중교통에 (그리고 언급되진 않았지만 다른 관련 정책들에도) 책임을 지우는 것으로 보인다. 어떤 면에서 이 지도는 정의롭고 공공적인 모빌리티 전환이 무엇인지에 대해 이 책에서 말하는 일부 원칙을 반영하고 있다.

이들의 핵심 주장은 접근성과 이용의 형평성을 보장해, 사람들이 실제로 이러한 모빌리티 수단을 이용하고 잘 살아가게 하는 것이다. 이 문서는 교통정책에 초점을 맞추고 있지만, 미미 셸러(2018)가 탐구한 모빌리티 정의의 뒤얽힘과 유사하게 모빌리티에 대한 더 포괄적이고 다각적이며 다층적인 접근 방식을 제시하고 있다. 또한 이 책 전체에서 다루었던 정책의 불일치화 비호환성에도 주목한다. 우리가 주장했듯이, 대중교통에 대한 보편적 권리와 자동차 없이도 잘 살 수 있는 능력을 충족시키는 것은, 교통보다 훨씬 더 광범위한 정책적 고려 사항을 수반한다. 정의로운 모빌리티 전환을 유지하려면, 우리가 탐구한 공유화 모빌리티의 원칙들이 어느 정도 필요하다. 또한, 사람들이 코로나19, 기후변화, 신자유주의 자본주의라는 비상사태를 해결하기 위해 현재 활용 중인 긴급성, 정치적 에너지, 참여 원칙 등의 자원을 활용해야 한다.

미주

1장 _ 서론

1. https://ec.europa.eu/clima/policies/transport/aviation_en (접속일: 2019.08.08.)
2. 국제에너지기구(International Energy Agency). https://www.iea.org/.
3. 대표적인 사례는 다음을 참고. Helen Coffey, 'Flygskam: What Is the Flight Shaming Environmental Movement that's Sweeping Europe?' The Independent, 2019.06.05. https://www.independent.co.uk/travel/news-and-advice/flygskam-anti-flying-fl ight-shaming-sweden-greta-thornberg-environment-air-travel-train-brag-a8945196.html (접속일: 2020.08.01.)
4. Tim Stanley, 'Greta Thunberg is selling the rich an eco-lifestyle the rest of us will never afford', The Telegraph, 2019.08.19. https://www.telegraph.co.uk/news/2019/08/19/greta-thunberg-selling-rich-eco-lifestyle-rest-us-will-never/ (접속일: 2020.08.01.)
5. 브리티시컬럼비아 주정부의 통계자료 https://www2.gov.bc.ca/gov/content/environment/climate-change/planning-and-action/carbon-tax (접속일: 2019.07.25.)
6. 자세한 분석은 다음을 참고. British Columbia Carbon Tax Review, Sustainable Prosperity, Ottawa, 2012.09. https://institute.smartprosperity.ca/sites/default/files/publicat ions/files/Read%20Submission%20here.pdf (접속일: 2020.08.01.)

2장 _ 전환에 대한 접근 방식

1. http://www.theguardian.com/cities/2015/apr/30/have-we-really-reached-peak-car.
2. 연구위원회에서 자금을 지원하는 수요센터(에너지, 모빌리티, 수요 역학)의 지원을 받아 수행.
3. 국제 교통 포럼International Transport Forum의 수치. http://www.internationaltransportforum.org/jtrc/DiscussionPapers/DP201309.pdf.
4. http://trapese.clearerchannel.org/resources/rocky-road-a5-web.pdf (접속일: 2020.08.01.)
5. http://trapese.clearerchannel.org/resources/rocky-road-a5-web.pdf p.6 (접속일: 2020.08.01.)

3장 _ 모빌리티 전환에 대한 모빌리티 접근 방식

1. 다음을 참고. Jon Henley, '#stayontheground: Swedes turn to train amid climate flight shame',

《The Guardian》, 2019.06.04. https://www.theguardian.com/world/2019/jun/04/stayonthe ground-swedes-turn-to-trains-amid-climate-flight-shame (접속일: 2019.12.19.)
2 http://www.telework.co.nz/.
3 http://www.environmentalleader.com/2010/07/26/cargo-ships-adopt-even-slower-speeds-to-save-fuel/.
4 http://ec.europa.eu/environment/ecoap/about-eco-innovation/policies-matters/eu/496_en.htm.
5 https://ocasio-cortez.house.gov/gnd.
6 https://labour.org.uk/manifesto/a-green-industrial-revolution/.
7 https://www.gndforeurope.com/10-pillars-of-the-green-new-deal-for-europe.
8 http://www.untokening.org/updates/2018/1/27/untokening-mobility-beyond-pave ment-paint-and-place (접속일: 2020.01.28.) 참고.
9 http://www.untokening.org/updates/2018/1/27/untokening-mobility-beyond-paveme nt-paint-and-place (접속일: 2020.01.29.)

4장 _ 메커니즘, 행위자, 구조

1 UNEP - The Emissions Gap Report 2013, p. xi, http://www.unep.org/pdf/UNEPEmissionsGapReport2013.pdf (접속일: 2020.08.01.)
2 https://www.bbc.co.uk/news/science-environment-50801493 (접속일: 2020.08.01)
3 https://brtdata.org (접속일: 2019.12.20.)
4 Interview with José Manuel Viegas, president of ITF-OECD (Interviewee 1).
5 A summary factsheet (2011) on the ASI paradigm can be found at Sustainable Urban Transport Project (SUTP) website: http://www.sutp.org/news-archive-mainmenu-156 /sutp-news-mainmenu-155/2660-factsheet-sustainable-urban-transport-avoid-shift-i mprove-a-s-i-released (접속일: 2020.08.01.)
6 Source: interviewee 1, interviewee 9.
7 http://www.un.org/climatechange/summit/wp-content/uploads/sites/2/2014/05/TRANSPORT-PR.pdf (접속일: 2020.08.01.)
8 http://unhabitat.org/action-platform-on-urban-electric-mobility-initiative-uemi/.
9 http://www.un.org/climatechange/summit/wp-content/uploads/sites/2/2014/07/TRANSPORT-Action-Plan-UIC.pdf (접속일: 2020.08.01.)
10 UNEP 맨데이트 (1997) 참고. http://www.unep.org/documents.multilingual/default.asp?DocumentID=287&ArticleID=1728&l=en (접속일: 2020.08.01.)
11 UNEP Climate Change Programme (2009). http://www.unep.org/climatechange/Portals/5/documents/June.pdf (접속일: 2020.08.01.)
12 http://www.unep.org/climatechange/mitigation/ (접속일: 2020.08.01.)

13 https://www.unenvironment.org/explore-topics/transport (접속일: 2020.08.01.)
14 UNEP (2013) Emissions Gap Report. http://www.unep.org/pdf/UNEPEmissionsGap Report2013.pdf (접속일: 2020.08.01.)
15 The Partnership for Clean Fuels and Vehicles and UNEP (2014). An Overview of the Partnership for Clean Fuels and Vehicles (PCFV). http://www.unep.org/Transport/ New/ PCFV/pdf/PCFV-Brochure-April2014_combined.pdf (접속일: 2020.08.01.)
16 Todd and Todd (2009) http://www.unep.org/transport/pcfv/PDF/leadphaseoutreport.pdf (접속일: 2020.08.01.) and the website of the initiative http://www.unep.org/transport / new /pcfv/ (접속일: 2020.08.01.)
17 http://www.unep.org/Transport/gfei.asp; for example, GFEI Moving Forward. https:// www.youtube.com/watch?t=398&v=HVDwvG5U8Bs (접속일: 2020.08.01.). See the interactive website 'GFEI Auto Tool' that allows to see detailed data related to fuel usage and fuel economy policies per country. http://www.unep.org/transport/gfei/autotool/ (접속일: 2020.08.01).
18 http://www.unep.org/transport/sharetheroad/about.asp (접속일: 2020.08.01.)
19 http://www.unep.org/transport/sharetheroad/PDF/StR_article_UrbanWorldDec2010.pdf (접속일: 2020.08.01.).
20 Interview with Rosário Macário, professor at the Instituto Superior Técnico. 26 January 2016.
21 Macário.
22 Macário.
23 Assembleia da República (2015) Lei n.º 52/2015, Diário da República, 1ª serie, 111, p. 3674. Retrieved 1 March 2016, from http://app.parlamento.pt/webutils/docs/doc.pd f?path=6148523063446f764c3246795a5868774d546f334e7a67774c336470626e526 c65485276633 1396863484a76646d466b62334d764d6a41784e53394d587a5579587a4 9774d545575634752 6d&fich=L_52_2015.pdf&Inline=true (accessed 1 August 2020)
24 Ibid, p. 3679.
25 Interview with Nunes da Silva, professor at Instituto Superior Técnico. 21 January 2016.
26 Interview with João Vieira, consultant of Transport, Innovation and Systems (TIS). 5 February 2016.
27 Ibid.
28 Interview with Nunes da Silva, professor at Instituto Superior Técnico. 21 January 2016.
29 Interview with João Vieira, consultant of Transport, Innovation and Systems (TIS). 5 February 2016.
30 NordicEV Outlook 2018, Insights from leaders in electric mobility. https://www.nordicenergy.org/wp-content/uploads/2018/05/NordicEVOutlook2018.pdf (접속일: 2020.08.01.)
31 Norwegian Ministry of Climate and the Environment (2012). Norwegian Climate Policy.

Report No. 21 (2011 - 2012) to the Storting (white paper). Oslo: Norway.
32　Ibid., p.4.
33　Ibid., p.10.
34　Norwegian Ministry of Climate and the Environment (2014). New emission commitment for Norway for 2030 - towards joint fulfilment with the EU. Meld. St. 13 (2014 - 2015) Report to the Storting (white paper). Oslo: Norway.
35　Ibid.
36　Ibid.
37　Interview Participant 3, Norwegian Society for the Conservation of Nature (2015).
38　https://www.npd.no/en/facts/news/Production-fi gures/2020/production-figures-january - 2020/ (접속일: 2020.03.04.).
39　https://www.norskpetroleum.no/en/production-and-exports/exports-of-oil-and-gas/; https://sciencebusiness.net/international-news/pressure-builds-norway-change-tack-and-cut-out-oil-faster (접속일: 2020.03.04.)
40　https://energytransition.org/2018/10/norways-climate-hypocrisy/ (접속일: 2020.03.04.)
41　Adomatis 2018. https://www.reuters.com/article/us-norway-oil/norway-sees-near-record-oil-gas-output-in-2022-as-investment-rises-idUSKBN1F016C (접속일: 2020.03.04.).
42　Muttitt et al., 2017. http://priceofoil.org/content/uploads/2017/08/The-Skys-Limit-Norway - 1.pdf (접속일: 2020.08.01.).
43　http://www.generationzero.org/ (접속일: 2020.08.01.)
44　http://transportblog.co.nz/ (접속일: 2020.08.01.).
45　http://youthdelegation.org.nz/ (접속일: 2020.08.01.)
46　http://www.generationzero.org/about (접속일: 2020.08.01.)
47　http://www.congestionfree.co.nz/ (접속일: 2020.08.01.)
48　Velo-Almaty group member, 3 December 2015.
49　Velo-Almaty group member, 3 December 2015.
50　PR manager, Samruk Kazyna, 23 November 2015.
51　https://www.theguardian.com/environment/ 2019/oct/17/extinction-rebellion-activists-london-underground (접속일: 2020.03.04.)
52　Harwood and Hudson (2019). https://newint.org/features/2019/12/30/has-extinction-rebellion-got-right-tactics (접속일: 2020.04.02.)
53　Ibid.
54　https://www.bbc.co.uk/news/uk-england-london-49696973 (접속일: 2020.04.02.)
55　https://www.bbc.co.uk/news/world-asia-51691967; https://www.bbc.com/future/art icle/20200326-covid-19-the-impact-of-coronavirus-on-the-environment (접속일: 2020.04.02.)
56　https://www.compas.ox.ac.uk/2020/aeromobilities-underbelly-revealed-in-covid-19crisis/ (접속일: 2020.08.01.)

5장 _ 정책 아상블라주

1. https://www.hcamag.com/nz/news/general/christchurch-quake-highlights-need-for-workplace-flexibility/141251.
2. Interview, Telework New Zealand, 11 March 2015.
3. 코로나19 관련 교통정책, 특히 저탄소 이동을 촉진하는 정책에 대한 개요는 다음을 참조. https://nacto.org/program/covid19/.
4. http://articles.latimes.com/1996-06-03/news/mn-11410_1_world-city (접속일: 2020.08.01.)
5. http://www.g-valley.kr/introduction/int_summary.jsp (접속일: 2016.03.15.)
6. Interview, Seoul Metropolitan Government, 6 October, 2015.
7. Beter Benutten (n.d.) Ambitie en doel Beter Benutten. Retrieved 23 June 2015 from http://www.beterbenutten.nl/overons.
8. Beter Benutten (n.d.) Ambitie en doel Beter Benutten. Retrieved 20 August 2020 from http://www.beterbenutten.nl/overons.
9. Beter Benutten (n.d.) Ambitie en doel Beter Benutten. Retrieved 23 June 2015 from http://www.beterbenutten.nl/overons.
10. 다음 사이트 참고. www.beterbenutten.nl (접속일: 2020.08.01.)
11. Goudappel Coffeng (2013), Inschatting duurzaamheidseffecten programma Beter Benutten.
12. Interview, Sean Wheldrake, Bike Share Toronto, 2014.
13. Interview, Urban Planning Council, 14 December 2015, Abu Dhabi.

6장 _ 자유주의적 논리와 라이프스타일

1. https://www.eea.europa.eu/data-and-maps/indicators/transport-emissions-of-greenhouse-gases/transport-emissions-of-greenhouse-gases-12 참조. (접속일: 2020.08.01.)
2. https://www.epa.gov/ghgemissions/global-greenhouse-gas-emissions-data 참고. (접속일: 2020.08.01.)
3. https://b8f65cb373b1b7b15feb-70d8ead6ced550b4d987d7c03fcdd1d.ssl.cf3.rackcn.com/cms/reports/documents/000/002/327/original/Carbon-Majors-Report-2017.pdf?1499691240 (접속일: 2020.08.01.)
4. Interview, KCEN public relations manager, 18 June 2015.
5. http://kcen.kr/USR_main2013.jsp??=GREENLIFE_A/ABOUT/about (접속일: 2020.08.01)
6. http://www.ecomoney.co.kr/ (접속일: 2020.08.01)
7. http://www.ecomoney.co.kr/ (접속일: 2020.08.01) 지역별 차이에 대한 통계는 다음 링크에서도 확인할 수 있다. http://www.kcen.kr/USR_main2013.jsp??=GREENLIFE_A/SIGN/statistic (접속일: 2020.08.01.)

8   Translated from Dutch. http://www.filedier.nl/over-filedier/ (접속일: 2016.08.20.)
9   The Economist (2014) British Columbia's Carbon Tax: The Evidence Mounts.
10 British Columbia (2008) Climate Action Plan. http://www.livesmartbc.ca/attachments/climateaction_plan_web.pdf (접속일: 2015.02.02.)
11 Sustainable Prosperity (2012) British Columbia's Carbon Tax Shift: The First Four Years. http://www.sustainableprosperity.ca/dl872&display (접속일: 2014.01.30.)
12 https://ecf.com/sites/ecf.com/files/141125-Cycling-Works-Jobs-and-Job-Creation-in-the-Cycling-Economy.pdf (접속일: 2020.04.14.)
13 Interview with Sérgio Pinheiro, transport specialist, 20 January 2016.
14 http://www.urgenda.nl/ (접속일: 2020.08.01.)
15 Interview, Urgenda, 24 July 2015.
16 Land Transportation Authority, www.lta.gov.sg/content/ltaweb/en/academies/ltaacademy.html (접속: 2015.)
17 Ibid.
18 http://velo-citta.eu/about/velocitta-objectives/ (접속일: 2020.08.20.)

7장 _ 공유화 모빌리티 전환

1   예컨대, 자전거 유토피아가 자동차중심 사회의 핵심적인 모빌리티의 의미를 되풀이할 가능성을 분석한 다음의 논의를 참조. Nikolaeva and Nello-Deakin (2019). Popan (2019).
2   TFMM (n.d.) Mobiliteitsprobleem in Nederland. http://www.tfmm.nl/mobiliteits probleem-in-nederland/.
3   Trading Economics (n.d.) Road density (km of road per sq. km of land area) https://tradingeconomics.com/country-list/road-density-km-of-road-per-sq-km-of-land-area-wb-data.html.
4   Mobilize Brasil (2011), Diagnóstico da mobilidade urbana sustentável em capitais brasileiras.
5   CETSP (2014), Ciclovias em São Paulo. Retrieved 5 August 2015, from http://www.cetsp.com.br/media/316505/sp%20400km_v2s.pdf.
6   Perimeter Bicycling Association of America (2014), Alliance Benchmarking Report. Retrieved 5 August 2015, from http://www.perimeterbicycling.com/.
7   Aliança Bike, Bicicleta para Todos, Bike Anjo and UCB (2015), A bicicleta no Brasil. Retrieved 28 July 2015, from http://www.uniaodeciclistas.org.br/biblioteca/adquira-l ivro/.
8   http://www.ciclocidade.org.br/.
9   Velo-Almaty group member, 3 December 2015.
10 Interview, activist, 15 January 2015.

8장 _ 결론

1 https://www.ons.gov.uk/economy/nationalaccounts/satelliteaccounts/bulletins/coronavirusandhowpeoplespenttheirtimeunderrestrictions/28marchto26april2020.
2 Krithika Srinivasan, 'Lockdown protects the well-off, but what about those who face hunger, homelessness or poor health?' Hindu Times, 18 April 2020, https://www.thehindu.com/society/lockdown-protects-the-well-off-but-what-about-those-who-face-hunger-homelessness-or-poor-health/article31373630.ece (접속일: 2020.06.30.).
3 Oscar Mac-Clur, Emmanuelle Barozete and José Conejeros, 'Chile during the pandemic: Have the emotions of October subsided?' Open Democracy, 7 September 2020, https://www.opendemocracy.net/en/democraciaabierta/chile-pandemia-have-emotions-october-subsided/ (접속일: 2020.09.16.)
4 https://www.sustrans.org.uk/space-to-move/ (접속일: 2020.08.01.)
5 In Dutch 'Geef de straat terug'. https://actie.fietsersbond.nl/ (접속일: 2020.08.31.)
6 https://www.transportforqualityoflife.com/u/files/200718_The%20long-haul%20response%20to%20Covid%20and%20the%20Climate%20Emergency%20-%20a%20transport%20logic%20map_v2c_Final.pdf (접속일: 2020.08.01.)

참고문헌

Adey, P. (2009). *Mobility*. London: Routledge.
Adey, P., D. Bissell, K. Hannam, P. Merriman and M. Sheller, Eds. (2013). *The Routledge Handbook of Mobilities*. London: Routledge.
Adger, W. N. (2001). 'Scales of governance and environmental justice for adaptation and mitigation of climate change'. *Journal of International Development* 13(7): 921-31.
Affolderbach, J. and C. Schulz (2016). 'Mobile transitions: Exploring synergies for urban sustainability research'. *Urban Studies* 53(9): 1942-57.
Aguiar, M., C. Mathieson and L. Pearce, Eds. (2019). *Mobilities, Literature, Culture*. New York: Palgrave.
Agyeman, J., D. Schlosberg, L. Craven and C. Matthews (2016). 'Trends and directions in environmental justice: From inequity to everyday life, community, and just sustainabilities'. *Annual Review of Environment and Resources* 41(1): 321-40.
Aiken, G. (2012). 'Community transitions to low carbon futures in the transition towns network (TTN)'. *Geography Compass* 6(2): 89-99.
Aldred, R. (2010). ''On the outside': Constructing cycling citizenship'. *Social & Cultural Geography* 11(1): 35-52.
Aldred, R. and K. Jungnickel (2014). 'Why culture matters for transport policy: The case of cycling in the UK'. *Journal of Transport Geography* 34: 78-87.
Allen, J. and A. Cochrane (2007). 'Beyond the territorial fix: Regional assemblages, politics and power'. *Regional Studies* 41(9): 1161-75.
Amundsen, H., F. Berglund and H. Westskog (2010). 'Overcoming barriers to climate change adaptation–A question of multilevel governance?' *Environment and Planning. Part C: Government and Policy* 28(2): 276-89.
Anderson, B. (2015). 'What kind of thing is resilience?' *Politics* 35(1): 60-6.
Anderson, B. and C. McFarlane (2011). 'Assemblage and geography'. *Area* 43(2): 124-7.
Aradau, C., J. Huysmans and V. Squire (2010). 'Acts of European Citizenship: A political sociology of mobility'. *JCMS: Journal of Common Market Studies*, 48: 945-65.
Avelino, F. (2009). 'Empowerment and the challenge of applying transition

management to ongoing projects'. *Policy Sciences* 42(4): 369.
Avelino, F., J. Grin, B. Pel and S. Jhagroe (2016). 'The politics of sustainability transitions'. *Journal of Environmental Policy & Planning* 18(5): 557-67.
Baker, T. and P. McGuirk (2017). 'Assemblage thinking as methodology: Commitments and practices for critical policy research'. *Territory, Politics, Governance* 5(4): 425-42.
Bakker, S., M. Zuidgeest, H. de Coninck and C. Huizenga (2014). 'Transport, development and climate change mitigation: Towards an integrated approach'. *Transport Reviews* 34(3): 335-55.
Baldwin, A., C. Fröhlich and D. Rothe (2019). 'From climate migration to anthropocene mobilities: Shifting the debate'. *Mobilities* 14(3): 289-97.
Banister, D. (2008). 'The sustainable mobility paradigm'. *Transport Policy* 15(2): 73-80.
Banister, D. (2011). 'Cities, mobility and climate change'. *Journal of Transport Geography* 19(6): 1538-46.
Banister, D. (2018). *Inequality in Transport*. Marcham: Alexandrine Press.
Banister, D., M. Givoni, J. Macmillen and T. Schwanen (2013). 'Thinking change and changing thinking'. In M. Givoni and D. Banister (eds), *Moving Towards Low Carbon Mobility*. Cheltenham: Edward Elgar Publishing: 267-84.
Bartling, H. (2006). 'Suburbia, mobility, and urban calamities'. *Space and Culture* 9(1): 60-2.
Bauman, Z. (1998). *Globalization: The Human Consequences*. New York: Columbia University Press.
Belcher, O, P. Bigger, B. Neimark and C. Kennelly (2020). 'Hidden carbon costs of the "everywhere war": Logistics, geopolitical ecology, and the carbon boot-print of the US military'. *Transactions of the Institute of British Geographers* 45(1): 65-80.
Benjamin, W. (1977). *The Origin of German Tragic Drama*. London: NLB.
Benjamin, W. (1999). *The Arcades Project*. Cambridge, MA: Belknap Press of Harvard University Press.
Bergmann, S. and T. Sager, Eds. (2008). *The Ethics of Mobilities: Rethinking Place, Exclusion, Freedom and Environment. Transport and Society*. Aldershot: Ashgate.
Berkhout, F., A. Smith and A. Stirling (2004). 'Socio-technological regimes and transition contexts. System innovation and the transition to sustainability'. *Theory, Evidence and Policy* 44(106): 48-75.
Berlant, L. (2011). *Cruel Optimism*. Durham, NC: Duke University Press.

Betsill, M. M. and H. Bulkeley (2006). 'Cities and the multilevel governance of global climate change'. *Global Governance* 12(2): 141-60.

Beyazit, E. (2013). 'Mobility cultures'. *Moving Towards Low Carbon Mobility*. M. Givoni and D. Banister. Cheltenham: Edward Elgar: 15-25.

Bin, S. and H. Dowlatabadi (2005). 'Consumer lifestyle approach to US energy use and the related CO2 emissions'. *Energy Policy* 33(2): 197-208.

Bissell, D. (2011). 'Thinking habits for uncertain subjects: Movement, stillness, susceptibility'. *Environment and Planning A: Economy and Space* 43(11): 2649-65.

Bissell, D. (2014). 'Habits'. *The Routledge Handbook of Mobilities*. P. Adey, D. Bissell, K. Hannam, P. Merriman and M. Sheller. New York: Routledge: 483-92.

Bissell, D. and G. Fuller, Eds. (2010). *Stillness in a Mobile World*. New York: Routledge.

Bissell, D. and G. Fuller (2011). 'Stillness unbound'. *Stillness in a Mobile World*. D. Bissell and G. Fuller. London: Routledge: 1-17.

Blomley, N. (2007). 'Making private property: Enclosure, common right and the work of hedges'. *Rural History* 18(1): 1-21.

Blue, E. (2016). *Bikenomics: How Bicycling Can Save the Economy*. Portland: Microcosm Publishing.

Blyth, M. (2015). *Austerity: The History of a Dangerous Idea*. Oxford: Oxford University Press.

Bok, R. and N. M. Coe (2017). 'Geographies of policy knowledge: The state and corporate dimensions of contemporary policy mobilities'. *Cities* 63: 51-7.

Bourdieu, P. (1990). The Logic of Practice. Stanford, CA: Stanford University Press.

Bourdieu, P. (1998). 'Utopia of endless exploitation: The essence of neoliberalism'. *LeMonde Diplomatique*. Paris, December 1998, https://mondediplo.com/1998/12/08bourdieu.

Bouzarovski, S. and H. Haarstad (2019). 'Rescaling low-carbon transformations: Towards a relational ontology'. *Transactions of the Institute of British Geographers* 44(2): 256-69.

Bouzarovski, S. and N. Simcock (2017). 'Spatializing energy justice'. *Energy Policy* 107: 640-8.

Bramall, R. (2013). *The Cultural Politics of Austerity: Past and Present in Austere Times*. Basingstoke: Palgrave Macmillan.

Breen, D. (2011). 'Constellations of mobility and the politics of environment'.

Transfers 1(3): 24.
Bresnihan, P. (2013). 'John Clare and the manifold commons'. *Environmental Humanities* 3(1): 71-91.
Bridge, G., S. Bouzarovski, M. Bradshaw and N. Eyre (2013). 'Geographies of energy transition: Space, place and the low-carbon economy'. *Energy Policy* 53: 331-40.
Brown, G., P. Kraftl, J. Pickerill and C. Upton (2012). 'Holding the future together: Towards a theorisation of the spaces and times of transition'. *Environment and Planning A: Economy and Space* 44(7): 1607-23.
Brown, K. M. (2007). 'Understanding the materialities and moralities of property: Reworking collective claims to land'. *Transactions of the Institute of British Geographers* 32(4): 507-22.
Browne, S. (2015). *Dark Matters: On the Surveillance of Blackness*. Durham, NC: Duke University Press.
Bryant, G. (2016). 'The politics of carbon market design: Rethinking the techno-politics and post-politics of climate change'. *Antipode* 48(4): 877-98.
Bryant, G., S. Dabhi and S. Böhm (2015). '"Fixing" the climate crisis: Capital, states, and carbon offsetting in India'. *Environment and Planning A: Economy and Space* 47(10): 2047-63.
Budd, L. (2011). 'On being aeromobile: Airline passengers and the affective experience of flight'. *Journal of Transport Geography* 19(5): 1010-16.
Bulkeley, H. (2005). 'Reconfiguring environmental governance: Towards a politics of scales and networks'. *Political Geography* 24(8): 875-902.
Bulkeley, H. (2013). *Cities and Climate Change*. Abingdon: Routledge.
Bulkeley, H. and M. Betsill (2005). 'Rethinking sustainable cities: Multilevel governance and the "urban" politics of climate change'. *Environmental Politics* 14(1): 42-63.
Bulkeley, H., V. C. Broto and A. Maassen (2011). 'Governing low carbon transitions'. *Cities and Low Carbon Transitions*. H. Bulkeley and V. C. Broto. London: Routledge: 29-41.
Bullard, R. D. (2007). *Growing Smarter: Achieving Livable Communities, Environmental Justice, and Regional Equity*. Cambridge, MA: MIT Press.
Bullard, R. D. and G. S. Johnson (1997). *Just Transportation: Dismantling Race and Class Barriers to Mobility*. Gabriola Island, BC: New Society Publishers.
Bullard, R. D., G. S. Johnson and A. O. Torres (2004). *Highway Robbery:*

Transportation Racism & New Routes to Equity. Cambridge: South End Press.

Bunnell, T. (2015). 'Antecedent cities and inter-referencing effects: Learning from and extending beyond critiques of neoliberalisation'. *Urban Studies* 52(11): 1983-2000.

Burrell, K. and K. Hörschelmann, Eds. (2014). *Mobilities in Socialist and Post-Socialist States: Societies on the Move*. Basingstoke: Palgrave Macmillan.

Butcher, M. (2011). 'Cultures of commuting: The mobile negotiation of space and subjectivity on Delhi's metro'. *Mobilities* 6(2): 237-54.

Calleja Crespo, D. and P. M. d. Leon (2011). *Achieving the Single European Sky: Goals and Challenges*. Alphen aan den Rijn: Wolters Kluwer.

Camargo, R. (2013). 'The ideological discourse in Post-Pinochet Chile'. *The New Critique of Ideology*.London: Palgrave Macmillan: 206-50.

Canitez, F. (2020). 'Transferring sustainable urban mobility policies: An institutional perspective'. *Transport Policy* 90: 1-12.

Carrington, D. (2020). 'UK road travel falls to 1955 levels as Covid-19 lockdown takes hold'. *The Guardian*, 3rd April, online https :/ /www .the guardian.com /uk-news/2020/apr/03/uk-road-travel-falls-to-1955-levels -as-covid-19-lockdown-takes-hold-coronavirus-traffic

Cass, N. and J. Faulconbridge (2016). 'Commuting practices: New insights into modal shift from theories of social practice'. *Transport Policy* 45: 1-14.

Cavanagh, J., J. Mander and International Forum on Globalization. Alternatives Task Force. (2004). *Alternatives to Economic Globalization: A Better World Is Possible*. San Francisco: Berrett-Koehler.

Chandler, D. and J. Pugh (2020). 'Islands of relationality and resilience: The shifting stakes of the Anthropocene'. *Area* 52(1): 65-72.

Chatterton, P. (2010). 'Seeking the urban common: Furthering the debate on spatial justice'. *City* 14(6): 625-8.

Chatterton, P. (2016). 'Building transitions to post-capitalist urban commons'. *Transactions of the Institute of British Geographers* 41(4): 403-15.

Childe, V. G. (1937). *Man Makes Himself*. New York: Watts.

Clark, J. and A. Curl (2016). 'Bicycle and care share schemes as including modes of travel? A socio-spatial analysis in Glasgow, UK'. *Social Inclusion* 4(3): 83-99.

Clémençon, R. (2016). 'The two sides of the Paris climate agreement:

Dismal failure or historic breakthrough?' *The Journal of Environment & Development* 25(1): 3-24.

Clifford, J. (1997). *Routes: Travel and Translation in the Later Twentieth Century*. Cambridge, MA: Harvard University Press.

Coenen, L., P. Benneworth and B. Truffer (2012). 'Toward a spatial perspective on sustainability transitions'. *Research Policy* 41(6): 968-79.

Cohen, D. (2015). 'Grounding mobile policies: Ad hoc networks and the creative city in Bandung, Indonesia'. *Singapore Journal of Tropical Geography* 36(1): 23-37.

Cook, I. and M. Crang (1995). *Doing Ethnographies*. Norwich: School of Environmental Sciences University of East Anglia.

Cook, I. R. (2015). 'Policy mobilities and interdisciplinary engagement'. *International Journal of Urban and Regional Research* 39(4): 835-7.

Cook, I. R. and K. Ward (2012). 'Conferences, informational infrastructures and mobile policies: The process of getting Sweden "BID ready"'. *European Urban and Regional Studies* 19(2): 137-52.

Cook, N. and D. Butz (2019). *Mobilities, Mobility Justice and Social Justice*. Abingdon: Routledge.

Cooke, P. (2008). 'Regional innovation systems, clean technology & Jacobian cluster-platform policies'. *Regional Science Policy & Practice* 1(1): 23-45.

Cortès, A. (23 January 2020). 'The Chilean October: Neoliberalism was born and will die in Chile?' Open Democracy. https:/ /www.opendemocracy.net/en/democraciaabierta/el-octubre-chileno-el-neoliberalismo-nace-y-muere-en-chile-en/(accessed 1 September 2020).

Cowen, D. (2014). *The Deadly Life of Logistics: Mapping Violence in Global Trade*. Minneapolis: University of Minnesota Press.

Cowen, D. (2020). 'Following the infrastructures of empire: Notes on cities, settler colonialism, and method'. *Urban Geography* 41(4): 1-18.

Cresswell, T. (2001). 'The production of mobilities'. *New Formations* 43(Spring): 3-25.

Cresswell, T. (2006a). *On the Move: Mobility in the Modern Western World*. New York: Routledge.

Cresswell, T. (2006b). 'The right to mobility: The production of mobility in the courtroom'. *Antipode* 38(4): 735-54.

Cresswell, T. (2010). 'Towards a politics of mobility'. *Environment and Planning. Part D,: Society and Space* 28(1): 17-31.

Cresswell, T. (2011). 'Mobilities I: Catching up'. *Progress in Human*

Geography 35(4): 550-8.
Cresswell, T. (2012). 'Mobilities II: Still'. *Progress in Human Geography* 36(5): 645-53.
Cresswell, T. (2014). 'Mobilities III: Moving on'. *Progress in Human Geography* 38(5): 712-21.
Cresswell, T. and P. Merriman, Eds. (2010). *Geographies of Mobilities: Practices, Spaces, Subjects*. London: Ashgate.
Cugurullo, F. (2018). 'Exposing smart cities and eco-cities: Frankenstein urbanism and the sustainability challenges of the experimental city'. *Environment and Planning A: Economy and Space* 50(1): 73-92.
Davidson, A. C. (2020). 'Radical mobilities'. *Progress in Human Geography* 45: 1, 25-48.
Davidson, M. (2010). 'Sustainability as ideological praxis: The acting out of planning's master-signifier'. *City* 14(4): 390-405.
Davis, K. (1945). 'The world demographic transition'. *Annals of the American Academy of Political and Social Science* 237: 1-11.
de Certeau, M. (1984). *The Practice of Everyday Life*. Berkeley, CA: University of California Press.
De Coss-Corzo A. (2021). 'Patchwork: Repair labor and the logic of infrastructure adaptation in Mexico City'. *Environment and Planning D: Society and Space* 39(2): 237-53.
DeLanda, M. (2006). *A New Philosophy of Society: Assemblage Theory and Social Complexity*. London: Continuum.
Deleuze, G. and F. Guattari (1987). *A Thousand Plateaus: Capitalism and Schizophrenia*. Minneapolis: University of Minnesota Press.
Denier, Y. (2007). *Efficiency, Justice and Care: Philosophical Reflections on Scarcity in Health Care*. Dordrecht: Springer.
Dennis, K. and J. Urry (2009). *After the Car*. Cambridge: Polity Press.
Derickson, K. D. (2016). 'Resilience is not enough'. *City* 20(1): 161-6.
Dobson, J. (2015). 'Britain's town centres: From resilience to transition'. *Journal of Urban Regeneration and Renewal* 8(4): 347-55.
Doucette, J. and B. G. Park (2018). 'Urban developmentalism in East Asia: Geopolitical economies, spaces of exception, and networks of expertise'. *Critical Sociology* 44(3): 395-403.
Dowling, R., S. Maalsen and J. L. Kent (2018). 'Sharing as sociomaterial practice: Car sharing and the material reconstitution of automobility'. *Geoforum* 88: 10-16.
Dray, L., A. Evans, T. Reynolds and A. Schäfer (2010). 'Mitigation of aviation

emissions of carbon dioxide: Analysis for Europe'. *Transportation Research Record* 2177(1): 17-26.

Ducci, M. E. (2000). *Governance, Urban Environment, and the Growing Role of Civil Society, Project on Urbanization, Population, Environment and Security.* Washington DC: Woodrow Wilson International Center for Scholars.

Ducci, M. E. (2004). 'Un caso paradigmático un norte muy distinto al de la Costanera ídem, [A paradigmatic case: A very different north from the Costanera's]'. *Revista Universitaria* 84: 60-3.

Eagleton, T. (1991). *Ideology: An Introduction.* London: Verso.

Edensor, T. (2011). 'Commuter: Mobility, rhythm and commuting'. *Geographies of Mobilities: Practices, Spaces, Subjects.* T. Cresswell and P. Merriman. Farnham: Ashgate: 189-204.

Engel, E., R. D. Fischer and A. Galetovic (1999). *The Chilean Infrastructure Concessions Program: Evaluation, Lessons and Prospects for the Future* (Vol. 60). Santiago: Centro de Economía Aplicada, Universidad de Chile.

Engelmann, S. and D. McCormack (2018). 'Elemental aesthetics: On artistic experiments with solar energy'. *Annals of the American Association of Geographers* 108(1): 241-59.

Feola, G. (2020). 'Capitalism in sustainability transitions research: Time for a critical turn?'. *Environmental Innovation and Societal Transitions* 35: 241-50.

Ferguson, J. (2006). *Global Shadows: Africa in the Neoliberal World Order.* Durham, NC: Duke University Press.

Ferreira, A., L. Bertolini and P. Næss (2017). 'Immotility as resilience? A key consideration for transport policy and research'. *Applied Mobilities* 2(1): 16-31.

Foucault, M. (2008). *The Birth of Biopolitics: Lectures at the Collège de France, 1978-1979.* Basingstoke: Palgrave Macmillan.

Frischmann, B. M. (2012). *Infrastructure: The Social Value of Shared Resources.* New York: Oxford University Press.

Gavin, K., A. Bennett, A. H. Auchincloss and A. Katenta (2016). 'A brief study exploring social equity within bicycle share programs'. *Transportation Letters* 8(3): 177-80.

Geels, F. (2011). 'The multi-level perspective on sustainability transitions: Responses to seven criticisms'. *Environmental Innovation and Societal Transitions* 1: 24-40.

Geels, F. W. (2002). 'Technological transitions as evolutionary reconfiguration processes: A multi-level perspective and a case-study'. *Research Policy* 31(8-9): 1257-74.

Geels, F. W. (2005). 'The dynamics of transitions in socio-technical systems: A multi-level analysis of the transition pathway from horse-drawn carriages to automobiles (1860-1930)'. *Technology Analysis & Strategic Management* 17(4): 445-76.

Geels, F. W. (2010). 'Ontologies, socio-technical transitions (to sustainability), and the multi-level perspective'. *Research Policy* 39(4): 495-510.

Geels, F. W. (2014). 'Regime resistance against low-carbon transitions: Introducing politics and power into the multi-level perspective'. *Theory, Culture & Society* 31(5): 21-40.

Geels, F. W. (2018). 'Low-carbon transition via system reconfiguration? A socio-technical whole system analysis of passenger mobility in Great Britain (1990-2016)'. *Energy Research & Social Science* 46: 86-102.

Geels, F. W. and R. Kemp (2012). 'The multi-level perspective as a new perspective for studying socio-technical transitions'. *Automobility in Transition? A Socio-Technical Analysis of Sustainable Transport*. F. W. Geels, R. Kemp, G. Dudley and G. Lyons. New York: Routledge: 49-79.

Geels, F. W. and J. Schot (2007). 'Typology of sociotechnical transition pathways'. *Research Policy* 36(3): 399-417.

Geels, F. W., B. K. Sovacool, T. Schwanen and S. Sorrell (2017). 'The socio-technical dynamics of low-carbon transitions'. *Joule* 1(3): 463-79.

Genus, A. and A. M. Coles (2008). 'Rethinking the multi-level perspective of technological transitions'. *Research Policy* 37(9): 1436-45.

George, R. (2013). *Ninety Percent of Everything: Inside Shipping, the Invisible Industry That Puts Clothes on Your Back, Gas in Your Car, and Food on Your Plate*. New York: Metropolitan Books/ Henry Holt and Co.

Gherardi, S. and D. Nicolini (2000). 'To transfer is to transform: The circulation of safety knowledge'. *Organization* 7(2): 329-48.

Ghertner, D. A. (2020). 'Airpocalypse: Distributions of life amidst Delhi's polluted airs'. *Public Culture* 32(1): 133-62.

Ghosh, B. and J. Schot (2019). 'Towards a novel regime change framework: Studying mobility transitions in public transport regimes in an Indian megacity'. *Energy Research & Social Science* 51: 82-95.

Gibbs, D. and K. O'Neill (2014). 'Rethinking sociotechnical transitions and green entrepreneurship: The potential for transformative change in the green building sector'. *Environment and Planning. Part A* 46(5): 1088-

107.

Giddens, A. (1984). *The Constitution of Society: Outline of the Theory of Structuration*. Cambridge: Polity Press.

Glover, L. (2017). *Community-Owned Transport*. New York: Routledge Taylor & Francis Group.

Goodman, A. and J. Cheshire (2014). 'Inequalities in the London bicycle sharing system revisited: Impacts of extending the scheme to poorer areas but then doubling prices'. *Journal of Transport Geography* 41: 272-9.

Gössling, S. and S. Cohen (2014). 'Why sustainable transport policies will fail: EU climate policy in the light of transport taboos'. *Journal of Transport Geography* 39: 197-207.

Gotz, K. and T. Ohnmacht (2012). 'Research on mobility and lifestyle: What are the results?' *Mobilities: New Perspectives on Transport and Society*. M. Greico and J. Urry. Surrey: Ashgate: 92-107.

Green-Simms, L. B. (2017). *Postcolonial Automobility: Car Culture in West Africa*. Minneapolis: University of Minnesota Press.

Gustavsson, E., I. Elander and M. Lundmark (2009). 'Multilevel governance, networking cities, and the geography of climate-change mitigation: Two Swedish examples'. *Environment and Planning. Part C: Government and Policy* 27(1): 59-74.

Hacking, I. (1999). *The Social Construction of What?* Cambridge, MA: Harvard University Press.

Han, S. S. (2010). 'Managing motorization in sustainable transport planning: The Singapore experience'. *Journal of Transport Geography* 18(2): 314-21.

Hanson, S. (2010). 'Gender and mobility: New approaches for informing sustainability'. *Gender, Place and Culture* 17(1): 5-23.

Hardin, G. (1968). 'The tragedy of the commons'. *Science* 162(3859): 1243.

Hardt, M. and A. Negri (2009). *Commonwealth*. Cambridge, MA: Belknap Press of Harvard University Press.

Hargreaves, T., N. Longhurst and G. Seyfang (2013). 'Up, down, round and round: Connecting regimes and practices in innovation for sustainability'. *Environment and Planning. Part A* 45(2): 402-20.

Harris, M. (2017). ''Faster, cheaper, cleaner': The experts disagree about Elon Musk's claims. *The Guardian*, 4th August, https :/ /www.the guard ian.com/sustainable-business/2017/aug/04/hyperloop-planet-environ ment-elon-musk-sustainable-transport.

Harrison, A. and D. R. Ragland (2003). 'Consequences of driving reduction or cessation for older adults'. *Transportation Research Record* 1843(1): 96-104.

Harvey, D. (1996). *Justice, Nature and the Geography of Difference*. Cambridge, MA: Blackwell Publishing.

Heitanen, S. (2016). 'Mobility as a service–the new transport model?'. *Europtransport* 12(2): 2-4.

Heller, C. (2021). 'De-confining borders: Towards a politics of freedom of movement in the time of the pandemic'. *Mobilities* 16(1), 113-33.

Higham, J. and X. Font (2020). 'Decarbonising academia: Confronting our climate hypocrisy'. *Journal of Sustainable Tourism* 28(1): 1-9. https://doi.org/10.1080/09669582.2019.1695132.

Higham, J., D. Hopkins and C. Orchiston (2019). 'The work-sociology of academic aeromobility at remote institutions'. *Mobilities* 14(5): 612-31.

Hirsh, M. (2016). *Airport Urbanism: Infrastructure and Mobility in Asia*. Minneapolis: University of Minnesota Press.

Hoeschele, W. (2010). *The Economics of Abundance: A Political Economy of Freedom, Equity, and Sustainability*. Farnham: Gower.

Holden, E., D. Banister, S. Gössling, G. Gilpin and K. Linnerud (2020). 'Grand narratives for sustainable mobility: A conceptual review'. *Energy Research & Social Science* 65: 101454.

Holdsworth, C. (2013). *Family and Intimate Mobilities*. London: Palgrave.

Holtsmark, B. and A. Skonhoft (2014). 'The Norwegian support and subsidy policy of electric cars. Should it be adopted by other countries?' *Environmental Science & Policy* 42: 160-8.

Hopkins, D. and J. E. Higham, Eds. (2016). *Low Carbon Mobility Transitions*. Oxford: Goodfellow Publishers Ltd.

Hopkins, D., J. Kester, T. Meelen, et al. (2020). 'Not more but different: A comment on the transitions research agenda'. *Environmental Innovation and Societal Transitions* 34: 4-6. https://doi.org/10.1016/j.eist.2019.11.008.

Hopkins, R. (2008). *The Transition Handbook: From Oil Dependency to Local Resilience*. Totnes, Green.

Hopkins, R. (2011). *The Transition Companion: Making Your Community More Resilient in Uncertain Times*. Totnes: Transition Books.

Hubbert, M. K. (1956). *Nuclear Energy and the Fossil Fuels. Spring Meeting of the Southern District Division of Production*. American Petroleum Institute. San Antonio.

Huber, M. T. (2013). *Lifeblood: Oil, Freedom, and the Forces of Capital.* Minneapolis: University of Minnesota Press.

Huerta, M. A. (2000). *Descentralización, municipio y participación ciudadana: Chile, Colombia y Guatemala [Decentralization, Municipal Government and Citizen Participation: Chile, Colombia and Guatemala].* Bogotá: CEJA.

Hull, A. and C. O'Holleran (2014). 'Bicycle infrastructure: Can good design encourage cycling?'. *Urban, Planning and Transport Research* 2(1): 369-406.

Huron, A. (2015). 'Working with strangers in saturated space: Reclaiming and maintaining the urban commons'. *Antipode* 47(4): 963-79.

Iaione, C. (2010). 'The tragedy of urban roads: Saving cities from choking, calling on citizens to combat climate change'. *Fordham Urban Law Journal* 37(3): 889-951.

IEA (2012). *International Energy Agency. CO2 Emissions from Fuel Combustion.* Paris: Organisation for Economic Co-operation and Development.

Illich, I. (1974). *Energy and Equity.* New York: Harper & Row.

Illich, I. (1983). 'Silence is a commons'. *CoEvolution Quarterly.* Winter, www.preservenet.com/theory/Illich/Silence.html

IPCC (2013). *Climate Change 2013: The Physical Science Basis.* Contribution of Working Group I to the Fifth Assessment Report of the Intergovernmental Panel on Climate Change. Cambridge.

IPCC. (2014). *Climate Change 2014: Mitigation of Climate Change: Working Group III Contribution to the Fifth Assessment Report of the Intergovernmental Panel on Climate Change.* New York: Cambridge University Press.

IPCC (2018). *Global Warming of 1.5°C.* An IPCC Special Report on the impacts of global warming of 1.5°C above pre-industrial levels and related global greenhouse gas emission pathways, in the context of strengthening the global response to the threat of climate change, sustainable development, and efforts to eradicate poverty [V. Masson-Delmotte, P. Zhai, H. O. Pörtner, D. Roberts, J. Skea, P. R. Shukla, A. Pirani, W. Moufouma-Okia, C. Péan, R. Pidcock, S. Connors, J. B. R. Matthews, Y. Chen, X. Zhou, M. I. Gomis, E. Lonnoy, T. Maycock, M. Tignor, T. Waterfield, Eds.].

Jarvis, H. (2015). 'Community-led housing and "slow" opposition to corporate development: Citizen participation as common ground?'.

Geography Compass 9(4): 202-13.
Jeffrey, A., C. McFarlane and A. Vasudevan (2012). 'Rethinking enclosure: Space, subjectivity and the commons'. *Antipode* 44(4): 1247-67.
Jensen, O. (2009). 'Flows of meaning, cultures of movements: Urban mobility as meaningful everyday life practice'. *Mobilities* 4(1): 139-58.
Jensen, O. B. (2013). *Staging Mobilities*. London: Routledge.
Jensen, O. B. and T. Richardson (2004). *Making European Space: Mobility, Power and Territorial Identity*. London: Routledge.
Jessop, B. (2002). *The Future of the Capitalist State*. Oxford: Polity.
Juhola, S., E. C. H. Keskitalo and L. Westerhoff (2011). 'Understanding the framings of climate change adaptation across multiple scales of governance in Europe'. *Environmental Politics* 20(4): 445-63.
Juhola, S. and L. Westerhoff (2011). 'Challenges of adaptation to climate change across multiple scales: A case study of network governance in two European countries'. *Environmental Science & Policy* 14(3): 239-47.
Kallis, G. (2011). 'In defence of degrowth'. *Ecological Economics* 70(5): 873-80.
Katz, C. (1996). 'Towards minor theory'. *Environment and Planning. Part D: Society and Space* 14(4): 487-99.
Kemp, R. (1994). 'Technology and the transition to environmental sustainability–the problem of technological regime shifts'. *Futures* 26(10): 1023-46.
Kesselring, S. (2015). 'Corporate mobilities regimes. Mobility, power and the socio-geographical structurations of mobile work'. *Mobilities* 10(4): 571-91.
Kettner, C. and D. Kletzan-Slamanig (2017). 'The green market transition'. In Stefan E. Weishaar, Larry Kreiser, Janet E. Milne, Hope Ashiabor and Michael Mehling (eds), *Carbon Taxation in EU Member States: Evidence from the Transport Sector*, 17-29. Edward Elgar Publishing.
Kirk, D. (1996). 'Demographic transition theory'. *Population Studies* 50: 361-87.
Klinger, T., J. R. Kenworthy and M. Lanzendorf (2013). 'Dimensions of urban mobility cultures - a comparison of German cities'. *Journal of Transport Geography* 31: 18-29.
Klöwer, M., D. Hopkins, M. Allen et al. (2020). 'An analysis of ways to decarbonize conference travel after COVID-19'. *Nature* 583: 356-60.
Kohler, J., F. W. Geels, F. Kern, J. Markard, E. Onsongo, A. Wieczorek,

F. Alkemade, F. Avelino, A. Bergek, F. Boons, L. Funfschilling, D. Hess, G. Holtz, S. Hyysalo, K. Jenkins, P. Kivimaa, M. Martiskainen, A. McMeekin, M. S. Muhlemeier, B. Nykvist, B. Pel, R. Raven, H. Rohracher, B. Sanden, J. Schot, B. Sovacool, B. Turnheim, D. Welch and P. Wells (2019). 'An agenda for sustainability transitions research: State of the art and future directions'. *Environmental Innovation and Societal Transitions* 31: 1-32.

Krueger, R. and D. Gibbs, eds (2007). *The Sustainable Development Paradox: Urban Political Economy in the United States and Europe*. London: Guilford Press.

Kuhn, T. S. (1996). *The Structure of Scientific Revolutions*. Chicago, IL: University of Chicago Press.

LaDuke, W. and D. Cowen (2020). 'Beyond wiindigo infrastructure'. *South Atlantic Quarterly* 119(2): 243-68.

Larner, W. and N. Laurie (2010). 'Travelling technocrats, embodied knowledges: Globalizing privatisation in telecoms and water'. *Geoforum* 41(2): 218-26.

Larner, W. and R. Le Heron (2004). 'Global benchmarking: Participating "at a distance" in the globalizing economy'. *Global Governmentality: Governing International Spaces*. W. Larner and W. Walters. New York: Routledge: 212-32.

Latour, B. (2005). *Reassembling the Social: An Introduction to Actor-Network-Theory*. Oxford: Oxford University Press.

Law, R. (1999). 'Beyond "Women and Transport": Towards new geographies of gender and daily mobility'. *Progress in Human Geography* 23(4): 567-88.

Lawhon, M. and J. T. Murphy (2012). 'Socio-technical regimes and sustainability transitions: Insights from political ecology'. *Progress in Human Geography* 36(3): 354-78.

Le Quéré, C., R. B. Jackson, M. W. Jones, A. J. P. Smith, S. Abernethy, R. M. Andrew, A. J. De-Gol, D. R. Willis, Y. Shan, J. G. Canadell, P. Friedlingstein, F. Creutzig and G. P. Peters (2020). 'Temporary reduction in daily global CO2 emissions during the COVID-19 forced confinement'. *Nature Climate Change* 10(7): 647-53.

Lefebvre, H. (1991). *The Production of Space*. Oxford: Blackwell.

Lefebvre, H. (1996). *Writings on Cities*. Cambridge: Blackwell Publishing.

Leitner, H. (2017). 'Spaces of commoning'. *Progress in Human Geography Lecture, American Association of Geographers Annual Meeting*. Boston,

MA.
Levitt, T. (2016). 'Why aren't ships using wind-power to cut their climate footprint'. *The Guardian*, 16 August https://www.the guardian.com/sustainable-business/2016/aug/16/shipping-emissions-low-carbon-wind-power -climate-chang e
Lin, W. (2020). 'Aeromobilities' underbelly revealed in COVID-19 crisis', *Compas*, https://www.compas.ox.ac.uk/2020/aeromobilities-underbelly-revealed-in-covid-19-crisis/
Lin, W. (2012). 'Wasting time? The differentiation of travel time in urban transport'. *Environment and Planning. Part A* 44(10): 2477-92.
Lindau, L. A., D. Hidalgo and D. Facchini (2010). 'Curitiba, the cradle of bus rapid transit'. *Built Environment* (1978-) 36(3): 274-82.
Linebaugh, P. (2014). *Stop, Thief!: The Commons, Enclosures, and Resistance*. Oakland, CA: PM.
Lohmann, L. (2010). *Neoliberalism and the calculable world: The rise of carbon trading. The Rise and Fall of Neoliberalism: The Collapse of an Economic Order?* K. Birch and V. Mykhnenko. London: Zed Books: 77-93.
Lowry, G. and E. McCann (2011). 'Asia in the mix: Urban form and global mobilities–Hong Kong, Vancouver, Dubai'. *Worlding Cities*. A. Roy and A. Ong. Oxford: Blackwell: 182-204.
Lucas, K. (2012). 'Transport and social exclusion: Where are we now?'. *Transport Policy* 20: 105-13.
Lucas, K. and K. Pangbourne (2014). 'Assessing the equity of carbon mitigation policies for transport in Scotland'. *Case Studies on Transport Policy* 2(2): 70-80.
Lucassen, J. and L. Lucassen (2009). 'The mobility transition revisited, 1500-1900: What the case of Europe can offer to global history'. *Journal of Global History* 4: 347-77.
Lyons, G. (2012). 'Technology fix versus behaviour change'. *Mobilities: New Perspectives on Transport and Society*. M. Greico and J. Urry. Surry: Ashgate: 159-77.
MacKinnon, D. and K. D. Derickson (2013). 'From resilience to resourcefulness: A critique of resilience policy and activism'. *Progress in Human Geography* 37(2): 253-70.
Malkki, L. (1992). 'National geographic: The rooting of peoples and the territorialization of national identity among scholars and refugees'. *Cultural Anthropology* 7(1): 24-44.

Mansvelt, J. (2013). 'Elders'. *Routledge Handbook of Mobilities*. P. Adey, D. Bissell, K. Hannam, P. Merriman and M. Sheller. New York: Routledge: 398-408.

Markard, J., R. Raven and B. Truffer (2012). 'Sustainability transitions: An emerging field of research and its prospects'. *Research Policy* 41(6): 955-67.

Marston, S., J. P. Jones III and K. Woodward (2005). 'Human geography without scale'. *Transactions of the Institute of British Geographers* 30: 416-32.

Martens, K. (2017). *Transport Justice: Designing Fair Transportation Systems*. New York: Routledge, Taylor & Francis Group.

Martin, C., J. Evans, A. Karvonen, K. Paskaleva, D. Yang and T. Linjordet (2019). 'Smart-sustainability: A new urban fix?' *Sustainable Cities and Society* 45: 640-8.

Marx, K. (1867 [1977]). *Capital: A Critique of Political Economy*. New York: Vintage Books.

Marx, K. (1996). 'Preface to a contribution to the critique of political economy'. *Marx: Later Political Writings*. T. Carver. Cambridge: Cambridge University Press: 158-62.

Mason, K. and M. Whitehead (2012). 'Transition Urbanism and the contested politics of ethical place making'. *Antipode* 44(2): 493-516.

Massey, D. (2005). *For Space*. London: Sage.

Matyas, M. and M. Kamargianni (2019). 'The potential of mobility as a service bundles as a mobility management tool'. *Transportation* 46(5): 1951-68.

Mayer, H. and P. Knox (2010). 'Small-town sustainability: Prospects in the second modernity'. *European Planning Studies* 18(10): 1545-65.

McCann, E. (2010). 'Urban policy mobilities and global circuits of knowledge: Toward a research agenda'. *Annals of the Association of American Geographers* 101(1): 107-30.

McCann, E. (2011). 'Veritable inventions: Cities, policies and assemblage'. *Area* 43(2): 143-7.

McCann, E. (2013). 'Policy boosterism, policy mobilities, and the extrospective city'. *Urban Geography* 34(1): 5-29.

McCann, E. and K. Ward, eds (2011). *Mobile Urbanism: Cities and Policymaking in the Global Age*. Minneapolis: University of Minnesota Press.

McCann, E. and K. Ward (2012). 'Policy assemblages, mobilities and mutations: Toward a multidisciplinary conversation'. *Political Studies Review* 10(3): 325-32.

McCauley, S. M. and J. C. Stephens (2012). 'Green energy clusters and socio-technical transitions: Analysis of a sustainable energy cluster for regional economic development in Central Massachusetts, USA'. *Sustainability Science* 7(2): 213-25.

McFarlane, C. (2006). 'Knowledge, learning and development: A post-rationalist approach'. *Progress in Development Studies* 6(4): 287-305.

McFarlane, C. and B. Anderson (2011). 'Thinking with assemblage'. *Area* 43(2): 162-4.

McLennan, G. (2004). 'Travelling with vehicular ideas: The case of the third way'. *Economy and Society* 33(4): 484-99.

Meadows, D. H. and Club of Rome. (1972). *The Limits to Growth; a Report for the Club of Rome's Project on the Predicament of Mankind.* New York: Universe Books.

Merriman, P. (2015). 'Mobilities I: Departures'. *Progress in Human Geography* 39(1): 87-95.

Merriman, P. (2016). 'Mobilities II: Cruising'. *Progress in Human Geography* 40(4): 555-64.

Merriman, P. (2017). 'Mobilities III: Arrivals'. *Progress in Human Geography* 41(3): 375-81.

Merriman, P. (2019). 'Molar and molecular mobilities: The politics of perceptible and imperceptible movements'. *Environment and Planning. Part D, Society & Space* 37(1): 65-82.

Metz, D. (2013). 'Peak car and beyond: The fourth era of travel'. *Transport Reviews* 33(3): 255-70.

Millington, N. and S. Scheba (2021). 'Day Zero and The Infrastructures of Climate Change: Water Governance, Inequality, and Infrastructural Politics in Cape Town's Water Crisis'. *International Journal of Urban and Regional Research* 45(1): 116-32.

Millward-Hopkins, J., A. Gouldson, K. Scott, J. Barrett and A. Sudmant (2017). 'Uncovering blind spots in urban carbon management: The role of consumption-based carbon accounting in Bristol, UK'. *Regional Environmental Change* 17(5): 1467-78.

Miranda, H. d. F. and A. N. Rodrigues da Silva (2012). 'Benchmarking sustainable urban mobility: The case of Curitiba, Brazil'. *Transport Policy* 21: 141-51.

Mirowski, P. (2013). *Never Let a Serious Crisis Go to Waste: How*

Neoliberalism Survived the Financial Meltdown. London: Verso.
Mitchell, G. and D. Dorling (2003). 'An environmental justice analysis of British air quality'. *Environment and Planning A: Economy and Space* 35(5): 909-29.
Montegary, L. and M. A. White (2015). *Mobile Desires: The Politics and Erotics of Mobility Justice*. London: Palgrave Pivot.
Moodley, S. (2019). 'Defining city-to-city learning in southern Africa: Exploring practitioner sensitivities in the knowledge transfer process'. *Habitat International* 85: 34-40.
Moran Figueroa, P. (2015). *Understanding the Links Between Transport Implementation, Underlying Assessment Practices and Social Exclusion*. Amsterdam: Masters, University of Amsterdam.
Morency, C. (12 February 2013). 'Sustainable mobility: Definitions, concepts and indicators'. Retrieved 26 May 2020, from https://en.forumviesmobiles.org/video/2013/02/12/sustainable-mobility-definitions-concepts-and-indicators-622.
Morton, T. (2013). *Hyperobjects: Philosophy and Ecology After the End of the World*. Minneapolis: University of Minnesota Press.
Mouter, N., P. Koster and T. Dekker (2019). *Participatory Value Evaluation: A Novel Method to Evaluate Future Urban Mobility Investments*. Tinbergen Institute Discussion Paper. TI 2019-046/VIII.
Mullen, C. and G. Marsden (2016). 'Mobility justice in low carbon energy transitions'. *Energy Research & Social Science* 18: 109-17.
Muñoz, J. C. and A. Gschwender (2008). 'Transantiago: A tale of two cities'. *Research in Transportation Economics* 22(1): 45-53.
Murphy, P. (2008). *Plan C: Community Survival Strategies for Peak Oil and Climate Change*. Gabriola Island: New Society Publishers.
Nader, S. (2009). 'Paths to a low-carbon economy—The Masdar example'. *Energy Procedia* 1(1): 3951-8.
Nail, T. (2019). *Being and Motion*. New York: Oxford University Press.
Negri, A. and M. Hardt (2000). *Empire*. Cambridge, MA: Harvard University Press.
Nikolaeva, A., P. Adey, T. Cresswell, J. Y. Lee, A. Nóvoa and C. Temenos (2019). 'Commoning mobility: Towards a new politics of mobility transitions'. *Transactions of the Institute of British Geographers* 44(2): 346-60.
Nikolaeva, A. and S. Nello-Deakin (2019). 'Exploring velotopian urban imaginaries: Where Le Corbusier meets constant?' *Mobilities* 15(13):

1-16.
Nikolaeva, A., M. te Brömmelstroet, R. Raven and J. Ranson (2019). 'Smart cycling futures: Charting a new terrain and moving towards a research agenda'. *Journal of Transport Geography* 79: 102486.
North, P. (2010). 'Eco-localisation as a progressive response to peak oil and climate change–A sympathetic critique'. *Geoforum* 41(4): 585-94.
North, P., A. Nurse and T. Barker (2017). 'The neoliberalisation of climate? Progressing climate policy under austerity urbanism'. *Environment and Planning A: Economy and Space* 49(8): 1797-815.
Nóvoa, A. (2019). *Mobility and Identity in Europe: A Mobile Ethnographic Approach*. London: Routledge.
Nykvist, B. and L. Whitmarsh (2008). 'A multi-level analysis of sustainable mobility transitions: Niche development in the UK and Sweden'. *Technological Forecasting and Social Change* 75(9): 1373-87.
O'Boyle, T. (2010). 'The mobility commons: An application of network neutrality to the common pool resource of mobility'. *New Visions for Public Affairs* 2(1): 23-48.
Organisation for Economic Co-operation and Development. (2010). *Reducing Transport Greenhouse Gas Emissions: Trends & Data*. Paris: OECD.
Ostrom, E. (1990). *Governing the Commons: The Evolution of Institutions for Collective Action*. Cambridge: Cambridge University Press.
Papadopoulos, D. and V. Tsianos (2013). 'After citizenship: Autonomy of migration and the mobile commons'. *Citizenship Studies* 17: 42-73.
Paterson, M. and J. Stripple (2010). 'My space: Governing individuals' carbon emissions'. *Environment and Planning. Part D: Society and Space* 28(2): 341-62.
Peake, L. and E. Sheppard (2014). 'The emergence of radical/critical geography within North America'. *ACME: An International e-Journal for Critical Geographies* 13(2): 305-27.
Peck, J. (2010). *Constructions of Neoliberal Reason*. Oxford: Oxford University Press.
Peck, J. (2011). 'Geographies of policy: From transfer-diffusion to mobility-mutation'. *Progress in Human Geography* 35(6): 773-97.
Peck, J. (2012). 'Austerity urbanism'. *City* 16(6): 626-55.
Pereira, R. H. M., T. Schwanen and D. Banister (2017). 'Distributive justice and equity in transportation'. *Transport Reviews* 37(2): 170-91.
Petrova, S. (2018). 'Encountering energy precarity: Geographies of fuel

poverty among young adults in the UK'. *Transactions of the Institute of British Geographers* 43(1): 17-30.
Pickles, J. and A. Smith (1998). *Theorising Transition: The Political Economy of Post-communist Transformations*. London: Routledge.
Pile, S. and M. Keith, Eds. (1997). *Geographies of Resistance*. London: Routledge.
Pink, S. (2009). 'Urban social movements and small places'. *City* 13(4): 451-65.
Plyushteva, A. (2014). *A Journey of Habits: Making, Sustaining and Transforming Everyday Urban Mobilities*. Transport Geography Research Group webpages https://tgrg.files.wordpress.com/2014/05/plyu shteva_paper.pdf.
Popan, C. a. (2019). *Bicycle Utopias: Imagining Fast and Slow Cycling Futures*. Abingdon: Routledge.
Posner, P. (2003). 'Local democracy and popular participation: Chile and Brazil in comparative perspective'. *Democratization* 10(3): 39-67.
Posner, P. W. (2009). 'Local democracy and popular participation in Chile and Brazil', in P. Silva and H. Cleuren (eds), *CEDLA Latin America Studies* 97, 47-74. Leiden: Brill.
Pow, C. P. (2014). 'License to travel'. *City* 18(3): 287-306.
Prince, R. (2010). 'Policy transfer as policy assemblage: Making policy for the creative industries in New Zealand'. *Environment and Planning A: Economy and Space* 42(1): 169-86.
Probyn, E. (2005). *Blush: Faces of Shame*. Minneapolis: University of Minnesota Press.
Quastel, N., M. Moos and N. Lynch (2012). 'Sustainability-as-density and the return of the social: The case of Vancouver, British Columbia'. *Urban Geography* 33(7): 1055-84.
Rabinovitch, J. (1996). 'Innovative land use and public transport policy: The case of Curitiba, Brazil'. *Land Use Policy* 13(1): 51-67.
Randall, T. (2017). *America Crowns a New Pollution King*. Bloomberg: Bloomberg.
Rapoport, E. (2015). 'Globalising sustainable urbanism: The role of international masterplanners'. *Area* 47(2): 110-15.
Raven, R., J. Schot and F. Berkhout (2012). 'Space and scale in socio-technical transitions'. *Environmental Innovation and Societal Transitions* 4: 63-78.
Reiche, D. (2010). 'Renewable energy policies in the gulf countries: A case

study of the carbon-neutral "Masdar City" in Abu Dhabi'. *Energy Policy* 38(1): 378-82.
Rose, N. (1990). *Governing the Soul: The Shaping of the Private Self.* New York: Routledge.
Rose, N. S. (1999). *Powers of Freedom: Reframing Political Thought.* Cambridge: Cambridge University Press.
Rotmans, J. (2015). *Verandering van Tjidperk. Nederland Kantelt.* Boxtel: Aeneas Media.
Roy, A. (2011). 'Slumdog cities: Rethinking subaltern Urbanism'. *International Journal of Urban and Regional Research* 35(2): 223-38.
Rubin, O., A. Nikolaeva, S. Nello-Deakin and M. te Brömmelstroet (2020). *What Can We Learn From the COVID-19 Pandemic About How People Experience Working From Home and Commuting?*. Centre for Urban Studies, University of Amsterdam. https://urbanstudies.uva.nl/content/blog-series/covid-19-pandemic-working-from-home-and-commuting.html
Rushe, D. (2017). 'Why we can't have nice things: Dockless bikes and the tragedy of the commons'. *The Guardian.* 16 November, https://www.theguardian.com /politics/2017/nov/05/why-we-cant-have-nice-things-dockless-bikes-and-the-tragedy-of-the-commons.
Sagaris, L. (2012). *Citizens, Complexity and the City, Lessons From Citizen Participation in Urban (Transport) Planning in Santiago, Chile, 1997-2012.* PhD, University of Toronto.
Sagaris, L. (2014). 'Citizens' anti-highway revolt in Post-Pinochet Chile: Catalyzing innovation in transport planning'. *Planning Practice & Research* 29(3): 268-86.
Savage, G. C. (2020). 'What is policy assemblage?'. *Territory, Politics, Governance* 3: 319-35.
Schaefer, D. L. (1983). 'Economic scarcity and political philosophy: Ancient and modern views'. *International Political Science Review* 4(3): 279-94.
Schaltegger, S. and M. Wagner (2011). 'Sustainable entrepreneurship and sustainability innovation: Categories and interactions'. *Business Strategy and the Environment* 20(4): 222-37.
Schatzki, T. R., K. Knorr-Cetina and E. v. Savigny (2001). *The Practice Turn in Contemporary Theory.* London: Routledge.
Scheiner, J. and B. Kasper (2003). 'Lifestyles, choice of housing location and daily mobility: The lifestyle approach in the context of spatial mobility and planning'. *International Social Science Journal* 55(176): 319-32.

Schindler, S., D. Mitlin and S. Marvin (2018). 'National urban policy making and its potential for sustainable urbanism'. *Current Opinion in Environmental Sustainability* 34: 48-53.

Schot, J. and L. Kanger (2018). 'Deep transitions: Emergence, acceleration, stabilization and directionality'. *Research Policy* 47(6): 1045-59.

Schui, F. (2014). *Austerity: The Great Failure*. New Haven: Yale University Press.

Schwanen, T. (2013). 'Sociotechnical transition in the transport system'. *Moving Towards Low Carbon Mobility*. M. Givoni and D. Banister. Cheltenham: Edward Elgar: 231-54.

Schwanen, T. (2016). 'Rethinking resilience as capacity to endure'. *City* 20(1): 152-60.

Schwanen, T. (2018a). 'Thinking complex interconnections: Transition, nexus and geography'. *Transactions of the Institute of British Geographers* 43(2): 262-83.

Schwanen, T. (2018b). 'Towards decolonised knowledge about transport'. *Palgrave Communications* 4(1): 79.

Schwanen, T., D. Banister and J. Anable (2011). 'Scientific research about climate change mitigation in transport: A critical review'. *Transportation Research, Part A: Policy and Practice* 45(10): 993-1006.

Schwanen, T., D. Banister and J. Anable (2012). 'Rethinking habits and their role in behaviour change: The case of low-carbon mobility'. *Journal of Transport Geography* 24: 522-32.

Schwanen, T., K. Lucas, N. Akyelken, D. Cisternas Solsona, J.-A. Carrasco and T. Neutens (2015). 'Rethinking the links between social exclusion and transport disadvantage through the lens of social capital'. *Transportation Research, Part A: Policy and Practice* 74: 123-35.

Scott, J. (1985). *Weapons of the Weak: Everyday Forms of Peasant Resistance*. New Haven: Yales University Press.

Sharp, I. (2005). *The Journey: Singapore's Land Transport Story*. Singapore: SNP Editions.

Sharpe, C. E. (2016). *In the Wake: On Blackness and Being*. Durham, NC: Duke University Press.

Sheller, M. (2003). *Consuming the Caribbean: From Arawaks to Zombies*. London: Routledge.

Sheller, M. (2011). 'Sustainable mobility and mobility justice: Towards a twin transition'. *Mobilities: New Perspectives on Transport and Society*. M. Grieco and J. Urry. Aldershot: Ashgate: 290-304.

Sheller, M. (2012). 'The emergence of new cultures of mobility: Stability, opening and prospects'. *Automobility in Transition? A Socio-Technical Analysis of Sustainable Transportation*. F. W. Geels, R. Kemp, G. Dudley and G. Lyons. New York: Routledge: 180-202.

Sheller, M. (2013). 'The islanding effect: Post-disaster mobility systems and humanitarian logistics in Haiti'. *Cultural Geographies* 20(2): 185-204.

Sheller, M. (2015). 'Racialized mobility transitions in Philadelphia: Connecting Urban sustainability and transport justice'. *City & Society* 27(1): 70-91.

Sheller, M. (2018). *Mobility Justice: The Politics of Movement in the Age of Extremes*. London: Verso.

Sheller, M. (2020). 'Why the green new deal needs mobility justice'. *Science for the People*, 23(2). https://magazine.scienceforthepeople.org/volume-23-number-2-a-peoples-green-new-deal/

Sheller, M. and J. Urry (2000). 'The city and the car'. *International Journal of Urban and Regional Research* 24(4): 737-57.

Sheller, M. and J. Urry (2006). 'The new mobilities paradigm'. *Environment and Planning. Part A* 38(2): 207-26.

Shove, E., M. Pantzar and M. Watson (2012). *The Dynamics of Social Practice: Everyday Life and How It Changes*. Los Angeles: SAGE.

Shove, E. and G. Walker (2007). 'CAUTION! Transitions ahead: Politics, practice, and sustainable transition management'. *Environment and Planning. Part A* 39(4): 763-70.

Shove, E. and G. Walker (2010). 'Governing transitions in the sustainability of everyday life'. *Research Policy* 39(4): 471-6.

Skeldon, R. (2009). 'Of skilled migration, brain drains and policy responses'. *International Migration* 47(4): 3-29.

Smil, V. (2019). *Growth: From Microorganisms to Megacities*. Cambridge, MA: MIT Press.

Smith, A. and R. Raven (2012). 'What is protective space? Reconsidering niches in transitions to sustainability'. *Research Policy* 41(6): 1025-36.

Smith, A. and A. Stirling (2010). 'The politics of social-ecological resilience and sustainable socio-technical transitions'. *Ecology and Society* 15(1), http://www.ecologyandsociety.org/vol15/iss1/art11/.

Söderström, O. and S. Geertman (2013). 'Loose threads: The translocal making of public space policy in Hanoi'. *Singapore Journal of Tropical Geography* 34(2): 244-60.

Soja, E. W. (1996). *Thirdspace: Journeys to Los Angeles and Other Real-*

and-imagined Places. Cambridge: Blackwell Publishing.
Spaiser, V., K. Scott, A. Owen and R. Holland, (2018). 'Consumption-based accounting of CO2 emissions in the sustainable development goals agenda'. *International Journal of Sustainable Development and World Ecology* 4: 282-9.
Spath, P. and H. Rohracher (2010). '"Energy regions": The transformative power of regional discourses on socio-technical futures'. *Research Policy* 39(4): 449-58.
Spinney, J. (2016). 'Fixing mobility in the neoliberal city: Cycling policy and practice in London as a mode of political-economic and biopolitical governance'. *Annals of the American Association of Geographers* 106(2): 450-8.
Spotswood, F., T. Chatterton, A. Tapp and D. Williams (2015). 'Analysing cycling as a social practice: An empirical grounding for behaviour change'. *Transportation Research Part F: Traffic Psychology and Behaviour* 29: 22-33.
Spratt, S. and M. Murphy (2009). *The Great Transition: A Tale of How It Turned Out Right*. London: Nef.
Straughan, E., D. Bissell and A. Gorman-Murray (2020). 'The politics of stuckness: Waiting lives in mobile worlds'. *Environment and Planning C: Politics and Space* 38(4): 636-55.
Swilling, M. and E. Annecke (2012). *Just Transitions: Explorations of Sustainability in an Unfair World*. Claremont: UCT Press; published in North America, Europe and Asia by United Nations University Press.
Swyngedouw, E. (2010). 'Apocalypse forever?'. *Theory, Culture & Society* 27(2-3): 213-32.
te Brömmelstroet, M., A. Nikolaeva, M. Glaser, M. S. Nicolaisen and C. Chan (2017). 'Travelling together alone and alone together: Mobility and potential exposure to diversity'. *Applied Mobilities* 2(1): 1-15.
Temenos, C. (2016). 'Mobilizing drug policy activism: Conferences, convergence spaces and ephemeral fixtures in social movement mobilization'. *Space and Polity* 20(1): 124-41.
Temenos, C. (2017). 'Everyday proper politics: Rereading the post-political through mobilities of drug policy activism'. *Transactions of the Institute of British Geographers* 42(4): 584-96.
Temenos, C., A. Nikolaeva, T. Schwanen, T. Cresswell, F. Sengers, M. Watson and M. Sheller (2017). 'Theorizing mobility transitions'. *Transfers* 7(1): 113-29.

Temenos, C. and E. McCann (2012). 'The local politics of policy mobility: Learning, persuasion, and the production of a municipal sustainability fix'. *Environment and Planning A: Economy and Space* 44(6): 1389-406.
Temenos, C. and E. McCann (2013). 'Geographies of policy mobilities'. *Geography Compass* 7(5): 344-57.
Temenos, C. and J. Lauermann (2020). 'The urban politics of policy failure'. *Urban Geography* 41(9): 1109-18.
Ting, W.-C. (2018). 'Charting interfaces of power: Actors, constellations of mobility and weaving displaced Shan's translocal "home" territory along the Thai-Burma border'. *Journal of Refugee Studies* 31(3): 390-406.
Tuvikene, T. (2018). 'Post-socialist (auto)mobilities: Modernity, freedom and citizenship'. *Geography Compass*. 12: e12362. https://doi.org/10.1111/gec3.12362
Trainer, F. E. (1995). *The Conserver Society: Alternatives for Sustainability*. London: Zed Books.
Tsing, A. L. (2005). *Friction: An Ethnography of Global Connection*. Princeton, NJ: Princeton University Press.
Tyers, R. (2019). 'Southampton to Shanghai by train - one climate change researcher's quest to avoid flying'. *The Conversation*, 23 July, https://theconversation.com/southampton-to-shanghai-by-train-one-climate-change-researchers-quest-to-avoid-flying-120015.
Tyfield, D. (2014). 'Putting the power in "socio-technical regimes"– E-mobility transition in China as political process'. *Mobilities* 9(4): 585-603.
Ureta, S. (2015). *Assembling Policy: Transantiago, Human Devices, and the Dream of a World-class Society*. Cambridge, MA: MIT Press.
Urry, J. (2000). *Sociology Beyond Societies: Mobilities for the Twenty-First Century*. London: Routledge.
Urry, J. (2007). *Mobilities*. Cambridge: Polity Press.
Urry, J. (2008). 'Climate change, travel and complex futures'. *British Journal of Sociology* 59(2): 261-79.
Urry, J. (2009). 'Sociology and climate change'. *The Sociological Review* 57(2_suppl): 84-100.
Urry, J. (2012). 'Changing transport and changing climates'. *Journal of Transport Geography* 24: 533-5.
Vannini, P. (2011). 'Constellations of ferry immobility: Islandness as the performance and politics of insulation and isolation'. *Cultural Geographies* 18(2): 249-71.

Vaughan, A. (2017). 'Norway leads way on electric cars: It's part of a green taxation shift'. *The Guardian*, 25 December https://www.theguardian.com/environment/2017/dec/25/norway-leads-way-electric-cars-green-taxation-shift.

Verbong, G. P. J. and F. W. Geels (2010). 'Exploring sustainability transitions in the electricity sector with socio-technical pathways'. *Technological Forecasting and Social Change* 77(8): 1214-21.

Verkade, T. and M. te Brömmelstroet (2020). *Het Recht van de Snelste. Hoe ons Verkeer Steeds Asocialer Werd*. Amsterdam: De Correspondent.

Verlinghieri, E. and F. Venturini (2018). 'Exploring the right to mobility through the 2013 mobilizations in Rio de Janeiro'. *Journal of Transport Geography* 67: 126-36.

Vigar, G. (2002). *The Politics of Mobility: Transport, the Environment, and Public Policy*. London: Spon Press.

Voß, J.-P., A. Smith and J. Grin (2009). 'Designing long-term policy: Rethinking transition management'. *Policy Sciences* 42(4): 275-302.

Walker, G. P. (2012). *Environmental Justice*. London: Routledge.

Watson, M. (2012). 'How theories of practice can inform transition to a decarbonised transport system'. *Journal of Transport Geography* 24: 488-96.

Watts, J. (2018). 'We have 12 years to limit climate change catastrophe, warns UN'. *The Guardian*, 8 October, https://www.theguardian.com/environment/2018/oct/08/global-warming-must-not-exceed-15c-warns-landmark-un-report.

WEDC, and Gro Harlem Brundtland (1987). *Presentation of the Report of the World Commission on Environment and Development to the Commission of the European Communities, the EC and EFTA Countries, 5 May 1987*, Brussels.

Wiig, A. (2015). 'IBM's smart city as techno-utopian policy mobility'. *City* 19(2-3): 258-73.

Williams, M. J. (2018). 'Urban commons are more-than-property'. *Geographical Research* 56(1): 16-25.

Wilson, G. A. (2007). *Multifunctional Agriculture: A Transition Theory Perspective*. Cambridge: CABI.

Witter, R. and D. Hernández (2012). 'Santiago de Chile and the Transantiago: Social impact'. *Technologies and Innovations for Development. Scientific Cooperation for a Sustainable Future*. J.-C. Bolay, M. Schmid, G. Tejada and E. Hazboun. New York City: Springer: 39-54.

Wood, A. (2015). 'The politics of policy circulation: Unpacking the relationship between South African and South American cities in the adoption of bus rapid transit'. *Antipode* 47(4): 1062-79.

Yusoff, K. (2013). 'Geologic life: Prehistory, climate, futures in the anthropocene'. *Environment and Planning. Part D: Society and Space* 31(5): 779-95.

Yusoff, K. (2018). *A Billion Black Anthropocenes or None*. Minneapolis: University of Minnesota Press.

Zaichkowski, R. (2020). 'Toronto's bike share program will need more dedicated bike lanes to succeed'. *The Star*, 1 February, https://www.thestar.com/opinion/letters_to_the_editors/2020/02/01/torontos-bike-share-program-will-need-more-dedicated-bike-lanes-to-succeed.html.

Zelinsky, W. (1971). 'Hypothesis of mobility transition'. *Geographical Review* 61(2): 219-49.

모빌리티
전환 운동 저탄소 미래를 위한 공유화 모빌리티

2025년 4월 30일   초판 1쇄 발행

지은이 | 피터 애디 · 팀 크레스웰 · 제인 연재 리
        애나 니콜라에바 · 앙드레 노보아 · 크리스티나 테메노스
옮긴이 | 김나현
펴낸이 | 노경인 · 김주영

펴낸곳 | 도서출판 앨피   출판등록 | 2004년 11월 23일
주소 | (01545) 경기도 고양시 덕양구 항동로 218(항동동, 현대테라타워DMC) B동 942호
전화 | 02-710-5526   팩스 | 0505-115-0525   블로그 | blog.naver.com/lpbook12
전자우편 | lpbook12@naver.com

ISBN 979-11-92647-65-4 94300